国家出版基金项目
NATIONAL PUBLICATION FOUNDATION

| 新时代生态文明丛书 |

生态文化与传播

梅雪芹　陈林博　仇振武　等/编著

中国环境出版集团·北京

图书在版编目（CIP）数据

生态文化与传播 / 梅雪芹等编著. -- 北京 : 中国环境出版集团,2021.11
（新时代生态文明丛书 / 钱易主编）
ISBN 978-7-5111-4958-9

Ⅰ. ①生… Ⅱ. ①梅… Ⅲ. ①文化生态学 Ⅳ. ①G0

中国版本图书馆CIP数据核字(2021)第224456号

出 版 人 武德凯
责任编辑 丁莞歆
责任校对 任 丽
装帧设计 金 山

出版发行 中国环境出版集团
（100062 北京市东城区广渠门内大街 16 号）
网　　址：http：//www.cesp.com.cn
电子邮箱：bjgl@cesp.com.cn
联系电话：010-67112765（编辑管理部）
010-67147349（第四分社）
发行热线：010-67125803，010-67113405（传真）
印装质量热线：010-67113404

印　　刷 北京中科印刷有限公司
经　　销 各地新华书店
版　　次 2021 年 11 月第 1 版
印　　次 2021 年 11 月第 1 次印刷
开　　本 787×960 1/16
印　　张 17.5
字　　数 250 千字
定　　价 99.00 元

“新时代生态文明丛书”
编著委员会

XIN SHIDAI
SHENGTAI WENMING
CONGSHU

总 序

随着全球城镇化和工业化的持续推进，世界环境形势日益严峻，对国际政治、经济、贸易以及科技发展产生了极其深远的影响，成为构建“人类命运共同体”的主要挑战。目前，低污染、低排放、资源循环利用以及对人类和生态系统健康的维系已成为各国政府和人民关注的焦点，全球环境问题的协同治理和绿色可持续发展的逐步推进成为各国的共同愿景。中国正积极参与全球生态建设，成为全球环境治理重要的参与者、贡献者、引领者。当前，迫切需要更多地提出中国方案、贡献中国智慧，以提升中国在全球环境治理中的国际话语权，为国际社会提供更多的公共产品，切实推动构建“人类命运共同体”的全球进程。

党中央和国务院把生态文明建设摆在治国理政的突出位置，明确指出生态环境是关系党的使命、宗旨的重大政治问题，也是关系民生的重大社会问题。党的十八大以来，生态文明建设一直被摆在国家发展的突出位置，已经融入经济建设、政治建设、文化建设和社会建设的各个方面及各项进程之中。党的十九大将建设生态文明提升为中华民族永续发展的千年大计，明确必须树立和践行“绿水青山就是金山银山”的理念，到2035年总体形成节约资源和保护生态环境的空间格局、产业结构、生产方式、生活方式，生态环境质量实现根本好转，美丽中国的目标基本实现。习近平总书记在2018年全国生态环境保护大会上发表重要讲话，强调要自觉把经济社会发展同生态文明建设统筹起来，着力解决生态环境突出问题，坚决打好污染防治攻坚战，全面推动绿色发展，使我国生态文明建设迈上新台阶。2020年10月，党的十九届五中全会把“生态文明建设实现新进步”作为“十四五”时期经济社会发展的6个主要目标之一，并明确提出了2035年基本实现社会主义现代化的远景目标——广泛形成绿色生产生活方式，碳排放达峰后稳中有降，生态环境根本好转，美丽中国建设目标基本实现。

为了系统性地回顾和总结中国生态文明建设的发展历程和取得的重大成绩，深入剖析新时代生态文明建设面临的挑战，更好地发挥高等院校的“智库”作用，国家发展改革委、清华大学生态文明研究中心和中国高等教育学会生态文明教育研究分会共同组织了“新时代生态文明丛书”的编著工作。本丛书以国家发展改革委为指导单位，由钱易院士担任主编、温宗国教授担任副主编，共有100余位专家、学者参与其中，在组织编写的过程中还召开了数次研讨会和书稿审议会，广泛征求了各方意见。

“新时代生态文明丛书”定位为具有较高学术深度的科普读物，内容尽力体现科学性、系统性、权威性和可读性，力图反映新时代生态文明建设的总体思路与发展方向，梳理了中国生态文明的发展历程、新时代生态文明的重要思想，凝聚了近年来中国生态文明建设领域部分相关理论问题、政策分析和实践探索等前沿性研究成果。丛书编著委员会结合新时代生态文明建设的重要内涵和当下的热点问题，将新时代生态文明建设总论、生态文明体制改革与制度创新、生态文明建设探索示范、城市发展转型、美丽乡村建设、生态农业工程、工业生态化、自然生态系统保护、生态文化与传播、绿色大学建设10个重大主题作为丛书各分册的核心内容。

习近平总书记在2018年全国生态环境保护大会上指出，我国“生态文明建设正处于压力叠加、负重前行的关键期，已进入提供更多优质生态产品以满足人民日益增长的优美生态环境需要的攻坚期，也到了有条件有能力解决生态环境突出问题的窗口期”。面向2035年基本实现社会主义现代化的远景目标，党的十九届五中全会重点部署了“推动绿色发展，促进人与自然和谐共生”的任务，着重强调要加快推进绿色低碳发展，持续改善环境质量，提升生态系统质量和稳定性，全面提高资源利用效率。希望本丛书的出版能够系统地展示我国新时代生态文明建设的探索之路，凝练一批生态文明先行示范区和试验区的优秀经验与典型案例，为社会各界全面深入地了解新时代生态文明建设的国家战略提供参考，对生态文明建设过程中需要破题的重要改革实践给予启发。

钱　易　温宗国

2020年12月30日

序　言

2012年，党的十八大明确提出“要倡导人类命运共同体意识，在追求本国利益时兼顾他国合理关切”。习近平总书记进一步提到，“我们应该遵循天人合一、道法自然的理念，寻求永续发展之路。”这条路不能只有一个人走，全世界的每一个人都应参与其中。绿色、低碳、循环、可持续的生产生活方式，是每个国家都应动员、参与其中的不可推卸的责任与义务。

2013年，习近平总书记在中共十八届三中全会上对《中共中央关于全面深化改革若干重大问题的决定》作说明时强调：“我们要认识到，山水林田湖是一个生命共同体，人的命脉在田，田的命脉在水，水的命脉在山，山的命脉在土，土的命脉在树。用途管制和生态修复必须遵循自然规律，如果种树的只管种树、治水的只管治水、护田的单纯护田，很容易顾此失彼，最终造成生态的系统性破坏。由一个部门负责领土范围内所有国土空间用途管制职责，对山水林田湖进行统一保护、统一修复是十分必要的。”

2019年，习近平总书记在中国人民解放军海军70华诞之际的讲话中首次向世界倡议“构建海洋命运共同体”，并强调：“我们人类居住的这个蓝色星球，不是被海洋分割成了各个孤岛，而是被海洋连结成了命运共同体，各国人民安危与共。”“中国高度重视海洋生态文明建设，持续加强海洋环境污染防治，保护海洋生物多样性，实现海洋资源有序开发利用，为子孙后代留下一片碧海蓝天。”

可以说，“人类命运共同体”的提出、“人与自然生命共同体”和“海洋命运共同体”的具体阐发是对生态文明建设的生动描述，并将生态文明建设提升到前所未有的高度，更是对以往不可持续的发展方式的彻底颠覆。

人类共享同一颗星球，生活在同一片土地上，这是全人类相互连接的共同基础，是不分民族、不分国界的。因此，塑料废弃物污染、核污染、农药污染、全球变暖、能源枯竭等，即人类现今面临的环境问题和生态危机也是不分国界的。旨在解决这些问题的生态文明建设，从来都不应该只是一国、一地、一时、一人的问题。在生态危机面前，没有哪个民族或者文明能够独善其身，因此人与自然间的紧密联系是构建人类命运共同体的重要纽带与坚实基础。共同面对环境问题，共同解决生态危机，使人类命运共同体的构建在生态文明建设中具有重要的意义。

建设生态文明，是生产力和生产关系、经济基础和上层建筑、物质文明和精神文明辩证统一的过程。若要真正将生态文明建设置于突出地位，融入经济、政治、文化和社会建设各方面和全过程，就会面临来自生产、消费、城镇化建设、天然生态系统、文化教育和法制管理等领域的许多问题与挑战。但无论哪一领域工作的开展都离不开人，都有赖于人的活动。正如1978年德国马克思主义学者伊林·费切尔在《人类生存的条件：论进步的辩证法》一文中特别提醒的，“我们渴望的生态文明，是以社会主体对于这一制度的自觉意识为先决条件的”，唯有作为社会主体的尽可能多的人的行为发生改变才能实现。这涉及生态文明建设需要什么样的人的问题。

明确地说，生态文明建设需要一种“新人”，一种具备生态世界观的人。这里所说的“生态世界观”原本指的是环境史学者在从事历史研究时，以生态学的方法观察和分析整个世界以及人与自然之间关系的总体看法和观点，它是美国著名生态学家奥尔多·利奥波德的“土地伦理”主张和生态意识在历史研究领域的运用，其特征表现为整体性、多样性和有机联系性。在这种生态世界观的视域下，世界不仅是一个地理空间，还是一个土地共同体或生态共同体，存在于这个世界之中的不仅有人类，还有动物、植物以及微生物，即丰富多样的生物群落。进而言之，这个世界不只是我们的和你们的，也是它们的，没有我们和你们，它们照样繁衍生息，而没有了它们，我们和你们只能坐以待毙。这不是抽象的玄理，而是不争的事实——这种事实已经为许多环境史的研究成果所揭示。从这一事实中，我们可以深刻地体悟出自然的巨大力量以及人类和自然须臾不可分离的关系。

对于人类来说，生态世界观不是与生俱来的，而是要持续不断地培养和塑造。人们只有具备了生态世界观，才可能秉持环境伦理观——人类为协调人与自然的关系，经长期实践建立起来的一种约束自身行为的新秩序，并有望在现实生活中自觉践行绿色行动观。对于具备这样的世界观、伦理观和行动观的新人，不妨称为“绿色公民”。

为了真正落实生态文明建设的各项指标并实现其愿景，需要下力气坚持培养绿色公民。可以说，绿色公民的培养是当前我国生态文明建设中的一大重任。对于这一点，我们的社会已开始有了明确的认识，这是令人欣喜的变化。在2018年6月5日，即第47个世界环境日，我国将“美丽中国，我是行动者”确立为当年世界环境日的主题，旨在推动全社会各界和公众积极参与生态文明建设，以切实可行的行动共建天蓝、地绿、水清的美丽中国。在当日国家主场活动现场，生态环境部、中央文明办、教育部、共青团中央、全国妇联5个部门联合发布了《公民生态环境行为规范（试行）》（以下简称《行为规范》）。这一世界环境日主题的确立和《行为规范》的试行，无疑切中了环境保护和生态文明建设的一个关键点，即公民如何行动的问题。

《行为规范》包括关注生态环境、节约能源资源、践行绿色消费、选择低碳出行、分类投放垃圾、减少污染产生、呵护自然生态、参加环保实践、参与监督举报、共建美丽中国10个方面。其中，最为关键的是关注生态环境、呵护自然生态和参加环保实践3个方面，其他7个方面或是这3个方面的细化，或是它们的目标，因而各方面之间具有内在的包容性和关联性。无论是10个方面，还是3个主要方面，其核心思想都在于人对自然和环境的关爱、呵护，这也是美丽中国建设的根本要求。可以说，《行为规范》的出台和试行是培养绿色公民的必要举措，因此必须大力宣传并积极落实。不久前，中共中央、国务院印发的《新时代公民道德建设实施纲要》（以下简称《实施纲要》）就是为进一步促进《行为规范》落实的有力指南和部署。

《实施纲要》明确提出，“积极践行绿色生产生活方式。绿色发展、生态道德是现代文明的重要标志，是美好生活的基础、人民群众的期盼。要推动全社会共建美丽中国，围绕世界地球日、世界环境日、世界森林日、世界水日、世界海洋日和全国节能宣传周等，广泛开展多种形式的主题宣传实践活动，坚持人与自然和谐共生，引导人们树立尊重自然、顺应自然、保护自然的理念，树立绿水青山就是金山银山的理念，增强节约意识、环保意识和生态意识。开展创建节约型机关、绿色家庭、绿色学校、绿色社区、绿色出行和垃圾分类等行动，倡导简约适度、绿色低碳的生活方式，拒绝奢华和浪费，引导人们做生态环境的保护者、建设者。”从这些内容来看，《实施纲要》进一步指明了生态文明新时代公民行动的方向、目标、举措和路径，是针对公民进行绿色行动的总动员。那么，如何“积极践行绿色生产生活方式”？如何“引导人们树立尊重自然、顺应自然、保护自然的理念”？如何“树立绿水青山就是金山银山的理念”？诸如此类问题，除了学理上的深思和探究，更需要结合人们的日常工作和生活，在宣传教育实践中加以讨论并努力解决。

建设生态文明、培养绿色公民，弘扬生态文化是第一要务，这也是本书编写的目的所在。何谓“生态文化”？学术界普遍认为，生态文化是一种以生态价值观为核心的理念和艺术。它将和谐、协调、秩序、稳定、多样性以及适应等观念纳入伦理体系，着眼于可持续发展，既关心人的价值和精神，也关心人类的长期生存和自然资源的永续利用。

然而，现有的传播渠道无法满足公众对生态文化的诉求。一方面，公众对生态环境问题的了解多停留于表面认知和直观感受，缺乏理性认识和科学判断。一些沿袭已久、根深蒂固的不绿色、不环保的生活方式与现行的生态环境保护要求相冲突。另一方面，一些消费与媒体机构缺乏生态文化传播意识。有的电商平台罔顾消费者的购买能力，高调宣扬超前消费和透支消费；某些影视作品罔顾现实，其主人公的住宅十分阔绰，衣食住行都很奢侈；一些文化传播者全然以利益为导向，制造纸醉金迷、夜夜笙歌的虚幻场景，拉低观众的审美趣味，引领过度消费，抹去环保责任。这些显然与构建社会主义生态文明的整体目标相违背。因此，为培养绿色公民，加强生态文化教育势在必行。

我们将以图书的形式传播生态文化，这就需要下力气从古今中外多种多样的文化宝库中整理和挖掘生态智慧。古希腊悲剧大师埃斯库罗斯说：“非但不能强制自然，还要顺从自然。”中国古代的道家学派也秉持与之相近的观点，老子说：“人法地，地法天，天法道，道法自然。”德国哲学家黑格尔说：“当人类欢呼对自然的胜利之时，也就是自然对人类惩罚的开始。”恩格斯更鲜明地指出：“我们不要过分陶醉于我们对自然界的胜利。对于每一次这样的胜利，自然界都报复了我们。”众多的生态智慧，隐藏在浩如烟海的经典作品之中。我们希望积极挖掘经典作品的生态内涵和智慧，响应《行为规范》的倡议，为弘扬生态文化贡献绵薄之力。

作者

2021 年 6 月

目 录

CONTENTS

第一章

中国古代文学作品中朴素的生态智慧

祖国古典诗词歌赋的文学宝库中蕴含着朴素而深刻的生态智慧。无论是“采菊东篱下，悠然见南山”的悠然自得，还是“明月松间照，清泉石上流”的以诗入画，无不体现着天人合一、人与自然的和谐思想。而有的作品，如纣王酒池肉林的骄奢淫逸、石崇的攀比炫富，则是对破坏生态、奢侈浪费行为的无情鞭挞。品读诗词古文，可体会文字魅力，感受情思飞扬，亦可体验人生百味，领悟生命真谛。

第一节　中国古代诗词

《诗经·国风·豳风·七月》[1]

七月流火，九月授衣。一之日觱发，二之日栗烈，无衣无褐，何以卒岁？三之日于耜，四之日举趾。同我妇子，馌彼南亩，田畯至喜。

七月流火，九月授衣。春日载阳，有鸣仓庚。女执懿筐，遵彼微行，爰求柔桑。春日迟迟，采蘩祁祁。女心伤悲，殆及公子同归。

七月流火，八月萑苇。蚕月条桑，取彼斧斨，以伐远扬。猗彼女桑。七月鸣鵙，八月载绩。载玄载黄，我朱孔阳，为公子裳。

四月秀葽，五月鸣蜩。八月其获，十月陨萚。一之日于貉，取彼狐狸，为公子裘。二之日其同，载缵武功。言私其豵，献豜于公。

五月斯螽动股，六月莎鸡振羽。七月在野，八月在宇，九月在户，十月蟋蟀入我床下。穹窒熏鼠，塞向墐户。嗟我妇子，曰为改岁，入此室处。

六月食郁及薁，七月亨葵及菽。八月剥枣，十月获稻。为此春酒，以介眉寿。七月食瓜，八月断壶。九月叔苴，采荼薪樗，食我农夫。

九月筑场圃，十月纳禾稼。黍稷重穋，禾麻菽麦。嗟我农夫，我稼既同，上入执公宫。昼尔于茅，宵尔索绹。亟其乘屋，其始播百谷。

二之日凿冰冲冲，三之日纳于凌阴。四之日其蚤，献羔祭韭。九月肃霜，十月涤场。朋酒斯飨，曰杀羔羊。跻彼公堂，称彼兕觥，万寿无疆！

入选理由：

体现了中国古代先民“顺应自然”的生活方式。

一般解读：

中国古代诗歌一向以抒情诗为主，叙事诗较少。这首诗却以叙事为主，在叙事中写景抒情，真实地展示了当时的劳动场面、生活图景和各种人物的面貌，绘就了一幅西周早期社会男耕女织的风俗画。

据推测，《七月》是西周初年由豳地（今陕西旬邑县、彬州市一带）的奴隶所做的诗歌。可能是因诗歌较长、年代久远，存在某些错简的地方，但基本次序还是比较清楚的。诗篇善于抓住各种物候特征来表现节令的演变，使全诗充满了自然风光和强烈的乡土气息。“五月斯螽动股，六月莎鸡振羽。七月在野，八月在宇，九月在户，十月蟋蟀入我床下”，这里用昆虫的鸣叫和蟋蟀的避寒迁徙形象地表现出季节变迁的过程，虽没有一个“寒”字，但却让人们感受到天气在逐渐变冷。

按照传统的文学分析范式，《七月》展示了一幅古代奴隶社会阶级压迫的图画。奴隶一年到头无休止地劳动，结果都被贵族们剥夺得一干二净。作者表述了自家和邻居年复一年的繁重劳动、苦难生活，却不敢流露强烈的愤懑之情，但在他的倾诉中又不时地夹杂着怨叹和悲悯，从而用事实揭露出奴隶主的罪恶和残酷。作者按照季节的先后，从年初写到年终、从种田养蚕写到打猎凿冰，反映了一年四季多方面的工作和高强度的劳动，其用词凄切清苦，仿佛是在哭吟着一部沉重的历史。这首诗也表现出一定的阶级意识，如“女心伤悲，殆及公子同归”“我朱孔阳，为公子裳”“取彼狐狸，为公子裘”“献豜于公”“上入执公宫”等都表现了奴隶对贵族不劳而食、蛮横霸道的疑惑和暗恨。在表现阶级压迫时，诗篇还以对比的手法进行昭示，如奴隶在辛勤劳动，而“田畯至喜”，这是苦与乐的对比；奴隶无衣无褐，却在“为公子裳”“为公子裘”，这是冷与暖的对比；“言私其豵，献豜于公”，这是少与多的对比；等等。这些都是在有意识地揭示阶级压迫的不平等。

生态解读：

这首诗收录于中国古代最早的诗歌总集《诗经》，按时间顺序描述了时人一年间的劳作，反映了中国古代先民顺应自然、亲近自然的生活方式。

该诗篇幅较长，几乎反映了当时所有的生产、生活活动，包括耕种田地、采摘桑叶、割芦苇、缝衣服等。从中可以看出，中国传统的小农经济经营方式在早期即已形成，并保留了下来。该诗还体现了古人对自然细致入微的观察，他们很早就掌握了自然的基础规律——四季的变化，并据此驯化了大量的农作物、牲畜，同时还掌握了养蚕、酿酒等技能。

此外，该诗还反映了时人对自然的亲近，以及与自然和谐共处的情景："五月斯螽动股，六月莎鸡振羽。七月在野，八月在宇，九月在户，十月蟋蟀入我床下。穹窒熏鼠，塞向墐户。"在现代社会，这种与斯螽、莎鸡、蟋蟀、鼠类共同生活的场景越来越少见了。现代人可以通过该诗描写的情景，而非由生活在城市的人们建构的所谓"田园"，来了解和体会真正的田园生活。

《诗经·国风·周南·桃夭》[2]

桃之夭夭，灼灼其华。之子于归，宜其室家。
桃之夭夭，有蕡其实。之子于归，宜其家室。
桃之夭夭，其叶蓁蓁。之子于归，宜其家人。

入选理由：

以桃花比喻新娘，在最美的时节绽放出最美的姿态，使人与自然达到了统一。

一般解读：

《诗经》的特色在于赋、比、兴。朱熹认为，"比者，以彼物比此物也。""兴者，先言他物以引起所咏之辞也。"显而易见，《桃夭》是一首以歌咏桃花而寄寓新娘的作品。诗人通过春天繁荣盛放的灼灼桃花联想到新娘的年轻貌美，表达出新娘和桃花一样，在一生中最好的时节绽放出最美的光彩。而"之子于归""宜其家人”则暗含劝勉之意，希望新娘能守节得体，这也是内在美的体现。全诗通过日常生活的片段刻画了新娘如桃花一般的自然与美好，也反映了古代中国社会对女性的一些要求。

生态解读：

我们或许可以进一步挖掘《桃夭》一诗的生态旨趣。诗人以桃花为喻，一方面表现了古人对自然环境和自然之物的赞赏与喜爱，另一方面表达了古人对自然规律的遵循。为什么诗人选择桃花而不是梅花？一是因为桃花颜色鲜艳，二是因为桃花在春天开放而梅花不然。新娘出嫁，在先民生活中可谓大事，自然要选择良辰吉日，这种良辰吉日便是春天万物并作之时。古人看到桃花绽放，就知道新娘出嫁的最好时节已经到来，择良辰吉日可定。遵时守节，按照自然规律来安排生活劳作，不也是古人的一种朴素的生态智慧吗？

《诗经·国风·魏风·硕鼠》[2]

硕鼠硕鼠，无食我黍！三岁贯女，莫我肯顾。逝将去女，适彼乐土。乐土乐土，爰得我所。

硕鼠硕鼠，无食我麦！三岁贯女，莫我肯德。逝将去女，适彼乐国。乐国乐国，爰得我直。

硕鼠硕鼠，无食我苗！三岁贯女，莫我肯劳。逝将去女，适彼乐郊。乐郊乐郊，谁之永号？

入选理由：

诗歌所表达的是统治者的横征暴敛，还是先民与自然的相处之道？

一般解读：

这是《诗经》中一首用“比”这种表现手法的诗歌，排列整齐，荡气回肠。前人多认为，苦难中的农民把剥削者称为“硕鼠”，认为其如同田间的老鼠一样蚕食着自己的劳动果实。正因如此，不堪重负的农民呼唤着远方，想要逃离这个饱受剥削的地方，希望能到一片没有剥削者的乐土中去。于是，这首诗被誉为早期具有反抗精神的诗歌。

生态解读：

《硕鼠》一诗虽然在前人的解读中被赋予了社会斗争的内涵，但是将其放到历史背景中看却大有不同。《诗经》是由先秦时期流传的诗歌编纂而成，《国风》中对民俗多有记录，《硕鼠》更像是古老祭祀仪式中所用的祭祀乐歌。通过这短短的几行诗句，我们看到的是先人与鼠类共享同一片天地的场景。人类在与自然的相处中，怀揣着更大的敬畏之心，为了良田的好收成与田鼠进行商议。先人称田鼠为"硕鼠"，恳求田鼠不要再吃自己的粮食。先人表示自己已经好生招待田鼠，希望能同田鼠和谐共处，借此表现人与自然和谐共生的场景。

●屈原《楚辞·九歌·湘夫人》[3]

帝子降兮北渚，目眇眇兮愁予；嫋嫋兮秋风，洞庭波兮木叶下。

登白薠兮骋望，与佳期兮夕张；鸟何萃兮蘋中？罾何为兮木上？

沅有茝兮澧有兰，思公子兮未敢言；荒忽兮远望，观流水兮潺湲。

麋何食兮庭中？蛟何为兮水裔？朝驰余马兮江皋，夕济兮西澨；闻佳人兮召予，将腾驾兮偕逝。

筑室兮水中，葺之兮荷盖，荪壁兮紫坛，播芳椒兮成堂。

桂栋兮兰橑，辛夷楣兮药房，罔薜荔兮为帷，擗蕙櫋兮既张。

白玉兮为镇，疏石兰兮为芳，芷葺兮荷屋，缭之兮杜衡。

合百草兮实庭，建芳馨兮庑门。九嶷缤兮并迎，灵之来兮如云。

捐余袂（袂）兮江中，遗余褋兮澧浦；搴汀洲兮杜若，将以遗兮远者；时不可兮骤得，聊逍遥兮容与！

入选理由：

神与自然的关系象征着人与自然的关系。

一般解读：

诗题虽为《湘夫人》，但诗中的主人公却是湘君。湘夫人是湘水女性之神，湘君是湘水男性之神。这首诗主要描写的是相恋者生死契阔、会合无缘。作品表达了赴约的湘君来到约会地北渚，却不见湘夫人的惆怅和迷惘，以及期待与湘夫人见面的真挚情感。从深层结构来看，这首诗采用了寓情于景的表情法。景物或非原来的样子，如“鸟何”“罾何”“麋何”“蛟何”等句；或是带上感情色彩，如对秋风、秋水、秋叶的描写。诗的情感的流动较蕴藉、含蓄、深沉，如海底暗流，不易发觉。另外，全诗所描写的对象和运用的语言具有鲜明的楚国地方特色，如沅水、湘水、澧水、洞庭湖、白芷、白蘋、薜荔、杜衡、辛夷、桂、蕙、荷、麋、鸟、白玉等自然界的山水、动物、植物和矿物，以及楚地的民情风俗、神话传说、特有的浪漫色彩、宗教气氛、房屋陈设布置等，均扎根于楚地的天然环境、社会风尚和文化心理结构的土壤之中。

生态解读：

湘水是先秦时期楚国境内独有的最大河流，与楚国人民有着血肉相连的关系，她如同慈爱的母亲，哺育着楚国世世代代的人民。楚国人民对湘水寄予着深切的爱，把湘水视为爱之河、幸福之河，进而把湘水人格化，树立了湘君、湘夫人的形象。这种对神祇的崇拜体现的是古代人民尊重自然、敬畏自然的信仰。他们通过祭祀神灵的崇高仪式和爱护河水的实际举动表达了对湘水的敬意，祈求湘水之神继续保佑人民，从而实现人与自然互相善待的良性循环。诗中在描写踌躇等待之貌时，白蘋、沅水、芷草、澧水、兰花、鸟儿、鱼儿、麋鹿、蛟龙都带有了情感，动植物被视作能理解湘君感受的朋友；在描写建造修葺水中央的庭堂时，用到了荷、荪、椒、桂、兰、辛夷、药、薜荔、蕙、石兰、芷、杜衡等十多种奇花、异草、香木，植物的华丽奇异与人们的欣赏赞颂相辉映。无论是借用动物渲染感情，还是使用植物装扮庭堂，都将湘水之畔的自然生物极具生机地描写了出来，将神灵所处的和谐浪漫环境展现了出来。神的形象寄托的是人的情感，神与自然的相处体现的是人与自然亲切互动的关系，人们感受到的是湘水人民与自然为友、怡自然之乐的和谐气氛。

●佚名《古诗十九首·青青河畔草》[4]

青青河畔草，郁郁园中柳。盈盈楼上女，皎皎当窗牖。娥娥红粉妆，纤纤出素手。昔为倡家女，今为荡子妇。荡子行不归，空床难独守。

入选理由：

寄于美景中的哀思。

一般解读：

这首诗是《古诗十九首》的第二篇，以第三人称写就，描述了一位娼妓出身的妇人，因丈夫迟迟不归，独守空房的寂寞愁情。诗的前半部分描写了女子欣赏窗外春景的图画，皎皎的月光衬得女子身姿盈盈。诗的后半部分则讲述了女子观景的缘由，“荡子行不归，空床难独守。”一边是美好的春景与曼妙的女子，另一边却是空空如也的闺房。诗文忽视后世礼法的约束，明示女子的情思，以及对爱情的渴望。

生态解读：

美好的春景中却寄托了诗中女子无限的愁情。开篇两句描写了河畔的青草与园中的嫩柳，不仅交代清楚了所绘美景的位置，更带有先人对自然意象寄托的情感。河畔的青草沿河流延伸向远方，女子的思绪也随青草延展，思念着尚未返家的荡子。园中的柳树郁郁葱葱，难免使人想起“留”的谐音，更增添了一份对未归人的留恋与不舍之情。尽管皎皎的月光照亮了眼前的一片美景，却难挡女子心中独守空房的愁思。诗人借河流、青草、垂柳等美好的自然风光，与女子空守闺房的孤独相对应，使窗外的美景更加衬托出屋内的忧人。

●佚名《汉乐府·上邪》[5]

上邪！我欲与君相知，长命无绝衰。山无陵，江水为竭，冬雷震震，夏雨雪，天地合，乃敢与君绝！

入选理由：

一首爱情的绝唱，却蕴含着对人与自然关系的思考。

一般解读：

这是一首爱情的绝唱。诗人以不可能实现的自然现象反证自己对爱情的忠贞不渝，即使天崩地裂、气候无常，也不愿与爱人分离须臾。从高山平到江水竭，从冬雷震到夏雨雪，种种怪诞而离奇的灾难接连发生，并且一步一步递进，直到天地合为一体、世界不复存在。这种夸张的递进式描写反映出诗人的感情不仅真挚、强烈，而且在一步一步地深化，甚至到了发狂的地步。在铿锵有力的语气当中，仿佛看到一个刚烈的女子试图冲破礼教的束缚，不顾一切地追求属于自己的幸福生活。

生态解读：

若言此诗是一首写景诗，或许也没有人反对。然而这景不仅不是真实存在的，还极为反常，令人深深恐惧。山无陵还是山吗？江水枯竭还是江吗？冬天的雷声轰轰隆隆，怕是要吓得人钻进被子、塞住耳朵。夏天雨雪纷飞，岂不是有莫大的悲壮之感？而天地合为一体则更加可怕，届时人与其他生命都将不复存在。诗人用这种可怕的意象反证爱情，不也正说明了中国古人对这些“异象”的恐惧吗？进入工业化时代，只要不是天崩地塌，人们或许对一些反常的气候也不会那么在意。笔者曾在6月亲眼见过青海大雪纷飞，当时只觉甚美，并不惧怕。然而设身处地去想，对“看天吃饭”的古人来说，气候就是生命。生存的一切基础是粮食，而粮食的稳定供应则需要风调雨顺。只有风调雨顺，农民才不至于饿死，国家才不至于灭亡。就这个意义来说，古人对于极端气候现象是极为恐惧的，这使他们对自然心存敬畏、行有所止。然而，也正是这种敬畏之心促使人与自然和谐相处。如果人类无法与自然和谐相处，那么“天地合”就是对人类终极命运的极佳暗示。

●佚名《汉乐府·江南》[5]

江南可采莲，莲叶何田田。鱼戏莲叶间。鱼戏莲叶东，鱼戏莲叶西，鱼戏莲叶南，鱼戏莲叶北。

入选理由：

我随物转，物我两忘。

一般解读：

此诗为《相和歌辞·相和曲》之一，原见《宋书·乐志》，可谓采莲诗的鼻祖。此诗独具风味，反映了采莲时的光景和采莲人的欢乐心情。清人沈德潜评此诗为“奇格”，余冠英先生则认为“鱼戏莲叶东”以下四句可能是“和声”——前三句由领唱者唱，后四句为众人合唱。重复的句式和字眼恰好表现了古代民歌朴素明朗的风格，读来更有古味。

生态解读：

江南的莲叶长得多好啊！放眼望去，莲叶接连不断，莲花清香扑鼻；鱼儿四处嬉戏，水波荡漾，轻松自适。

常言道，诗无达诂。意思是说，对诗歌的欣赏可以从各个方面加以解读，因为经典的诗歌往往包含着极为丰富的文化意蕴，有时甚至超越了作者本身的思想。本诗或许也是如此。当然，对诗歌的解读虽然千变万化，但最终还是要回归文本。在笔者看来，这是一篇有关人与自然关系的诗歌，遣词造句间的层叠递进表明了作者心随物转的变化，最终达到了超越“自我”的自然境界。

一开始，作者言“江南可采莲，莲叶何田田”，其重心在人而不在莲；成片的莲叶引发了作者采莲的欲望，莲叶仿佛成了一笔自然与经济的双重财富。然而接下来，作者却忽然目光向下，让四处嬉戏的鱼儿成了画面的主角，而莲叶也脱离了与人类的相互纠缠，随之变成鱼儿自由自在的生态家园。到这时，本诗的重心就脱离了作者的“自我”，也脱离了人。从“鱼戏莲叶东”的一连四句，互文见义，皆是描写鱼儿如何在莲叶间畅游嬉戏的画面，此时人已经消失不见了。作者的创作角度从“凝视”转向了自然的“展示”，他不仅忘记了采莲，甚至忘记了人的存在。在有意无意中，作者对自然的领悟达到了一种更高的境界。鱼儿、清水、莲叶三者已然构成了一幅恬静闲适的生态画面，又何须人的参与？这不正是庄子“齐物而观”的绝佳体现吗？或许只有将“人”的参与降到最低，勿使“物皆著我之色彩”，才能真正地为自然祛魅，凸显自然本身之美。这种“弱人类中心主义”的生态观蕴含在中国古代许许多多的诗词歌赋中，展现了中国古人朴素而深刻的生态智慧。

●陶渊明《四时》[6]

春水满四泽，夏云多奇峰。
秋月扬明晖，冬岭秀孤松。

入选理由：

寓情于景、情景交融的美妙画卷。

一般解读：

这首诗写于陶渊明对灰暗的官场失望至极之时。此前，陶渊明已经在官场沉浮多年，多次遭受贬谪。创作这首诗歌时，陶渊明因不满督邮刘云打着检查公务的幌子前来进行贿赂、贪污的行为，与其产生矛盾。刘云为此怀恨在心，就栽赃陷害陶渊明，使之因此被贬。陶渊明被贬之后，才明白自己的追求抱负不过是一场空，还不如归隐田园生活来得潇洒自在，在此背景下写下《四时》。

生态解读：

这是一首描写春、夏、秋、冬四季景色变幻的诗歌：春天来临，万物复苏，温暖的春水溢满了整片翠绿的田野和水泽；炎炎夏日，暴雨即将来袭，天地间风云变幻莫测，那远方的云就像奇峻的山峰豁然起伏；秋日寒凉，苏轼有云，“人有悲欢离合，月有阴晴圆缺”，玄月高挂天际，世间的景物在皎洁的月光照射下蒙上了一层缥缈迷离的感伤色彩；冬日凛冽，梅花傲然绽放，远处高山峻岭上的青松也无畏严寒尽情挺立着，寒风也刮不走那勃勃生机。诗中一泓春水、变幻莫测的云、秋月朗照的夜晚以及严寒中生机勃勃的青松，无不体现了陶渊明对个人与社会关系的思考。显然，陶渊明擅长借助景物赞美自然、渲染气氛，抒发个人情怀，揭露社会黑暗，运用质朴无华的语言创造出自然美好与社会动荡及命运多舛的参差意境，充分展示了诗歌言志、言情的功能。

●佚名《敕勒歌》[7]

敕勒川，阴山下。天似穹庐，笼盖四野。
天苍苍，野茫茫，风吹草低见牛羊。

入选理由：

广袤草原是诗意的栖居地。

一般解读：

《敕勒歌》是中华民族诗歌宝库之中一颗耀眼的明珠。流传于北朝的《敕勒歌》，其作者无从可考，对《敕勒歌》属于鲜卑族民歌、维吾尔族民歌还是敕勒族民歌亦有争论。作者透过秀美山川、肥壮牛羊和蓝天碧草的景象，勾勒出对大自然和富足生活的无限热爱。该诗以明朗豪爽的风格、浅白粗犷的表达、雄壮开阔的意境流芳千古。历代文学家都对该诗赞不绝口，北宋大诗人黄庭坚评论该诗“仓卒之间，语奇如此，盖率意道事实耳”。元好问为《敕勒歌》赋诗一首：“慷慨歌谣绝不传，穹庐一曲本天然。中州万古英雄气，也到阴山敕勒川。”郑振铎认为，该诗“写北方荒野景色，直浮现于读者之前，博得后人极端的倾倒，可谓为最带北方色彩的诗”。该诗因意境悠扬、浅显直白而被教育部列为中小学生必背古诗词之一，以激发孩子从小对古诗词的兴趣和对自然的向往。

生态解读：

2019年年末，电影《牧马人》再度爆红。据红星视频统计，有关该片的短视频在3个月内累计播放17.8亿次。观众除了对许灵均和李秀芝的神仙爱情难以忘怀，对影片中诗意化的“敕勒川牧场”和这首《敕勒歌》同样经久难忘。从生态和谐的角度来看，《敕勒歌》这首诗为我们描绘了一个生态和美、动静结合、宏微照应的和谐画面。远远地望去，宏伟的敕勒川辽阔无垠，巍峨的阴山岿然不动；近处的草原天地相接，蓝天白云，风吹草动，牛羊成群。山川、草原、微风、蓝天，诸多意象有机组合，将诗人热爱生活的饱满情感与苍茫大地的美景合而为一，体现了天人合一、万物生机勃勃的景象。《敕勒歌》也代表了现代人追求田园牧歌的生活理想，使人们尘封已久的内心获得了涤荡。

●张若虚《春江花月夜》[8]

春江潮水连海平，海上明月共潮生。
滟滟随波千万里，何处春江无月明。
江流宛转绕芳甸，月照花林皆似霰。
空里流霜不觉飞，汀上白沙看不见。
江天一色无纤尘，皎皎空中孤月轮。
江畔何人初见月？江月何年初照人？
人生代代无穷已，江月年年只相似。
不知江月待何人，但见长江送流水。
白云一片去悠悠，青枫浦上不胜愁。
谁家今夜扁舟子？何处相思明月楼？
可怜楼上月徘徊，应照离人妆镜台。
玉户帘中卷不去，捣衣砧上拂还来。
此时相望不相闻，愿逐月华流照君。
鸿雁长飞光不度，鱼龙潜跃水成文。
昨夜闲潭梦落花，可怜春半不还家。
江水流春去欲尽，江潭落月复西斜。
斜月沉沉藏海雾，碣石潇湘无限路。

不知乘月几人归，落月摇情满江树。

入选理由：

以自然为参照，反观人类命运。

一般解读：

此诗一直有“孤篇盖全唐”的美称，整首诗以景、情、理的脉络逐渐展开，第一部分写春江月夜的美景，由大到小，由远及近，江月共生，月光洒在树上，一派洁白梦幻的景象；第二部分写面对江月及这片纯净天地而产生的感慨，人生虽短暂但代代无穷，于是得以与江月共存，这是对宇宙无限性与人生有限性的辩证哲学思考；第三部分由江月转而写到人间思妇游子的离愁别绪，诗人借物寓情，在春梦落花的黯然里藏着不还家的愁绪，江潭落月引发作者的思忖：能有几人乘月归回家乡？诗人最后只能“落月摇情满江树”，将满腔思念之情、游子之情全部倾尽。此诗无论在思想上还是在艺术上都超越了以前单纯模山范水的景物诗，融诗情、画意、哲理为一体，尽情赞叹奇丽景色，讴歌人间纯洁爱情，把男女思念之情扩大开来，与对人生哲理的追求、对宇宙奥秘的探索结合起来，从而汇成一种情、景、理水乳交融的幽美而邈远的意境。整首诗篇仿佛笼罩在一片空灵而迷茫的月色里，吸引着读者去探寻其中的真谛。

生态解读：

在这首诗中，诗人用宛转悠扬的诗句创造出朦胧、寥廓、宁静的境界。面对这种梦幻之景，诗人开始进行哲学思考，从自然的永恒、无限联想到人生的短促、无常，发出了“人生代代无穷已，江月年年只相似”这样的终极关怀式慨叹。诗人感受到茫茫浮世间人的渺小，在永恒的江月对比下表达了对年华易逝、世事变迁的感慨。

但是从生态变化的角度考虑，在过往历史中，人类的角色是否渺小？我们的江月是否年年相似？“但见长江送流水”的局面是否一直如此？回顾历史我们已经看到，自唐代开始，繁重的人口压力已对黄河、长江等河流造成了负面影响：过度引水使河流径流量减少，旱季干涸、雨季洪涝，河流的自然调节能力下降；大规模砍伐森林使水土难以保持，引发了严重的水土流失，河流含沙量大幅增加；河床的持续抬高与人工河坝的修建多次使河流决堤、河道改道……这些上百年、上千年来的自然变化或许是诗人未曾预料到的，它证明人类已经对自然产生了严重的影响。如今人类开始反思自己的行为，并逐渐达成了共识：人类要想“代代无穷”，必须以自然的健康长久存在为前提。这种休戚相关的关系启发人类关注自然、保护自然，守护人类与自然共同的命运。希望岁月轮转，今日仍现张若虚眼中的那轮明月。

●孟浩然《春晓》[9]

春眠不觉晓，处处闻啼鸟。
夜来风雨声，花落知多少。

入选理由：

融入自然之中，体味自然之美。

一般解读：

《春晓》是唐代诗人孟浩然隐居在鹿门山时所作，诗人抓住春天早晨刚刚醒来时的一瞬间展开联想，描绘了一幅春天早晨的绚丽图景，抒发了诗人热爱春天、珍惜春光的美好心情。第一句破题，写春睡的香甜，也流露着对朝阳明媚的喜爱；第二句即景，写悦耳的春声，也交代了醒来的原因；第三句转为写回忆；第四句又回到眼前，由喜春翻为惜春。全诗语言平易浅近、自然天成，整首诗言浅意浓、景真情切，深得大自然的真趣。

生态解读：

《春晓》是孟浩然隐居时所作。在诗中，作者只选取了春天的一个侧面，从听觉的角度着笔，写春之声：那处处啼鸟，其声婉转、悦耳动听；那潇潇风雨，在静谧的春夜，让人想见那如烟似梦般的凄迷意境，以及微雨后的众卉新姿。这些只是诗人在室内的耳闻，然而这阵阵春声却透露出无边春色，把读者引向广阔的大自然，使读者自己去想象、去体味那莺啭花香的烂漫春光，这是用春声来渲染户外春意盎然的美好景象。这些景物是活泼跳跃、生机勃勃的，写出了诗人的感受，表现了诗人内心的喜悦和对大自然的热爱。由此可见，隐居的孟浩然如同美国的梭罗一样，深爱着自然。

●孟浩然《宿建德江》[9]

移舟泊烟渚，日暮客愁新。

野旷天低树，江清月近人。

入选理由：

寄情于景，情景交融。

一般解读：

《宿建德江》是唐代诗人孟浩然的代表作之一，也是唐诗五绝中的写景名篇。诗的大意是，小船停靠在烟雾朦胧的洲边，暮色让在外游子的心中又多了一分惆怅；在空旷的原野上，天看上去比树还要低，清澈的江水将月亮送到身旁；作者把小船停靠在江边，却勾起了自己的过往回忆。作者将小船与日暮作为自己感情的归宿，抒发了羁旅之情。诗的第一句为点题句，它为下面的写景抒情作铺垫；第二句从字义上看，景观与情感有因果联系，“日暮”是“客愁新”的原因；第三、第四句从表面上看，景观的前后也有因果联系，因为“野旷”所以天低于树，因为“江清”所以月能近人，但天和树、江和月的背后抒发的却是作者作为游子的孤寂之情。

生态解读：

这首诗寥寥几笔便把诗人的羁旅之思寄于舟泊暮宿。从字里行间，我们感受到人类的主观情感是如何随着景观的变化而变化的。在此，暮色之景无不透露出游人的惆怅与孤寂。诗人寄情于景，天、树、江、月都因为诗人的情感而富有了生命力。在一望无际、空旷的原野之上，天的边际位于树下，诗人与清凉的月夜、清净的江水为伴，清冷之情通过寄托在景物上而跃于纸面。1 000多年前，诗人孟浩然漫游吴越时的惆怅，与游子睹物思情的漂泊之心又有何不同呢？

●王维《山居秋暝》[10]

空山新雨后，天气晚来秋。
明月松间照，清泉石上流。
竹喧归浣女，莲动下渔舟。
随意春芳歇，王孙自可留。

入选理由：

描写人与自然关系的经典诗作。

一般解读：

《山居秋暝》是一首传唱极广的经典诗作。空旷的山谷因新近的雨水而更显幽寂，傍晚的清凉使人忽临初秋，月光映照松林，清澈的泉水在山石上淙淙流淌。洗衣少女的归来使竹林充满喧嚣，轻舟从河岸荡下，引起莲叶一阵轻摇。春天总是匆匆地掠过，但眼前的秋景却令人流连忘返。这首诗写在初秋时节，应当是王维隐居终南山下的辋川别业时所作。

品王维的律诗是一种美的享受，它不仅让人唇齿含香，更令人身临其境，仿佛从诗入画，人在画中而不自觉，这就是“诗中有画”的张力。王维描绘的是一幅归隐之景，空山、清泉、青松、幽竹、青莲等，不同的景物相映成趣，表达了诗人寄情山水的愉悦舒适，以及对淡泊恬静的田园生活的喜爱。与此同时，这些景物又无一不是诗人高尚情操的写照。王维借对隐居之景的描写，抒发了自己放浪形骸、不愿与世俗同流合污的理想追求。正如海子所言：“我只愿面朝大海，春暖花开。”

生态解读：

王维在诗中描绘的也是一幅人与自然和谐相处的画面。一方面，在王维的诗中，人与自然是互不干扰的。在秋雨洗过的山谷里，四野无人，明月可以自由地照入松林，而清泉也可以在山石上自在地流淌。自然世界在此处缓慢而悠闲地生长着，仿佛与匆匆忙忙的俗世是两个不同的世界。人类的痕迹在此显得微不足道，待浣女归来、轻舟荡过，周遭又会再次回归寂静，仿佛一切都未曾发生。另一方面，自然的万事万物都有着属于自己的生命节奏。虽然王维此诗以景喻人，但景物没有蒙上人物的主观色彩。不论是有机的松林和莲叶，还是无机的明月与清泉，一切景物都具有自己的个性和自然的律动。所谓“和实生物，同则不继”，唯有万物按照自己的韵律恣意生长，才能和谐奏响伟大的田园交响之歌。

王国维在《人间词话》中曾提到“有我之境”与“无我之境”的区别。所谓“有我之境”，即“物皆著我之色彩”，在于“以我观物”；而“无我之境”乃是“以物观物”，超然物外。就生态文化的意义而言，“无我之境”也是一种更高的境界。因为只有人无法干涉到自然的生长时，人与自然才能和谐共生。或许也只有把“我”降到最小时，才能看到那个“无我”世界的广阔无垠。

●王维《鸟鸣涧》[9]

人闲桂花落，夜静春山空。
月出惊山鸟，时鸣春涧中。

入选理由：

诗中有画，画面祥和。

一般解读：

王维的诗作是“诗中有画”的代表，接近于风景写生。在这首诗中，王维创造了一种静谧的意境，他为这夜晚的静谧，以及因静谧而显示出来的空寂而惊叹。在诗中，王维的心境和春山的环境气氛是互相契合且相互影响的。然而，王维却不单纯地依靠白描凸显安静的环境，而是通过更高级的手法来衬托这一片祥和。诗中通过对花落、月出、鸟鸣的描绘凸显“动”的景物，既使诗作富有生机而不枯寂，又通过“动”更加突出地显示了春涧的幽静。“动”的景物能取得“静”的效果，是因为事物矛盾的双方总是互相依存的。在一定条件下，“动”之所以能够发生，或者能够为人们所注意，正是以“静”为前提的。由此可见，王维的诗包含着辩证法的思想。另外，本诗作于开元年间王维游历江南之时，此时大唐安定统一、一派盛世祥和的气氛。因此在诗中不仅可以看到春山、明月、落花、鸟鸣所点缀的迷人景色，而且能感受到盛唐时代的和平安定和繁荣昌盛。

生态解读：

大唐鼎盛时期，府库充足，人们衣食富足，时常以游乐为娱。诗人王维尤其如此，他的足迹遍布当时大唐各个地区。在这首诗中，王维描绘了江南恬静祥和的幽静美景。诗中不仅体现了王维的雅趣和诗情，也在一定程度上展现了唐时自然风景的美丽，当时的人们享受与自然为伍带来的喜悦，体现了人与自然的和谐。

●王维《竹里馆》[11]

独坐幽篁里，弹琴复长啸。

深林人不知，明月来相照。

入选理由：

高雅超脱的景观图。

一般解读：

《竹里馆》是“诗佛”王维晚年隐居蓝田辋川时创作的五言绝句。这首诗虽然简短，但是有景有情，绝妙地表现了诗人超凡脱俗的生活态度。本诗的大意是，诗人独坐在幽静的竹林中，拨弄着琴弦，一声一声地长啸；在深深的竹林中，没有人知道我的行踪，只有皎洁的月光安静地映照着我。这首诗描写了王维的生活状态，体现了王维远离尘世、清幽绝俗的境界。在诗的前两句中，无论是“弹琴”还是“长啸”，体现的都是诗人高雅闲淡与超凡脱俗的气质；在诗的后两句中，“人不知”“明月来相照”用了拟人的手法，把明月识为知己，更显现了诗人高山流水、难遇知音的感怀。全诗格调幽静闲远，仿佛诗人的心境与自然的景致融为了一体。

生态解读：

景观素来是诗人心灵的寄托之地。在王维的这首五言绝句中，仅用六个字便展现出“幽篁”“深林”“明月”的空间，寥寥数字就能感受到诗人是在意兴清幽、心灵澄净的状态下与竹林、明月悠然相会。王维选择竹林与明月，是因为这清幽澄净的环境同自己的心境一般平静。同时，他选择用弹琴和长啸来抒发内心有容乃大的情怀，景与情彼此交融、互为表里。更重要的是，在诗的后两句，作者用拟人的手法使人与月相互呼应，也体现了一种人与自然的相通相连。

●李白《望庐山瀑布》[12]

日照香炉生紫烟，遥看瀑布挂前川。
飞流直下三千尺，疑是银河落九天。

入选理由：

通过描绘庐山瀑布雄奇的景观特征，诗人寄情于景，抒发了内心的旷达之情。

一般解读：

这首诗的写作时间是公元725年前后，是李白在去金陵途中初游庐山时所作。诗的大意是，香炉峰在阳光的照射下生起紫色的烟霞，从远处看瀑布就像白色的绢绸悬挂在山前，高崖上飞腾直落的瀑布好像有几千尺，让人怀疑是银河从天上泻落到人间。

生态解读：

高耸入云的山不仅给人带来震撼的视觉感受，也涤荡人们的心灵。身临其境，我们会“像山一样思考”，也会如诗人李白一般思考宏大的宇宙，《望庐山瀑布》一诗正是如此。诗的前两句从大处着笔，概写所看到的全景，既写出了高峻陡峭的山，又写出了水流的湍急——高空直落，势不可挡之状如在眼前。在看到如此宏大的高山瀑布之景后，诗人展开了对山、瀑及山水之外浩渺的宇宙、银河的思考。由此说明，自然美景会激发人们对世界、对宇宙的思考。

●李白《蜀道难》[13]

噫吁嚱！危乎高哉！蜀道之难，难于上青天。蚕丛及鱼凫，开国何茫然！尔来四万八千岁，不与秦塞通人烟。西当太白有鸟道，可以横绝峨眉巅。地崩山摧壮士死，然后天梯石栈相钩连。上有六龙回日之高标，下有冲波逆折之回川。黄鹤之飞尚不得过，猿猱欲度愁攀援。青泥何盘盘！百步九折萦岩峦。扪参历井仰胁息，以手抚膺坐长叹。

问君西游何时还？畏途巉岩不可攀。但见悲鸟号古木，雄飞雌从绕林间。又闻子规啼，夜月愁空山。蜀道之难，难于上青天，使人听此凋朱颜。连峰去天不盈尺，枯松倒挂倚绝壁。飞湍瀑流争喧豗，砯崖转石万壑雷。其险也若此，嗟尔远道之人胡为乎来哉！

剑阁峥嵘而崔嵬。一夫当关，万夫莫开。所守或匪亲，化为狼与豺。朝避猛虎，夕避长蛇。磨牙吮血，杀人如麻。锦城虽云乐，不如早还家。蜀道之难，难于上青天，侧身西望长咨嗟。

入选理由：

“畏惧自然”观念的体现。

一般解读：

李白以此篇书写蜀地风光变幻、险象丛生，并联系当时的社会背景，隐喻了唐朝天宝初年太平景象的背后正潜伏着危机，表达了对国事的忧虑与关切。

李白以变幻莫测的笔法，淋漓尽致地刻画了蜀道之难，艺术地展现了古老蜀道逶迤、峥嵘、高峻、崎岖的面貌，描绘出一幅色彩绚丽的山水画卷。诗人寄情山水，放浪形骸，对自然景物不是冷漠地观赏，而是热情地赞叹，借以抒发自己的理想感受。“蜀道难”的主题，并非李白独创。唐以前的《蜀道难》作品，简短单薄。李白对乐府古题有所创新和发展，运用大量散文化的诗句，字数从三言、四言、五言、七言直到十一言，参差错落，形成极为奔放的语言风格。诗的用韵也突破了梁陈时代旧作一韵到底的程式，尤其是后面描写蜀中险要环境，一连三换韵脚，极尽变化之能事。所以，殷璠编《河岳英灵集》称此诗“奇之又奇，自骚人以还，鲜有此体调”。

关于本篇背后的寓意，明人胡震亨、顾炎武认为，李白“自为蜀咏”“别无寓意”。今人有谓此诗表面写蜀道艰险，实则写仕途坎坷，反映了诗人在长期漫游中屡逢踬碍的生活经历和怀才不遇的愤懑，迄无定论。

生态解读：

《蜀道难》是一篇描述古蜀道险峻的诗，李白用生动的笔触为后人尽可能形象而生动地展示了古代川渝地区的天然景观。在李白笔下，古蜀道的险峻令人震撼，人类不应该涉足这样飞鸟都难以飞过的地区，体现了古人心目中“畏惧自然”的意识。

开篇就感叹“蜀道之难，难于上青天”，可见在古人眼中，走蜀道和上青天这些违背自然的要求都是不可实现或是极难实现的。“黄鹤之飞尚不得过，猿猱欲度愁攀援”，以非常夸张的手法描述了自然的鬼斧神工。有翅膀的黄鹤和柔韧的猿猴都无法通过，对人类来说征服这样的自然几乎是无法想象的。

“连峰去天不盈尺，枯松倒挂倚绝壁。飞湍瀑流争喧豗，砯崖转石万壑雷。”在今人看来，这是非常壮丽的自然景观，人迹罕至是其成为“旅游胜地”的重要指标之一。然而，李白的诗却让我们看到，在没有大型机械和现代筑路技术的时期，这样的自然景观只能带给人类无助感和恐惧感。“其险也若此，嗟尔远道之人胡为乎来哉！”“锦城虽云乐，不如早还家。”这些诗句体现了古人在面对这种无法征服的自然时，只能选择采取回避的态度，与现代人“战胜自然，克服自然”的思想有着巨大的差异。

●杜甫《江畔独步寻花·其六》[9]

黄四娘家花满蹊，千朵万朵压枝低。

留连戏蝶时时舞，自在娇莺恰恰啼。

入选理由：

令人心情舒畅的花间戏蝶景观图。

一般解读：

《江畔独步寻花》是唐肃宗上元二年（公元761年）“诗圣”杜甫所作的一组绝句诗，该组绝句一共七首。当时，杜甫在饱经离乱之后寓居四川成都，并在西郊浣花溪畔建成了草堂，有了一个暂时安身的处所，心情比较舒畅。于是，在春暖花开的时节，他独自在江畔散步赏花，写下了《江畔独步寻花》这组绝句。本诗是七首当中最著名的一首。诗的大意是，黄四娘家周围的小路旁开满了鲜花，千朵万朵的鲜花把枝条都压得低垂了，蝴蝶在花丛中恋恋不舍地盘旋飞舞，自由自在的小黄莺在花间不断欢唱。从这首诗中，我们可以体会到杜甫的愉悦之情。

生态解读：

这首诗描绘了一幅美丽的花间戏蝶景观图：“花满蹊”描绘出繁盛的花朵把小路铺盖住并连成片的美景；“千朵万朵压枝低”写出了春花密密层层，又大又多，沉甸甸地把枝条都压弯了的景色；“留连”形容蝴蝶飞来飞去舍不得离开，侧面说明了春花的鲜艳芬芳；“自在娇莺恰恰啼”描写了当诗人前来赏花时，黄莺也在鸣叫的情景。诗人寓情于景，表达出在美景之下内心的欢愉。

●杜甫《绝句·其三》[9]

两个黄鹂鸣翠柳，一行白鹭上青天。

窗含西岭千秋雪，门泊东吴万里船。

入选理由：

既是寓情于景的佳作，也是领略大唐风俗与风景的美丽“画作”。

一般解读：

《绝句·其三》是一首借景抒情、托物言志的诗，采用白描的手法，对仗工稳，音律铿锵，勾勒出诗人沉痛的曲折心态，隐含着生活的艰苦历程，既是风景画，亦是抒发感情的言志诗。该诗尽管有“黄鹂鸣翠柳”“白鹭上青天”的大好春光，但是诗人心中却笼罩着思念友人严武的悲痛心情。而此时吐蕃正远在西境侵犯唐土，诗人亦只能泊船于东吴，徒增悲伤。

生态解读：

景致与情感在古诗创作中是永恒的主题。在杜甫的《绝句·其三》中，四行诗皆为写景，乍一看各自独立，其实是一气呵成，浑然一体。诗中，作者并没有停留在简单的写景上，而是把一个个景致串联起来，充满了丰富的意象。黄鹂、翠柳、白鹭、青天、千秋雪与万里船等，不仅展现了错落有致的景致，而且将山水与唐人生活结合了起来，在怀念的忧思中表达了自然美和生活美。

●杜甫《春夜喜雨》[9]

好雨知时节，当春乃发生。
随风潜入夜，润物细无声。
野径云俱黑，江船火独明。
晓看红湿处，花重锦官城。

入选理由：

体现了人与自然的亲近与互动，并将景观拟人化。

一般解读：

《春夜喜雨》写于761年春天，此时的杜甫住在成都浣花溪畔的草堂。草堂的生活让杜甫对春雨有很深的感情，于是便写下了这首描写春夜降雨、润泽万物的美景诗。尽管诗中没有一个“喜”字，但四处洋溢着喜悦之情。例如，诗作开篇用“好”字来赞美雨，之后又把雨拟人化，描写它“知时节”“润物无声”，使春雨具备了“好雨”的高尚品格。

生态解读：

《春夜喜雨》的生态性是显而易见的，因为这本身就是一首描述自然现象的诗。春季是万物生长的季节，春雨又是万物生长的催化剂。此诗细致而且艺术化地反映了春季雨水的特点。第一，是“好”雨。下雨本身只是一种自然现象，然而与人类社会联系在一起，它就有了好与坏的区别，这种界定是以有利于人类生产、生活为标准的，体现了人类的自我中心主义。春季正是越冬作物（如冬小麦）开始返青到乳熟的时期，需要很多水。此时，若能有雨水降临，就会特别宝贵，故有“春雨贵如油”之说。在我国华北地区，春雨占全年降水量的10%～15%，有的地方少于10%。如果秋冬两季的降水很少，那么进入春季后就会因气温回升快、大风天多、蒸发强烈而易形成“秋—冬—春”连续干旱，影响作物生长。第二，是“随风潜入夜，润物细无声”。春天的雨通常伴随着微风，且不会太大。这些诗句充分显示了古人与自然更为亲近的关系，对自然的特点把握得很准确。此外，诗题中的“喜”字也体现了古人为自然万物赋予情感的特点，他们对自然事物的喜爱正是源于与自然的亲近。

●杜甫《登高》[12]

风急天高猿啸哀，渚清沙白鸟飞回。
无边落木萧萧下，不尽长江滚滚来。
万里悲秋常作客，百年多病独登台。
艰难苦恨繁霜鬓，潦倒新停浊酒杯。

入选理由：

将人、动物、植物融于景观之中，并寄情于景，在景观中抒发自己内心的情感。

一般解读：

这首诗写于公元767年秋天，此时的杜甫住在夔州。这首诗是他独自登上夔州白帝城外的高台所写。原诗大意为风急天高，猿猴啼叫显得十分悲哀，水清沙白的河洲上有鸟儿在盘旋；无边无际的树木萧萧地飘下落叶，望不到头的长江水滚滚奔腾而来。诗人面对秋景，心生悲凉之情，感慨自己万里漂泊、常年为客，历尽了艰难苦楚后白发已长满了双鬓。

生态解读：

季节变化、天气变幻总会引发人们情感的变动，中国自古便有"伤春悲秋"之说，也有"秋风秋雨愁煞人"的诗句。杜甫的《登高》一诗描写的是秋景，抒发的却是秋情。本诗的颔联（第三四句）集中表现了夔州秋天的特征：漫无边际、萧萧而下的落叶，奔流不息、滚滚而来的江水。在写景的同时，也抒发了作者壮志难酬的感怆。

●杨万里《晓出净慈寺送林子方·其二》[14]

毕竟西湖六月中，风光不与四时同。
接天莲叶无穷碧，映日荷花别样红。

入选理由：

通过描写西湖六月的美景，表达出诗人依依惜别之情。

一般解读：

这首诗描写的是西湖六月的风光。它的创作背景是诗人与林子方志同道合、互为知己。后来，林子方被远放赴福州任职。当时，林子方感到很高兴，认为是仕途升迁，但是杨万里却不这么想，当他送林子方去福州时，写了名为《晓出净慈寺送林子方》的两首诗，以表达对友人的不舍和挽留之情。本诗是其中最著名的一首。诗的大概意思是，六月的西湖风光，景色到底与其他时节的景色不一样。荷叶密密层层地铺展开来，与蓝天相连接，一片无边无际的青翠碧绿。那亭亭玉立的荷花绽放盛开，在阳光的辉映下，荷花显得格外鲜艳娇红。

生态解读：

在意象的知觉感知过程中，景观实体与知觉意象、空间知觉与身体意象、知觉意象与感官组织均与景观体验过程中意象的形成有重要关联。诗人杨万里开篇就说毕竟六月的西湖景色风光不与其他季节相同，说明西湖夏日景色的与众不同，接下来又用色彩对比强烈的句子为读者描绘出一幅大红大绿、精彩绝艳的画面。诗人抓住了盛夏时节特有的景物，概括而又贴切，但如此美景并没有带给他心理上的放松。他虽对西湖美景极度赞美，却曲折地表达出对友人的眷恋。

●贺知章《咏柳》[9]

碧玉妆成一树高，万条垂下绿丝绦。
不知细叶谁裁出，二月春风似剪刀。

入选理由：

还原自然之美。

一般解读：

杨柳的形象之美在于那长长的枝条，每年柳条长出嫩绿的新叶，条条垂下，在春风吹拂中展现着迷人的意态。然而，贺知章笔下的柳树之美不仅于此，他还让柳树化身为美人出现。“碧玉妆成一树高，万条垂下绿丝绦。”拟人化的柳树不仅身材高挑，而且那千万条长满绿叶的柳条也随之变成了她的裙带。诗中展现出美人婷婷袅袅的风姿，纤腰在风中款摆。视之无形的不可捉摸的“春风”也被用“似剪刀”形象地描绘了出来。这把“剪刀”裁剪出嫩绿鲜红的花花草草，给大地换上了新妆，它正是自然活力的象征，是春天给予人们美的礼物。从“碧玉妆成”到“剪刀”，读者可以看出诗人艺术构思的一系列过程。诗中出现的一连串形象是一环紧扣一环、相互渲染而成的唯美画卷。

生态解读：

生活中不缺少美，只是我们缺少发现美的眼睛。自然之美同样如此。在如今由钢筋水泥包裹的世界里，我们很难再像古人一样欣赏自然的美丽。在《咏柳》一诗中，诗人独具慧眼地领略了自然之美。诗中之垂柳不再是与人类毫无关联的植物，贺知章通过感性的笔触赋予其生命，并称赞了自然之美。不仅如此，诗歌借柳树歌咏春风，把春风比作剪刀，说她是美的创造者，赞美她裁出了春天。诗中洋溢着诗人逢早春的欣喜之情，体现了当时古人融于自然、体味自然的生活状态。

●岑参《白雪歌送武判官归京》[15]

北风卷地白草折，胡天八月即飞雪。
忽如一夜春风来，千树万树梨花开。
散入珠帘湿罗幕，狐裘不暖锦衾薄。
将军角弓不得控，都护铁衣冷难着。
瀚海阑干百丈冰，愁云惨淡万里凝。
中军置酒饮归客，胡琴琵琶与羌笛。
纷纷暮雪下辕门，风掣红旗冻不翻。
轮台东门送君去，去时雪满天山路。
山回路转不见君，雪上空留马行处。

入选理由：

身临塞外，面对送别，却不令人感到伤感，本诗充满了诗人的豪迈之情。

一般解读：

《白雪歌送武判官归京》是唐代诗人岑参于天宝十三年（公元754年）在轮台写的一首送别诗，被誉为盛世大唐边塞诗的压卷之作。这首诗抒写塞外送别、雪中送客之情，但并不令人感到伤感，而是充满奇思异想，其中的浪漫理想和壮逸情怀让塞外风雪变为可以欣赏的对象。

生态解读：

景观会影响人的情感，但景观并不起决定作用，而是人们内心的情感起主导作用。从诗中，我们看到了轮台冬季的气候特征，如北风席卷大地，白草被刮得折断了，塞北的天空八月就大雪飞扬。但是，我们却体会到诗人的浪漫联想，仿佛一夜春风吹来，千树万树洁白的梨花斗艳盛开。当时的人们穿上狐裘不感觉到温暖，织锦做成的被子也觉得单薄。将军、都护拉不开弓，都觉得铁衣太寒冷，难以穿上。傍晚在辕门外，大雪纷纷撒落，红旗被冰雪冻硬，强劲的北风也不能让它飘动。但在诗中却感受不到诗人的悲伤，反而有一种豪迈之情。岑参在轮台东门外送武判官回京，大雪铺满了天山的道路，他看不见武判官的身影，只见雪地上留下马走过的蹄印，这些景观描写衬托出作者宽广的内心。

●张继《枫桥夜泊》[9]

月落乌啼霜满天，江枫渔火对愁眠。
姑苏城外寒山寺，夜半钟声到客船。

入选理由：

探索人类永恒的情感——孤独。

一般解读：

有的人只因一部作品而流芳百世。估计作者本人都无法想象自己信手拈来的诗作会被后人代代传唱。如果不是《枫桥夜泊》，张继就只能在盛唐文才中湮没无闻。本诗无一字直接抒情，却是句句抒情。王国维有云：“一切景语皆情语。”虽然张继描写的是外在的景观，但表现的却是内在的情感。1 200年前的一个夜晚，落第举子张继独自乘船漂荡在苏州城外的江面上。霜夜、渔火、孤舟、乌啼，清清冷冷，形单影只。异乡人漂泊在他乡，思绪纷乱。忽闻寒山寺渗透着慈爱、古雅的钟声，静谧、清冷、幽美的景致更加烘托出张继心中的寂寥。此时，周围环境与张继的孤独之感融为一体。人生而孤独，死亦孤独。此情此景中，也许思乡，也许思人，也许追忆过去，也许感慨“世人皆醉我独醒”。

生态解读：

更进一步地想，当我们融入静谧的自然中时，若心中或喜或悲或喧闹或寂寥，就会把当时最真实的情感呈现出来。我们总会想起曾经的一场雨、一个人、一片落叶，进而勾画成一段并不完美的回忆。那些细节既清晰又模糊，既真切又梦幻，仿佛从未发生过，但又真实存在过。就像若干年后，当张继于公元753年考中进士后，再想起诗中那个落寞的夜晚，心中定会五味杂陈。那一夜，姑苏城外的自然景象带给他如梦如幻的真实体验，实在难以忘怀。

●白居易《赋得古原草送别》[9]

离离原上草，一岁一枯荣。
野火烧不尽，春风吹又生。
远芳侵古道，晴翠接荒城。
又送王孙去，萋萋满别情。

入选理由：

本诗为妇孺皆知的白居易名作，其中蕴含了自然规律，同时传达了作者对自然的关照与体悟。

一般解读：

据宋人尤袤《全唐诗话》记载，白居易十六岁时从江南到长安，带了诗文谒见当时的大名士顾况。顾况看了他的名字后开玩笑地说：“长安米贵，居大不易。”但当翻开诗卷，读到这首诗中“野火烧不尽，春风吹又生”两句时，不禁连声赞赏说：“有才如此，居亦何难！”连诗坛老前辈也被折服了，可见此诗艺术造诣之高。相传此作是一部“考试之作”，按科举考试规定，凡指定的试题，题目前须加“赋得”二字，作诗法与咏物诗相类似。《赋得古原草送别》即通过对古原上野草的描绘，抒发送别友人时的依依惜别之情。

白居易写作的手法是借物抒情、以草起兴，全诗的落脚点在自己送别的深情之上。前面写“原上草”茂盛、坚韧都是为了落到自己对友人的深情上，自己的情谊体现在每一片叶子上，而每一片叶子的主体又有如此多的特点，表达情谊就好似这野草，永无止境且永不消逝。全诗章法谨严，用语自然流畅而又工整，写景抒情水乳交融，意境浑然天成，在“赋得体”中堪称绝唱。

生态解读：

本诗最著名的一句是“野火烧不尽，春风吹又生”。这句反映了自然有自己的规律，与澳大利亚、美洲原住民“烧荒”习惯的原理有异曲同工之处，被烧毁的野草会在短时间内重生。广义的野草是指生长在对人类活动不利或有害于生产的场地的一切植物，主要为草本植物，也包括部分小灌木、蕨类及藻类，可根据杂草的营养类型、生长习性和繁殖方式等进行分类，其生物学特性表现为传播方式多、繁殖与再生力强、生活周期一般都比作物短、成熟的种子随熟随落、抗逆性强、光合作用效益高等。“远芳侵古道，晴翠接荒城”两句描写了在白居易所生活的时代，由于人口压力不大，“荒野”景观多见，植被覆盖率较高。

野草有着顽强的生命力，这是一种自然蓬勃向上的原始力量，作者借此诗句表达了对自然生命力的崇拜。野草作为一种生态符号，对于古人来说是“格物致知”的重要载体，通过观察野草能够提升自我修养。作者借描写野草，表达了自己也希望能够拥有面对困难坚韧不拔的品格。

●姜夔《扬州慢·淮左名都》[16]

淳熙丙申至日，予过维扬，夜雪初霁，荠麦弥望。入其城则四顾萧条，寒水自碧。暮色渐起，戍角悲吟。予怀怆然，感慨今昔，因自度此曲，千岩老人以为有黍离之悲也。

淮左名都，竹西佳处，解鞍少驻初程。过春风十里，尽荠麦青青。自胡马窥江去后，废池乔木，犹厌言兵。渐黄昏，清角吹寒，都在空城。

杜郎俊赏，算而今、重到须惊。纵豆蔻词工，青楼梦好，难赋深情。二十四桥仍在，波心荡、冷月无声。念桥边红药，年年知为谁生！

入选理由：

战争与环境关系的实质是人与自然的关系。

一般解读：

这首词最大的特色是用了反衬的手法来对比今昔，以达到写景抒情的目的。词的上阕用昔日的“名都”反衬今日的“空城”，用曾经的“春风十里”（杜牧《赠别》中曾写“春风十里扬州路”）来反衬今日荒凉无生机的“尽荠麦青青”。到下阕，词人以昔日的“杜郎俊赏”“豆蔻词工”“青楼梦好”等风流繁华来反衬今日的风流云散、对景难排和深情难赋。

另外，这首词充分地体现出姜夔的词风——清雅空灵。例如，“清”“寒”“空”“波心”“冷月”等词就体现了词人语言上的清雅空灵；同时，词人还用“犹厌言兵”表现兵燹之后的残破，用杜牧名句表现扬州昔日的繁华，用“二十四桥”“波心荡”“冷月无声”表现清幽伤感的气氛，用“桥边红药”表现“寂寞开无主”的荒凉，这些都表现出意境上的清雅空灵。

生态解读：

这首词凸显了战争对城市的影响，曾经的扬州风光旖旎，而经过金兵铁骑蹂躏后的扬州则满目凄凉。这背后体现的是军事活动对能源资源的消耗以及对环境的摧残，这也是战争环境史所研究的核心问题之一。其实，战争与环境的关系实质上就是人与自然的关系，战争只是人类作用于自然的方式之一。战争自古以来就较为频繁，通过考察“人类—战争—环境”的历史关系链条可以发现，战争与环境存在双向互动轨迹，我们先后经历了战争盲从环境、战争破坏环境和生态观主导战争三个阶段。随着人类对战争认识的不断深化，人类从盲目崇拜战争过渡到利用战争，再到理性对待战争。这首词就充分体现出在前期人类未充分认识战争与环境关系时，战争对环境造成的恶劣影响。

●苏轼《水调歌头·明月几时有》[17]

丙辰中秋，欢饮达旦，大醉，作此篇，兼怀子由。

明月几时有？把酒问青天。不知天上宫阙，今夕是何年。我欲乘风归去，又恐琼楼玉宇，高处不胜寒。起舞弄清影，何似在人间。

转朱阁，低绮户，照无眠。不应有恨，何事长向别时圆？人有悲欢离合，月有阴晴圆缺，此事古难全。但愿人长久，千里共婵娟。

入选理由：

这首词是中秋望月怀人之作，通过描写皓月当空、美人千里、孤高旷远的境界，反衬出词人遗世独立的意绪，展现了自然和社会的高度契合。

一般解读：

这首词写于1076年中秋，此时，苏轼在密州任职。因与王安石等人政见不同，苏轼自求外放，辗转在各地为官。他曾经要求调任到离苏辙较近的地方，这样兄弟就可以多聚一下，但他的愿望并没有实现。1076年的中秋这一天，词人已与胞弟苏辙分别七年了。因此，苏轼写下这篇作品，望月怀人，抒发作者对明月的向往和对人间的眷恋之意。

生态解读：

在大自然的景物中，月亮是很有浪漫色彩的。苏轼把青天当作自己的朋友，把酒相问“不知天上宫阙，今夕是何年”，从而把对明月的赞美与向往之情更推进了一层。从明月诞生的时候起到现在已经过去了许多年，不知道在月宫里今晚是一个什么日子。在词人的想象中那一定是个好日子，他很想去看一看，所以有“我欲乘风归去”的想法。但他毕竟更热爱人间的生活，“起舞弄清影，何似在人间。”其中，“清影”是指月光之下自己清朗的身影，“起舞弄清影”是与自己的清影为伴，一起舞蹈嬉戏。在这里，月亮因为词人赋予的情感，也变得生动起来了。

第二节　中国古代散文

《庄子·秋水·鱼乐之辩》[18]

庄子与惠子游于濠梁之上。庄子曰："鲦鱼出游从容，是鱼之乐也。"惠子曰："子非鱼，安知鱼之乐？"庄子曰："子非我，安知我不知鱼之乐？"惠子曰："我非子，固不知子矣；子固非鱼也，子之不知鱼之乐，全矣！"庄子曰："请循其本。子曰'汝安知鱼乐'云者，既已知吾知之而问我。我知之濠上也。"

入选理由：

今日，你可知鱼的快乐？

一般解读：

庄子与惠子"子非鱼，安知鱼之乐"的辩论，是经久流传的寓言。故事非常简单，庄子和惠子在濠水的一座桥梁上交谈。庄子看着水里跃出的鲦鱼说："鲦鱼悠然自得，这是鱼的快乐啊。"惠子说："你不是鱼，怎么知道鱼的快乐呢？"庄子说："你不是我，怎么知道我不知道鱼的快乐呢？"惠子说："我不是你，本来就不知道你；你本来就不是鱼，所以你不知道鱼的快乐也是完全可以断定的。"此时，庄子故意把"安"理解为"在哪里"之意，回复道："请回到我们开头的话题。你说的'你在哪里知道鱼的快乐'那些话明明就是已经知道了我知道鱼的快乐。我是在濠水桥上知道的。"学者们普遍认为，他们两位选取了不同的角度看待"鱼之乐"问题。惠子是从事实判断来看待"人是否知道鱼快乐的"，人类不是鱼，因而无法体验鱼类的喜怒哀伤。而庄子并非采取事实推演，而是从价值判断出发，他认为，人类完全可以感受到鱼的快乐。融入自然即可快乐，因鱼乐而人乐，幸福就是如此简单。因此，庄子与惠子的辩论本身就是悖论性问题，更谈不上谁输谁赢，但这种辩论却不断加深了后人对诡辩和不可知论的理解。

生态解读：

今日，从鱼类研究与保护的角度来看，“鱼之乐”问题已有了确定性的答案。越来越多的科学研究表明，鱼是有意识的，鱼可以感受到痛苦、焦虑和快乐。鱼体内有一种叫作伤害感受器（nociceptors）的神经细胞，这种细胞可以探测潜在的伤害，如高温、强压和腐蚀性化学物质，鱼也会分泌出阿片样物质（动物体内的先天止痛剂）用以止痛。但是，从价值判断来看，目前全球已陷入非常严峻的生存危机，鱼类自然也无法快乐地生活。例如，2019年年末，长江白鲟功能性灭绝。又如，联合国粮农组织的调查报告显示，2011年，28.8%的鱼类种群以生物学不可持续水平捕捞，61.3%为完全开发种群，9.9%为低度开发和未开发种群。至2015年，上述数字变更为33.1%、59.9%和7.0%，相较于4年前，全球鱼类衰退的问题变得更加严重。因此，如果庄子和惠子能够穿越到今天，他们依然会选取相同的视角，但会得出全然不同的观点。惠子从事实判断出发，发现人类借助科学的力量可以感知鱼类的痛苦与快乐。庄子坚持价值判断取向，因鱼类越来越少而无法感受到天人合一的自由与欢乐。总之，在事实层面人类可以感知鱼类的快乐，但是在价值层面基于全球鱼类的生存现状，人类却无法快乐。“鱼乐之辩”在现代语境下又成了一种悖论性的难题。

●佚名《山海经·精卫填海》[19]

又北二百里，曰发鸠之山，其上多柘木。有鸟焉，其状如乌，文首、白喙、赤足，名曰“精卫”，其鸣自詨。是炎帝之少女，名曰女娃，女娃游于东海，溺而不返，故为精卫，常衔西山之木石，以堙于东海。漳水出焉，东流注于河。

入选理由：

当填海不再是无法达成的彼岸，我们应该如何对待海洋？

一般解读：

炎帝女儿女娃不幸在大海中丧生，却化身为精卫，以自己微小的力量对抗着更为强大的自然，夜以继日地衔来木石，希望有朝一日能依靠自己的努力填平东海。陶渊明曾写下“精卫衔微木，将以填沧海”的诗句，颂扬精卫坚持不懈的精神和明知不可为而为之的勇气。这种化悲痛为动力的转变体现了先人对自然力量的认知，以及与自然对抗的意志力。

生态解读：

地球上的海洋面积占地球表面积的71%，将地球称为“水球”似乎更为合适。尽管在科技的支持下，人类的生存空间已实现了最大限度的拓展，但在人口急速增长的今天，土地资源的紧张仍是不容忽视的问题。填海造地成为人类向地球索要生存空间的重要手段。我们的先人曾经历了在与大海抗争中失去生命的痛楚，对大海的敬畏与奋力对抗并行。而今日，人类自以为掌握了驾驭海洋的能力，真正实现了以他山之石填海造地，但却只看到了填海造地的建筑成本，而忽视了其生态成本。忽视生态系统的不科学的开发，不是生存空间的拓展，而是对海洋资源的破坏，实现了填海造地的地区正面临着生物多样性锐减、海水自净能力减弱、海洋生态系统自我恢复能力下降等问题。今日我们重新来看精卫填海的故事，除了感叹先人勇于抗争的精神，更应继承先人对大海、对自然的一颗敬畏之心。

●陶渊明《桃花源记》[20]

晋太元中，武陵人捕鱼为业；缘溪行，忘路之远近。忽逢桃花林，夹岸数百步，中无杂树，芳草鲜美，落英缤纷。渔人甚异之。复前行，欲穷其林。

林尽水源，便得一山。山有小口，仿佛若有光。便舍船，从口入。初极狭，才通人。复行数十步，豁然开朗。土地平旷，屋舍俨然，有良田美池桑竹之属。阡陌交通，鸡犬相闻。其中往来种作，男女衣着，悉如外人。黄发垂髫，并怡然自乐。

见渔人，乃大惊。问所从来，具答之。便要还家，设酒杀鸡作食。村中闻有此人，咸来问讯。自云先世避秦时乱，率妻子邑人来此绝境，不复出焉，遂与外人间隔。问今是何世，乃不知有汉，无论魏晋。此人一一为具言所闻，皆叹惋。余人各复延至其家，皆出酒食。停数日，辞去。此中人语云："不足为外人道也。"

既出，得其船，便扶向路，处处志之。及郡下，诣太守，说如此。太守即遣人随其往，寻向所志，遂迷，不复得路。

南阳刘子骥，高尚士也，闻之，欣然规往。未果，寻病终，后遂无问津者。

入选理由：

世外桃源，人间仙境。

前人解读：

陶渊明对桃花源的安宁和乐、自由平等生活的描绘，表现了作者追求美好生活的理想和对现实生活的不满。桃花源是一个质朴自然的世界，人与人、人与自然之间的关系和谐稳定。这个幻想中的桃花源世界，对生活在虚伪黑暗、战乱频繁、流血不断的现实世界中的人来说，无疑是令人神往的。这种理想的境界在现实中是不存在的，只是作者通过对大同社会的构想艺术地展现了其风貌，是不满黑暗现实的一种精神寄托。

生态解读：

《桃花源记》反映出中国古代文人具有一定的生态意识。一般认为，人们想象中的"乌托邦"主要侧重在政治和经济上的理想化构建，不受外界战乱征伐的影响，没有苛捐杂税，人们能够过着自给自足的小农生活。而《桃花源记》反映了人与自然和谐相处的生态性，也是"乌托邦"的核心内容。

文章开端，捕鱼人先走入了一块没有被人为破坏过的桃林，进而发现桃花源，

“忽逢桃花林，夹岸数百步，中无杂树，芳草鲜美，落英缤纷。”“渔人甚异之”体现了当时像这种没有被人砍伐破坏过的“林”可能已经比较少了，而“芳草鲜美，落英缤纷”的自然美景也并不多见。可见，在作者心中，这个无限美好的地方要以没有被人为破坏过的美丽生态景观为背景。

进入桃花源后，展现的是人文景观，“土地平旷，屋舍俨然，有良田美池桑竹之属。”“良田美池桑竹”是理想化的人与自然和谐共处的体现，说明桃花源中的人在改造自然使其成为农田的过程中，没有进行超过地力的过分开采，同时保留了其他原有的自然景观，包括池塘和桑竹等。

《桃花源记》描写了中国古代文人的理想世界，今人可以借由《桃花源记》看到前工业社会的文人所拥有的质朴理想，从而反思工业社会的人们是否因为欲望过多再也找不回一个与自然和谐相处的质朴“乌托邦”的理想社会。

刘义庆《世说新语·汰侈》[21]

（节选）

石崇厕，常有十余婢侍列，皆丽服藻饰，置甲煎粉、沉香汁之属，无不毕备。又与新衣着令出，客多羞不能如厕。王大将军往，脱故衣，著新衣，神色傲然。群婢相谓曰：“此客必能作贼。”

……

王君夫以糒澳釜，石季伦用蜡烛作炊。君夫作紫丝布步障碧绫里四十里，石崇作锦步障五十里以敌之。石以椒为泥泥屋，王以赤石脂泥壁。

……

石崇与王恺争豪，并穷绮丽以饰舆服。武帝，恺之甥也，每助恺。尝以一珊瑚树高二尺许赐恺，枝柯扶疏，世罕其比。恺以示崇，崇视讫，以铁如意击之，应手而碎。恺既惋惜，又以为疾己之宝，声色甚厉。崇曰：“不足恨，今还卿。”乃命左右悉取珊瑚树，有三尺、四尺，条干绝世，光彩溢目者六七枚，如恺许比者甚众。恺惘然自失。

入选理由：

奢求无度，自取灭亡。

一般解读：

石崇（石季伦）是中国古代著名的昏官和大富豪，但也是一位文学家，其父石苞为西晋开国元老。石崇生得十分俊美，才华横溢，其《金谷诗序》文辞华美，与《兰亭集序》并立。然而，石崇生性残暴，搜刮民脂民膏以成巨富。本文就是世世代代广为流传的经典选段。石崇家的厕所，奢华无度，配备香料、被褥、新衣，还有十余名身着华服的貌美女子服侍左右，以至于客人会把厕所误以为是卧室。石崇宴请宾客喝酒，若宾客不喝，他就会把陪酒的婢女杀掉。石崇和国舅王恺（王君夫）争相炫富，王恺用饴糖水刷锅，石崇就用蜡烛生火。王恺出行，在路边拉起40里长的帷帐，而石崇的帷帐硬要比王恺多出10里。王恺拿出2尺高的珊瑚，石崇随意打碎，再拿出六七只更高、更大的珊瑚叫王恺挑选。奢靡之始，危亡之渐。以石崇、王恺之流为代表的统治阶级奢侈腐败、祸乱朝纲，成为西晋迅速灭亡的重要原因之一。

生态解读：

当前，网络上有一种歪风邪气，一些人不思进取，以追求奢侈生活为终身目标，稍有财富便攀比炫富，若无资产就盲目网贷、裸贷，以致无力偿还，身败名裂，累及父母。他们不曾想过其行为是否祸及自身，会引起怎样的社会危害。石崇是西晋时期当之无愧的“文艺青年+官二代+高富帅”，文辞优美、貌若潘安、富可敌国。然而，石崇德不配位，未能敬德保民、弘扬正气，反而带头引领奢靡的歪风邪气。西晋被认为是奴隶社会向封建社会的转型时期，特别是那些没有人身自由的家奴院丁，他们命如草芥、生活贫苦、艰难度日。然而，石崇对民生疾苦毫不在意，他随手打碎的一只珊瑚是很多渔民冒着生命危险下海捞取的。石崇修建奢华的厕所，并为此付出高昂的维护成本。他对那些丽服、沉香、新衣、绛纱的需求使农民将本该用于种植粮食作物的耕地转为种植奢侈作物，加剧了人力与地力之间的矛盾。石崇和王恺用糖水刷锅，用蜡烛做饭，在道路两旁铺设帷帐，不仅劳民伤财，而且造成了非常严重的自然资源浪费。最后，石崇因“八王之乱”受牵连而死，除宠妾绿珠为其殉情外，竟无一人对其伸出援手。石崇临死前还在感慨：“奴辈利吾家财！”（这些家奴婢女还是在惦记我的钱财啊！）万贯家财得以散尽，恍如幻梦，却至死不悟。试想，凭借石崇的能力和才学，若是将钱财用于修身养性、宣布教化、兴修水利、扶贫济弱，他还会落得如此结局吗？石崇的经历希望能够警醒世人。

●欧阳修《醉翁亭记》[22]

环滁皆山也。其西南诸峰，林壑尤美，望之蔚然而深秀者，琅琊也。山行六七里，渐闻水声潺潺，而泻出于两峰之间者，酿泉也。峰回路转，有亭翼然临于泉上者，醉翁亭也。作亭者谁？山之僧智仙也。名之者谁？太守自谓也。太守与客来饮于此，饮少辄醉，而年又最高，故自号曰醉翁也。醉翁之意不在酒，在乎山水之间也。山水之乐，得之心而寓之酒也。

若夫日出而林霏开，云归而岩穴暝，晦明变化者，山间之朝暮也。野芳发而幽香，佳木秀而繁阴，风霜高洁，水落而石出者，山间之四时也。朝而往，暮而归，四时之景不同，而乐亦无穷也。

至于负者歌于途，行者休于树，前者呼，后者应，伛偻提携，往来而不绝者，滁人游也。临溪而渔，溪深而鱼肥；酿泉为酒，泉香而酒洌；山肴野蔌，杂然而前陈者，太守宴也。宴酣之乐，非丝非竹。射者中，弈者胜，觥筹交错，起坐而喧哗者，众宾欢也。苍颜白发，颓然乎其间者，太守醉也。

已而，夕阳在山，人影散乱，太守归而宾客从也。树林阴翳，鸣声上下，游人去而禽鸟乐也。然而禽鸟知山林之乐，而不知人之乐；人知从太守游而乐，而不知太守之乐其乐也。醉能同其乐，醒能述以文者，太守也。太守谓谁？庐陵欧阳修也。

入选理由：

山林之乐，游人之乐，太守之乐，乐在和谐。

一般解读：

本文构成了一幅优美的艺术画面，形成了一种强烈的艺术魅力。在勾画醉翁亭的景色时，循着游人的足迹，寓目写景，移步换形，一步一景，步步深入，在景色的转换中烘托出醉翁亭环境的优美。山间朝暮，四时之景，变幻无穷，乐亦无穷。曲径通幽之处，山泉潺潺，鸟鸣林荫。本文谋篇布局精巧、结构严整、前呼后应、浑然一体，全篇用一“乐”字贯穿，不枝不蔓、一气呵成、环环相扣。首段有“山水之乐，得之心而寓之酒也”，后几段便分别描写太守的游山之乐、醉中之乐、与民同乐。“醉翁之意不在酒，在乎山水之间也。”前后呼应，并与“滁人游”“太守宴”“众宾欢”“太守醉”连成一条抒情的线索，曲折地表达了作者被贬谪后寄情于山水的复杂感情。

生态解读：

从山水之乐、游人之乐、太守之乐中可以窥探出当时万物和谐、自然良好的生态环境，这在如今看来难能可贵。“日出而林霏开，云归而岩穴暝”中的林、岩、晨气、雾霭这些于现代人而言已感到陌生的事物，却是古人在山间的常见之物，在文中被精练敏感地描述出来；而作者对捕捉到的四季景物以“香”言春、以“繁”状夏、以“洁”喻秋、以“水”写冬，也是古代人所独有的体悟能力，情状俱到、精确熨帖。作者之所以能写出这样祥和具体的“山水之乐”“禽鸟之乐”，既需要借助滁州地区优美的环境、良好的生态，又需要与自然长期、密切的相处，形成天人合一、情趣相映的生活模式。就这一层面而言，太守的与民同乐、滁人的乐活山水都归于万物和谐。这山、这泉、这禽鸟、这游人、这醉翁，全都融入一幅优美的画卷，融进一首动听的和谐乐曲。

●范仲淹《岳阳楼记》[23]

庆历四年春，滕子京谪守巴陵郡。越明年，政通人和，百废具兴。乃重修岳阳楼，增其旧制，刻唐贤、今人诗赋于其上。属予作文以记之。

予观夫巴陵胜状，在洞庭一湖。衔远山，吞长江，浩浩汤汤，横无际涯；

朝晖夕阴，气象万千。此则岳阳楼之大观也。前人之述备矣。然则北通巫峡，南极潇湘，迁客骚人，多会于此；览物之情，得无异乎？

若夫霪雨霏霏，连月不开；阴风怒号，浊浪排空；日星隐曜，山岳潜形；商旅不行，樯倾楫摧；薄暮冥冥，虎啸猿啼。登斯楼也，则有去国怀乡，忧谗畏讥，满目萧然，感极而悲者矣。

至若春和景明，波澜不惊，上下天光，一碧万顷；沙鸥翔集，锦鳞游泳；岸芷汀兰，郁郁青青。而或长烟一空，皓月千里，浮光跃金，静影沉璧，渔歌互答，此乐何极！登斯楼也，则有心旷神怡，宠辱偕忘，把酒临风，其喜洋洋者矣。

嗟夫！予尝求古仁人之心，或异二者之为。何哉？不以物喜，不以己悲。居庙堂之高，则忧其民；处江湖之远，则忧其君。是进亦忧，退亦忧。然则何时而乐耶？其必曰："先天下之忧而忧，后天下之乐而乐"欤！噫！微斯人，吾谁与归？

时六年九月十五日。

入选理由：

洞庭湖的生态环境影响了一代又一代的文人骚客。

一般解读：

这篇散文是范仲淹应好友滕子京之约，为重修的岳阳楼所写的记文，第一段已道出原委。第二段设定了全文的写景范围，总写岳阳楼的阴晴变化，为后面两段奠定了基调。第三段、第四段则分别细写岳阳楼的阴晴景象，且两段构成对比，传达出景与情之间的相互感应，从而引发出两种不同的人生境界。第五段为本文核心，通过对岳阳楼景色的描绘以及迁客骚人登楼览景后产生的不同感情，表达了作者自己"不以物喜，不以己悲"的旷达胸襟与"先天下之忧而忧，后天下之乐而乐"的政治抱负。《古文观止》评价该文另辟蹊径，"将登楼者览物之情写出悲喜二意"，可谓切中肯綮。

生态解读：

这是一篇景色描写的绝佳散文，任何脱离景色描写而空谈作者心胸抱负的解读都太过笼统，也太过肤浅，回避了作者在文中“摹自然之状”的非凡意义。实际上，《岳阳楼记》的景色描写有着蕴藉丰富且别开生面的生态旨趣，这或许也是其从各类古代散文中脱颖而出的重要原因。

首先，作者能看到生态变化的复杂一面。文中不仅有世界末日一般的连绵阴雨，也有世外桃源一般的无限春光；不仅有令人恐惧的阴风浊浪，也有令人愉悦的沙鸥锦鳞。在这个由有机物和无机物构成的复杂生态世界中，一切都互相联系、相互转化，一切动物、湖水、风景绝不是一成不变，而是瞬息万变的。在众多古代文学作品中，往往只能看到景色好与坏的单调一面，而《岳阳楼记》却能在更大的时空观下窥见自然世界的全貌，这是极为难得的。

其次，从作者的叙述方式上我们也能窥见其与其他古代文学家的不同。许多古代文学家往往是“以心写景”“借景抒情”，如刘禹锡在《秋词》中所述“自古逢秋悲寂寥，我言秋日胜春朝”，一句“我言”点明了自然是围绕心境而变化的。相比之下，本文作者虽然也是“借景抒情”，却反其道而行之地“以景写心”。不同的天气状态决定了作者不同的心情，这在某种程度上是一种“自然中心主义”。在《岳阳楼记》中，作者显然是意识到了人类在自然面前的渺小，自然瞬息万变，或令人惊悚，或令人愉悦，皆超脱人类的掌控之外。那些“迁客骚人”不正是看到不同的景色之后，才“览物之情，得无异乎”吗？由此可见，作者笃信人类是无法掌控自然的，只能适应自然的变化。

最后，洞庭湖以文人骚客而扬名，却以其自然环境塑造了文人骚客的心境或心态。古代的洞庭湖号称“八百里”，其波澜壮阔令人惊叹非凡。随意列举有关洞庭湖的散文诗歌，大多是豪迈磅礴的，既有杜甫的“吴楚东南坼，乾坤日夜浮”，又有孟浩然的“气蒸云梦泽，波撼岳阳城”。诚然，洞庭湖也影响到范仲淹的心情：“不以物喜，不以己悲。居庙堂之高，则忧其民；处江湖之远，则忧其君。”“先天下之忧而忧，后天下之乐而乐。”这是何等的豁达！试想，若作者面对的是一条小溪或一片池塘，还会有这般宽阔的胸襟吗？

作为岳阳人，笔者正是在洞庭湖边长大的。童年时代的洞庭湖广袤辽阔、生机勃勃，走在湖边都能见到小鱼被浪潮冲上岸头，可见其物产是多么丰富。然而，21世纪以来的洞庭湖却逐渐失去了生机，不仅与古代的“八百里洞庭”相去甚远，甚至出现了“干涸”一说。而今，漫步洞庭湖边，再难体会到古人波澜壮阔的心胸，反倒徒增了几分忧伤。

●柳宗元《至小丘西小石潭记》[23]

从小丘西行百二十步，隔篁竹，闻水声，如鸣佩环。心乐之，伐竹取道，下见小潭，水尤清冽。泉，石以为底。近岸，卷石底以出，为坻，为屿，为嵁，为岩。青树翠蔓，蒙络摇缀，参差披拂。

潭中鱼可百许头，皆若空游无所依；日光下澈，影布石上，佁然不动；俶尔远逝，往来翕忽，似与游者相乐。

潭西南而望，斗折蛇行，明灭可见。其岸势犬牙差互，不可知其源。

坐潭上，四面竹树环合，寂寥无人，凄神寒骨，悄怆幽邃。以其境过清，不可久居，乃记之而去。

同游者：吴武陵、龚古、余弟宗玄。隶而从者：崔氏二小生，曰恕己，曰奉壹。

入选理由：

把自然交还给自然，“我”不是归人，只是过客。

一般解读：

《至小丘西小石潭记》（以下简称《小石潭记》）是柳宗元《永州八记》中最有名的一篇，是技巧性和艺术感完美融合的典范之作。作者在文中采用了“移步换景”与“情景交融”等写作手法，描绘了景物的色彩、光影和动静变化，极富感染力。以写鱼为例，生动传神，栩栩如生，鱼水相融，各尽其妙。不仅如此，读者在身临其境的同时，也能感受到作者凄苦清凉的心境，与作者达到了共情。全文风格郁郁清清、幽苦寂寥，看似写景，实则写心。借助幽僻之景，作者委婉地抒发了贬官之后的孤寂之情。

生态解读：

本文分为五段，前三段侧重景色描写，第五段为游记背景交代，笔者认为第四段才是重点。在读前三段时，笔者不断为作者笔下的美景叹服，仿佛置身其中。然而，只有在读到第四段时，笔者才真正地为作者的生态智慧所触动。

诗人郑愁予有一首经典作品，名为《美丽的错误》。诗的第一句是“我打江南走过”，而最后一句则是“我不是归人，是个过客……”诗人想要表达的是一种过客的心境：江南不是我的，我只是有幸参与了江南的一瞬。在笔者看来，这种过客的心境似乎与《小石潭记》中柳宗元的心境有异曲同工之处。柳宗元写道：“以其境过清，不可久居，乃记之而去。”不也正是一种过客心境吗？作者一方面暗示了自己的乐观心态，另一方面传达出对自然的态度，是“我”也好，是“游人”也罢，都只不过是自然面前的匆匆过客。自然并不是为人类而设计的，鱼真是在跟游人互动吗？非也。若非“伐竹取道”，游人又何以能窥见这一方天地呢？很显然，自然不会以游人的意志为转移，游人不至，自然依旧会自然地存在着，不为人类，只为那不受人类干预的青树、翠蔓、小潭、小鱼乃至日光。只有将自然交还给自然，自然才成其为自然。作者久坐潭上，是否也顿悟了这种自然的哲理呢？

第三节　中国古代小说

●马骕《绎史·五运历年纪》[24]

元气蒙鸿，萌芽兹始，遂分天地，肇立乾坤。启阴感阳，分布元气，乃孕中和，是为人也。首生盘古，垂死化身，气成风云，声为雷霆，左眼为日，右眼为月，四肢五体为四极五岳，血液为江河，筋脉为地理，肌肉为田土，发髭为星辰，皮毛为草木，齿骨为金石，精髓为珠玉，汗流为雨泽，身之诸虫，因风所感，化为黎甿。

入选理由：

用瑰丽奇妙的想象展现自然万物的起点。

一般解读：

“盘古开天辟地”的故事是中华民族古老神话传说中的重要组成部分。世界因盘古的勇武从混沌中划分开来，因其牺牲逐渐发展为后人所见的繁荣景象。这一故事是先人对世界起源的探索，赋予了盘古造物者的身份，反映了先民勇于求索、敢于拼搏的精神。

生态解读：

“盘古开天辟地”的古老神话蕴含着先人对世界的理解。吕思勉先生在考证中认为，《山海经·海外北经》中记载了盘古神话故事的原型：“钟山之神，名曰烛阴。视为昼，瞑为夜。吹为冬，呼为夏。不饮，不食，不息；息为风。身长千里。在无膂之东。其为物，人面，蛇身，赤色，居钟山下。”在《山海经》神话中，烛阴是能左右昼夜、四季、风雨的神明，人面蛇身。而在神话逐渐发展的过程中，其具有了一切人的特征，享人身、有人心，为了人类的福祉而顶天立地，开辟出人类赖以生存的空间，最后身死也不忘造福后人，身体发肤化为世间万物，于是才有了丰富多彩的世界。从古代神话的变迁中可见，在人与自然的关系中，先民逐渐从匍匐在自然脚下转变了身份，对世界的形成有了自己的看法，甚至认为是人类的祖先开拓了这片天地。此外，从神话故事中也可以看出先民对自身身体结构的认知，以及对自然世界构成的认知：能视万物的眼睛与带来光明的日月相连，代表着动力的肌肉化作了供养人类运转的农田，坚硬的齿骨化作自然界中同样坚硬的金石。人体由自然万物构成，人类借自然万物理解人体，人与自然本是密不可分的整体。

民间故事《水漫金山》[25]

再说那年在西湖里被白蛇打败的乌龟，一逃逃到西天，躲在如来佛莲座底下听经，趁如来佛打瞌睡的时候，偷了金钵、袈裟和青龙禅杖，变成和尚，自名法海。

法海和尚来到镇江金山寺，做起方丈来。他嫌金山寺香火不旺盛，便施展妖术，在镇江城里散布瘟疫，想叫人家到寺里来烧香许愿。但保和堂药店的“辟瘟丹”很灵，瘟疫传不开来。法海和尚知道了气得要命，就扮作化缘的和尚，寻到保和堂药店来。

法海和尚一打听，得知保和堂的灵药都是白娘子开的方，再到药店门口仔细看看那个白娘子，正是打败他的白蛇！法海和尚咬着牙，一声不响地坐在保和堂药店门口，一直等到白娘子上楼去，才敲起木鱼，走进店里去化缘。许仙给他一串铜钱，在化缘簿上写下了自己的名字。法海走出门口，回头关照许仙：七月十五到金山寺做盂兰盆会。

七月十五这一天，许仙独自来到金山寺。他刚刚跨进山门，法海和尚一把将他拉到禅房里，对他说：“你的女人是个妖精！”

这一说，许仙倒记起端午节那天的事来了，不觉一愣。法海和尚见他在一旁发愣，就说：“你不要回家去了，拜我做师父吧，有我佛法保护，就不怕她害你了！”

许仙想：“娘子对我的情义比海还深，即使她是白蛇，也不会害我，如今还有了身孕，我怎能丢下她出家做和尚呢？”这样一想，他无论如何也不肯出家。法海和尚见许仙不答应，就不管三七二十一把他关了起来。

白娘子在家里等许仙，一直等到第四天，便和小青到金山寺去寻找。白娘子仔细望望法海和尚，认出他是乌龟精，就好声好气地央告道：“你做你的和尚，我开我的药店，何苦硬要和我做对头呢！你就放我官人回家吧！”

法海和尚哪里听得进去，举起手里的青龙禅杖朝白娘子兜头就打。白娘子有孕在身，如何挡得住，败下阵来。她们退到金山下，跳上小舢板。白娘子从头上拔下一根金钗，变成一面小令旗，小青接过令旗，举上头顶顺风摇三摇，霎时滔天大水滚滚而来，虾兵蟹将成群结队地向金山寺拥去。大水漫到金山寺门前，法海和尚连忙脱下袈裟，一道金光闪过，袈裟变成长堤，把滔天大水拦在寺外，任凭你波浪多大，就是漫不进去。

白娘子胜不了法海和尚，只得收兵，回到西湖去修炼了。

入选理由：

惊心动魄的“水漫金山”故事背后是更深层次的生态文化内涵。

一般解读：

《白蛇传》最初是民间传说，在明代冯梦龙《警世通言》中的《白娘子永镇雷峰塔》一文中确立起了故事的整体样貌。它讲述了一个忠贞不渝的爱情故事，塑造了善良又软弱的许仙、忠诚勇敢的白娘子等鲜明角色，歌颂了夫妻二人相互扶持的生活态度。而古人对蛇有天然的恐惧感，人蛇交媾天理不容，故许仙对白娘子既喜爱又惧怕。“水漫金山”便是其中一个重要的桥段，彰显了白娘子与许仙之间跨越物种的爱情，以及携手抗敌的力量。“水漫金山”的故事情节是随着与其他民间传说的融合发展而来的，如在梦花馆主的《白蛇全传》中有借黑风大王之手施展的“水漫金山”，戏曲、影视节目中又拓展出了白娘子与法海斗法的“水漫金山”，正是多种艺术形式的精彩演绎才有了后人所知的“水漫金山”故事情节。1992年电视剧《新白娘子传奇》的播出，使白娘子和“水漫金山”的故事更加深入人心。“水漫金山”的故事发生在许仙被法海困在金山寺之后，白蛇为接回失去自由的许仙而借助水的力量与法海争斗。通过文字，我们能感受到双方对抗时的紧张与场面的震撼。

生态解读：

如果我们深入地了解金山附近的生态环境，便会更好地理解为什么在法海与白娘子的争斗中会逐渐发展出“水漫金山”的环节。因金山地处长江的江心，一旦长江水位上涨就极易影响金山地区的排水，并导致洪涝灾害。因古人对自然环境的认识不足，故认为是有妖邪作祟，并将降妖除魔的愿望寄予金山寺的高僧，故有了如今我们看到的“水漫金山”的故事情节。所以，“水漫金山”的紧张、急迫不仅仅是一种艺术上的设想，更是根植于当地居民对所处生态环境的真实感受。

“水漫金山”的故事蕴含着古人对自然之力的敬畏之心。在古人看来，“水漫金山”代表着老天的惩恶扬善，因而善有善报、恶有恶果。法海擅自扣押善良的许仙，硬生生破坏一段姻缘，引发洪水滔天的灾祸。百姓在洪水中受灾，却不怨恨借助自然之力报复法海的白娘子，反而痛斥法海不通人情，这正是敬畏自然、敬畏善恶之道的表现。对身为妖怪的白娘子的同情和对违背人伦的法海的厌恶，其中蕴含的更是古人对人性的思考。

●陶渊明《搜神后记·白水素女》[26]

晋安帝时，侯官人谢端，少丧父母，无有亲属，为邻人所养。至年十七八，恭谨自守，不履非法。始出居，未有妻，邻人共悯念之。规为娶妇，未得。

端夜卧早起，躬耕力作，不舍昼夜。后于邑下得一大螺，如三升壶，以为异物，取以归，贮瓮中，畜之十数日。端每早至野还，见其户中有饭饮汤火，如有人为者，端谓邻人为之惠也。数日如此，便往谢邻人。邻人曰：“吾初不为是，何见谢也？”端又以邻人不喻其意，然数尔如此，后更实问，邻人笑曰：“卿以自娶妇，密著室中饮爨，而言我为之炊耶？”端默然心疑，不知其故。后以鸡鸣出去，平旦潜归，于篱外窃窥其家中，见一少女从瓮中出，至灶下燃火。端便入门，经至瓮所视螺，但见壳，乃到灶下，问之曰：“新妇从何所来，而相为炊？”女大惶惑，欲还瓮中，不能得去。答曰：“我天汉中白水素女也。天帝哀卿少孤，恭慎自守，故使我权为守舍炊烹。十年之中，使卿居富得妇，自当还去。而卿无故窃相窥掩，吾形已现，不宜复留，当相委去。虽然，尔后自当少差，勤于田作，渔采治生，留此壳去，以贮米谷，常可不乏。”端请留，终不肯。时天忽风雨，翕然而去。

端为主神座，时节祭祀。居常饶足，不致大富耳。于是乡人以女妻之。后仕至令长云。今道中素女祠是也。

入选理由：

田螺姑娘来帮忙。

一般解读：

本篇选自《搜神后记》，是一则叙写人间男子得到超自然女性帮助的神话故事，民间俗称“田螺姑娘”。故事流传甚广，本是出自西晋束皙所作的《发蒙记》。另外，《搜神记》《述异记》《舆地广纪》均有记载，唐代皇甫氏的《原化记》也有记载，情事相类，叙述更为婉曲细密。

在民间，“田螺姑娘”是妇孺皆知的动人故事，这篇《白水素女》可以说就是它的雏形。在古代，对于普通劳动者来说，生存的压力是极大的，解决温饱、安享天伦之乐就成为人们心中最为强烈的愿望。当这种愿望无法在现实社会中得以实现时，就只能被寄托在神话故事里了。“田螺姑娘”的故事在流传中经过文人的改编创作，融入了当时当地的风土人情与价值观。例如，在其中的一个版本中，谢端呵斥田螺为妖，见于南朝梁任昉的《述异记》。千百年来，田螺姑娘的人设几乎无变化，男主角的名字却在各地衍化为王宝、吴堪、吴龛、吴翕等，人物身份也从普通百姓到刚正不阿的官吏。故事的传播中有讹传也有创新，甚至远播日本、韩国等地。

“田螺姑娘”的故事，在宁波市海曙区的高桥镇、集士港镇一带流传最广。在宋代以前，这一带有个广纵千顷的广德湖。广德湖东起望春桥，西及横街林村，南过蜃蛟，北至高桥，在古代是湖水荡漾、芦雁翔集、舟帆竞发的理想民居之地。周边有湖泽稻田，田螺也多，因此田螺成了当地老百姓餐桌上常见的菜肴。后来，明州太守楼异围湖造田，广德湖便不复存在了，可湖边美丽的“田螺姑娘”的故事却代代相传。之后，“田螺姑娘”的故事被改编成甬剧《田螺姑娘》，深受老百姓的喜爱，还在2013年被改编成青春版甬剧。如今，“田螺姑娘”的传说已成为宁波市市级“非遗”项目，集士港镇还专门建立了“浙江省田螺姑娘传说研究基地”。

田螺姑娘勤劳善良，富有同情心，这些美德美行赢得了民众的心。这正是千百年来“田螺姑娘”的故事广为流传、深受喜爱的原因。与《搜神记·董永》中的织女一样，神女下凡是天帝令其助人，男女之间未有情爱，助后即离，毫不留恋，助人之心至纯至真。这与那些遇仙、遇怪的艳遇故事不同，并没有加入文人气的情爱幻想，纯粹是一种拙朴清新的民间故事本色。

生态解读：

在各个“田螺姑娘”的故事版本中，男主人公无不热爱生活、尊重自然。人与自然和谐相处始终是亘古不变的规律。人类生活在自然中，依赖生物而生存。人类所有的食物都来自被驯化和改良的野生动植物，人类的医药最终也是来源于野生的动植物。人与自然是有机统一体，自然界各部分之间的联系是有机的、动态发展的。在当下建设生态文明的时代背景下，更应以人与自然关系的互惠共生、和谐发展为宗旨，以生态整体性的自然观为指导，建构绿色、和谐的人与自然的关系。

流传在宁波的谜语“弯弯小楼，桃子门头。姑娘出门，扇子戴头”是经过宁波文人的修改流传而来的，谜底就是田螺。还有一首《田螺叹苦》的民谣是这样唱的：“我做田螺实命苦，夜里沿沙滩，日里沿田塍，一桶水养活我，一篷柴烧我熟，长针短针挑我肉，剥我心肺还我壳，一把壳东壁角，一把壳西壁角，两只大水牛踏破壳，高冠雄鸡走来啄。”人类与动物和谐相处，其实不需要什么大道理，只需要一点宽容，一点关心，人类退一步就能给动物留下很大的生活空间，就能与它们好好共处，让这个世界更加温馨和暖心。

●许仲琳《封神演义》之“酒池肉林”[27]

（节选）

话说纣王将宫人入于坑内，以为美刑。妲己又奏曰：“陛下可再传旨，将虿盆左边掘一池，右边挖一沼。池中以糟丘为山，右边以酒为池。糟丘山上用树枝插满，把肉披成薄片，挂在树枝之上，名曰‘肉林’。右边将酒灌满，名曰‘酒海’。天子富有四海，原该享无穷富贵，此肉林、酒海，非天子之尊，不得妄自尊享也。”纣王曰：“御妻异制奇观，真堪玩赏；非奇思妙想，不能有此。”随传旨，依法制造。非止一日，将酒池、肉林造的完全。纣王设宴，与妲己玩赏肉林、酒池。正饮之间，妲己奏曰：“乐声烦厌，歌唱寻常，陛下传旨，命宫人与宦官扑跌，得胜者池中赏酒；不胜者乃无用之婢，侍于御前，有辱天子，可用金瓜击顶，放于糟内。”妲己奏毕，纣王无不听从，传旨：“命宫人宦官扑跌。”可怜这妖孽在宫中无所不为，宦官遭殃，伤残民命。看官：他为何事要将宫人打死入在糟内？妲己或二、三更，现出原形，要吃糟内宫人，以血食养他妖气，惑于纣王。有诗曰：

悬肉为林酒作池，纣王无道类穷奇。
虿盆怨气冲霄汉，炮烙精魂傍火炊。
文武无心扶社稷，军民有意破宫禴。
将来国土何时尽？戊午旬中甲子期。

入选理由：

要绿色生活，还是要酒池肉林？

一般解读：

在“酒池肉林”的古代传说中，纣王以酒为池，以肉为林，好为长夜之饮。纣王在中国历史上长期以来被认为是暴君，与夏桀并论。后人将这段历史加上幻想元素，写成了《封神演义》，又称为《封神榜》。在《封神演义》中，纣王是商朝的末代帝王，他整日胡作非为，不尽心朝政，是有名的暴君。为了惩罚反对者，他采用了很多酷刑。他还轻信宠妃妲己的谗言，过着荒淫无度的生活。不仅如此，纣王还大兴土木，建造了许多华丽的宫室和宏伟的鹿台，以供玩乐。鹿台高千尺、宽三里，按照姜子牙的预计，这个工程完工需要35年，足见其工程之浩大。纣王命北伯侯崇侯虎监造鹿台，耗费了大量的人力、物力、财力，历时2年4个月。本应是35年的工程，却仅用了2年多的时间就得以完工，纣王搜刮民财之重可见一斑。纣王的生活越来越糜烂了，他还下令在沙丘平台用酒装满池子，把各种动物的肉割成块挂在树上，这就是所谓的“酒池肉林”，以便其一边游玩，一边吃喝。纣王还命令裸体男女互相追逐嬉戏。从这一选段纣王与妲己的对话中就能体现出他们生活的糜烂和荒淫至极。

纣王的暴政，加上酗酒，最终导致商朝的灭亡。成语“酒池肉林”就是从纣王荒淫糜烂的生活中引申出来的，用来形容荒淫腐化、极端奢侈的生活。

生态解读：

与“酒池肉林”的生活相对应的是绿色生活，它倡导的是一种既不骄奢淫逸又不吝啬拮据的生活方式，追求“人与天调，然后天地之美生”这种回归自然的目标。绿色消费是一种以适度消费、避免或减少对环境的破坏、崇尚自然和保护生态等为特征的新型消费行为。绿色消费倡导消费者选择未被污染或有助于公众健康的绿色产品，崇尚自然、追求健康，在追求生活舒适的同时，注重环保，节约资源和能源，实现可持续消费；在消费过程中，注重对垃圾的处置，不造成环境污染。古代西方国家用宗教引导人生观，古代中国用宗法引导人生观。如今，各国营造以消费为核心的价值观，从而推动了消费型社会的成长。在消费型社会中，广告已经取代了政治宣传，成了最大的话语霸权。郑也夫说：“广告如果有效，就造就了消费主义，导致了浪费。如果无效，则自身就是浪费。”消费型社会挑起了人们的欲望，使人们过度消费，造成能源的枯竭。在当代西方，一些拥有较高学历、收入丰厚、追求生活享受、崇尚自由解放、积极进取的人自称“布波族”，他们不把钱花在奢侈品上，拒绝“地位”这种象征符号，追求健康至上，是对“酒池肉林”奢侈生活的反叛。

●施耐庵《水浒传》之“武松打虎”[28]

（节选）

武松在路上行了几日，来到阳谷县地面。此去离县治还远。当日晌午时分，走得肚中饥渴，望见前面有一个酒店，挑着一面招旗在门前，上头写着五个字道：“三碗不过冈。”武松入到里面坐下，把哨棒倚了，叫道：“主人家，快把酒来吃。”只见店主人把三只碗、一双箸、一碟热菜放在武松面前，满满筛一碗酒来。武松拿起碗，一饮而尽，叫道："这酒好生有气力！主人家，有饱肚的买些吃酒。"酒家道："只有熟牛肉。"武松道："好的，切二三斤来吃酒。"店家去里面切出二斤熟牛肉，做一大盘子，将来放在武松面前，随即再筛一碗酒。武松吃了道："好酒！"又筛下一碗。恰好吃了三碗酒，再也不来筛。武松敲着桌子叫道："主人家，怎的不来筛酒？"酒家道："客官要肉便添来。"武松道："我也要酒，也再切些肉来。"酒家道："肉便切来添与客官吃，酒却不添了。"武松道："却又作怪！"便问主人家道："你如何不肯卖酒与我吃？"酒家道："客官，你须见我门前招旗上面明明写道'三碗不过冈'。"

武松道："怎地唤作'三碗不过冈'？"酒家道："俺家的酒虽是村酒，却比老酒的滋味；但凡客人来我店中，吃了三碗的，便醉了，过不得前面的山冈去，因此唤作'三碗不过冈'。若是过往客人到此，只吃三碗，更不再问。"武松笑道："原来恁地。我却吃了三碗，如何不醉？"酒家道："我这酒叫作透瓶香，又唤作出门倒。初入口时，醇醲好吃，少刻时便倒。"武松道："休要胡说！没地不还你钱，再筛三碗来我吃！"酒家见武松全然不动，又筛三碗。武松吃道："端的好酒！主人家，我吃一碗，还你一碗钱，只顾筛来。"酒家道："客官休只管要饮，这酒端的要醉倒人，没药医。"武松道："休得胡鸟说！便是你使蒙汗药在里面，我也有鼻子。"店家被他发话不过，一连又筛了三碗。武松道："肉便再把二斤来吃。"酒家又切了二斤熟牛肉，再筛了三碗酒。武松吃得口滑，只顾要吃。去身边取出些碎银子，叫道："主人家，你且来看我银子，还你酒肉钱够么？"酒家看了道："有余。还有些贴钱与你。"武松道："不要你贴钱。只将酒来筛。"酒家道："客官，你要吃酒时，还有五六碗酒哩！只怕你吃不的了。"武松道："就有五六碗多时，你尽数筛将来。"酒家道："你这条长汉，倘或醉倒了时，怎扶的你住？"武松答道："要你扶的，不算好汉。"酒家那里肯将酒来筛。武松焦躁道："我又不白吃你的！休要引老爷性发，通教你屋里粉碎！把你这鸟店子倒翻转来！"酒家道："这厮醉了，休惹他。"再筛了六碗酒，与武松吃了。前后共吃了十五碗，绰了哨棒，立起身来道："我却又不曾醉！"走出门前来笑道："却不说'三碗不过冈'！"手提哨棒便走。

酒家赶出来叫道："客官那里去？"武松立住了，问道："叫我做甚么？我又不少你酒钱，唤我怎地？"酒家叫道："我是好意。你且回来我家，看抄白官司榜文。"武松道："甚么榜文？"酒家道："如今前面景阳冈上有只吊睛白额大虫，晚了出来伤人，坏了三二十条大汉性命。官司如今杖限猎户擒捉发落。冈子路口，多有榜文：可教往来客人，结伙成队，于巳、午、未三个时辰过冈，其余寅、卯、申、酉、戌、亥六个时辰，不许过冈。更兼单身客人，务要等伴结伙而过。这早晚正是未末申初时分，我见你走都不问人，枉送了自家性命。不如就我此间歇了，等明日慢慢凑的三二十人，一齐好过冈子。"武松听了，笑道："我是清河县人氏，这条景阳冈上，少也走过了一二十遭，几时见说有大虫？你休说这般鸟话来吓我。便有大虫，我也不怕！"酒家道："我是好意救你，你不信时，进来看官司榜文。"武松道："你鸟子声！便真个有虎，老爷也不怕！你留我在家里歇，莫不半夜三更要谋我财，害我性命，却把鸟大虫唬吓我。"酒家道："你看么！我是一片好心，反做恶意，倒落得你恁地！你不信我时，请尊便自行！"

入选理由：

当老虎成为濒危物种后，我们该如何看待武松？

一般解读：

从前，人们阅读《水浒传》的这一章节，都会称赞武松的勇敢和无畏。猛虎的"一扑""一掀""一剪"，以及哨棒的"一折""一丢""一拾"，打虎这段描述，不仅能够显示出老虎的勇猛，更能凸显武松的无畏。人虎搏斗的场景神采飞动，跃然纸上。我们不仅能从中看到武松的勇敢果断，也能看出其性格暴戾残忍。这也为后来武松杀嫂祭兄、血溅鸳鸯楼埋下了伏笔。

生态解读：

"老虎吃人"的观念在中国历史文化中延续了几百年。现代生物学研究表明，中国虎以野猪和鹿为最爱的食物，人类从不在其食谱之内。老虎与人生活在不同的生态区域，几乎没有交集。自宋代以来，随着人类大片开垦森林，老虎的生存空间被大幅压缩，虎患才初见端倪。至明清，即施耐庵所处的时代，人地矛盾加剧，虎患愈演愈烈。但史籍所载的老虎伤人多为寻找家禽牲畜，并无“吃人”之意。武松打虎这段情节，表面上是作者塑造“惩恶扬善”的英雄形象，实则展现了明清以来生态破坏所带来的虎患恶果。

考虑到施耐庵的时代局限，假设“老虎吃人”是合理的，老虎就一定错了吗？它有着独立的边界意识，从未到店里去吃人。当武松到了山神庙前，它也没有出来行动。老虎也有自己的作息时间，“巳、午、未”三个时辰也需要休息，此时人类便可以顺利通行。若是因急事非要通过景阳冈，只要凑足“三二十人”，它也不会去伤人性命。老虎对人类，一直怀着“人不犯我，我不犯人”的明确定位。那老虎为何要吃武松呢？一是因为对于又饥又渴的老虎，吃人是它的生理本能；二是因为被捕食者武松是独自行走，捕获这样的猎物成功概率更大。

反观武松，无不显示出人类的狂妄自大。他无视店家的劝阻喝了十五碗酒，并没有考虑过量饮酒对身体的损害。随后，他又无视店家的好言劝诫，独自过岗，使自己身陷险境。当然，若不是这恰到好处的十五碗酒，可能就是另一个故事了。喝得少了，武松未必有勇气打得过老虎，甚至会成为老虎的美餐；喝得多了，会直接烂醉在酒家，他吹过的牛皮也会被店家当作笑料而在坊间流传。武松打死老虎实在是一件成功率极低的小概率事件，并不值得大加歌颂。

老虎存在的意义，是为了让阳谷县百姓时刻保持对“天道”的敬畏之心。洪水、猛兽、疾病，多被与施耐庵同时代的人视为天道对人类逆天行事的惩罚。在那个时代，时人还不知何为“生态稳定”和“生物多样性”。但是，作者深信维系自然和谐运转的“天道”始终存在，它是人类的行为规范。作为一本宣扬“替天行道”的著作，《水浒传》也传递出作者本身对天道和自然的敬畏。其实在后续的篇幅中，施耐庵笔下的故事有关这方面的内容非常丰富，如一败高太尉、二败高太尉等大小战役，好汉们团结一心，凭借着对“天道”的坚守和对“地利”的利用而取胜；征方腊时，也多是因“丧尽气数”“地利不尽”而损兵折将。

在故事的最后，施耐庵不忘给武松留下了一个充满缺陷的结局：虽然打虎后被荣升为班头，但又因谋杀西门庆和潘金莲而身陷囹圄，最后被流放，历经万苦而上梁山。虽然他在其后的大小战役中屡立战功，但是被包天师的玄天混元剑砍掉了左臂，也就是揪住大虫的顶花皮并最终将它打死的左臂。虽然武松单手擒住了方腊，居功至伟，但他最后还是抛弃了荣华富贵，皈依“道法自然”的道教，出家修行。这可能也是作者用隐喻的方式教化世人“敬畏天命”和“顺势而为”，未尝不是一种隐蔽的“生态智慧”。

●曹雪芹《红楼梦》之“刘姥姥进大观园”[29]

（节选）

贾母笑道：“你把茄鲞（xiǎng）搛些喂他。”凤姐儿听说，依言搛些茄鲞送入刘姥姥口中，因笑道：“你们天天吃茄子，也尝尝我们的茄子弄的可口不可口。”刘姥姥笑道：“别哄我了，茄子跑出这个味儿来了，我们也不用种粮食，只种茄子了。”众人笑道：“真是茄子，我们再不哄你。”刘姥姥诧异道：“真是茄子？我白吃了半日。姑奶奶再喂我些，这一口细嚼嚼。”凤姐儿果又搛了些放入口内。

刘姥姥细嚼了半日，笑道：“虽有一点茄子香，只是还不像是茄子。告诉我是个什么法子弄的，我也弄着吃去。”凤姐儿笑道：“这也不难。你把才下来的茄子把皮劖了，只要净肉，切成碎钉子，用鸡油炸了，再用鸡脯子肉并香菌、新笋、蘑菇、五香腐干、各色干果子，俱切成钉子，用鸡汤煨了，将香油一收，外加糟油一拌，盛在瓷罐子里封严，要吃时拿出来，用炒的鸡爪一拌就是。”刘姥姥听了，摇头吐舌说道：“我的佛祖！倒得十来只鸡来配他，怪道这个味儿！”

入选理由：

我们真的需要这种美食吗？

一般解读：

人们把《红楼梦》视为百科全书，其中对中国菜肴极为精致的描写，反映了中国饮食文化的精髓。这道茄鲞，把日常生活中最为普通的茄子运用各种配菜和烹饪方法制作成美味与创意并存的精美菜肴，各种食材荤素搭配、融合共存，多层次地表达出极致美味，体现了中国古代传统的和谐观，可谓中国菜的奥义所在。

生态解读：

凤姐寥寥数语，轻描淡写，却掩饰不住这道菜的复杂工序。仅仅在食材的准备阶段就要把茄子九蒸九晒，再用鸡汤让茄子入味，而熬了汤头的鸡则被白白浪费了。抛开这个可怕的食材准备工序，据统计，像书中描述的那样将备好的食材制成菜肴需要18道工序。被鸡汤蒸晒过的茄子，再经过炸、炒、煨、糟等工序，在香菌、新笋、蘑菇、五香腐干、各色干果子等配料的搭配下早已失去了茄子本身的味道。事实上，把茄子做出鸡肉的味道并不能提升其营养价值，只是为了炫耀富贵，显示贾府的阔绰。而这么一道茄鲞，也只是贾府日常生活中微不足道的一碟小菜。刘姥姥吃完茄鲞后，丫头们随后上的小点心——蒸桂花糖糕、松穰鹅油卷、油炸螃蟹馅的小饺子、奶油炸的小面果子，依然是耗时费力、过度奢华的食品。记得李商隐在《咏史》一诗中说：“历览前贤国与家，成由勤俭破由奢。”贾府不思勤政报国、救万民于水火，反而延续着奢侈糜烂的生活，最终被迫抄家也是必然结果。抛开美味不谈，制作这道菜的繁杂工序就会造成食物浪费，它时刻提醒我们应追求绿色、简朴、健康的生活方式，勿要贪图享乐。

参考文献

[1] 周振甫 . 诗经译注 [M] . 北京：中华书局，2002.

[2] 程俊英，蒋见元 . 诗经注析 [M] . 北京：中华书局，2017.

[3] [战国] 屈原 . 九歌 · 湘夫人 [M] // 董楚平 . 楚辞译注 . 上海：上海古籍出版社，2012.
[4] 王钟陵 . 古诗词鉴赏 [M] . 成都：四川辞书出版社，2017.
[5] 余冠英 . 乐府诗选 [M] . 北京：中华书局，2012.
[6] [晋] 陶渊明 . 陶渊明集校笺 [M] . 龚斌，校笺 . 上海：上海古籍出版社 .2018.
[7] [宋] 郭茂倩 . 乐府诗集 [M] . 上海：上海古籍出版社，1998.
[8] [唐] 张若虚 . 春江花月夜 [M] // 俞平伯，等 . 唐诗鉴赏辞典：新一版 . 上海：上海辞书出版社，2013.
[9] [清] 蘅塘退士 . 唐诗三百首 [M] . 盖国梁，等，注评 . 上海：上海古籍出版社，2002.
[10] [清] 蘅塘退士 . 唐诗三百首 [M] . 北京：中华书局，2006.
[11] [唐] 王维 . 王维集 [M] . 太原：山西古籍出版社，2006.
[12] 彭定求，等 . 全唐诗（上）[M] . 上海：上海古籍出版社，1986.
[13] 管士光 . 李白诗集新注 [M] . 上海：上海三联书店，2014.
[14] 章楚藩，等 . 杨万里诗歌赏析集 [M] . 成都：巴蜀书社，1994.
[15] [唐] 岑参 . 岑参集校注 [M] . 侯忠义，校 . 上海：上海古籍出版社，2004.
[16] [宋] 姜夔 . 扬州慢 · 淮左名都 [M] // 夏承焘，等 . 宋词鉴赏辞典：新一版 . 上海：上海辞书出版社，2013.
[17] 宋词 [M] . 陆林，编注 . 北京：北京师范大学出版社，1992.
[18] [战国] 庄子 . 中信国学大典：庄子 [M] . 饶宗颐，译注 . 北京：中信出版社，2013.
[19] 山海经 [M] . 方韬，译注 . 北京：中华书局，2009.
[20] [晋] 陶渊明 . 陶渊明集 [M] . 逯钦立，校注 . 北京：中华书局，1979.
[21] [南朝] 刘义庆 . 中信国学大典：世说新语 [M] . 饶宗颐，译著 . 北京：中信出版社，2013.
[22] [宋] 欧阳修 . 中国古典文学名家选集 [M] . 王达津，选注 . 上海：上海古籍出版社，2012.
[23] 偬仕 . 唐宋散文选：英汉对照 [M] . 北京：中国文学出版社，外语教学与研究出版社，1999.
[24] [清] 马骕 . 绎史 [M] . 王利器，整理 . 北京：中华书局，2002.
[25] “西湖天下”丛书编辑部 . 西湖民间故事 · 美绘版 [M] . 杭州：浙江摄影出版社，2018.
[26] [东晋] 陶渊明 . 搜神后记 [M] . 北京：中华书局，1985.
[27] [明] 许仲琳 . 封神演义 [M] . 北京：华夏出版社，2017.
[28] [明] 施耐庵，罗贯中 . 水浒传：一百二十回全本 [M] . 长春：时代文艺出版社，2019.
[29] [清] 曹雪芹，高鹗 . 红楼梦 [M] . 北京：人民文学出版社，1996.

第二章

中外现代文学作品中的生态观念

XINSHIDAI
SHENGTAI WENMING
CONGSHU

余华说："作家是时代的书记员。"中外现当代文学作家用更加贴近现实的生动、绚丽的方式记录生活，弘扬生态文化。烂漫如《飞鸟集》、生动似《荷塘月色》、写实如《淮河生态报告》都以不同的手法、用文学的魅力唤起人们对大自然之爱，用文本内的文字保护文本外的自然，唤醒公众的生态责任。其文学载体呈现出叙事诗歌、风景散文、故事小说等多种形式，其创作者包括中外的知名作家乃至新兴的AI诗歌创作系统。提起笔，描绘诗意盎然的春天；放下笔，构建鸟语花香的生态文明。"大自然是人类共同的家园，至今还没有找寻到替代的地方，应当格外地珍惜"，这正是他们表达的共同主题。

第一节　中外现代诗歌

●三毛《橄榄树》[1]

不要问我从哪里来
我的故乡在远方
为什么流浪
流浪远方　流浪
为了天空飞翔的小鸟
为了山间轻流的小溪
为了宽阔的草原
流浪远方　流浪
还有还有
为了梦中的橄榄树　橄榄树

[1] 齐豫演唱，李泰祥作曲，三毛作词，1979年7月9日发行。

不要问我从哪里来
我的故乡在远方
为什么流浪
为什么流浪远方
为了我梦中的橄榄树
不要问我从哪里来
我的故乡在远方
为什么流浪
流浪远方　流浪

入选理由：

故乡与流浪，自然终是人类的追求。

一般解读：

这首歌曲抒发了三毛内心最真实的情感，她对流浪、远方、归途、过去和未来的理解都浸润在文字中。整首歌给人一种洒脱空灵的感觉，因为三毛就是一个喜欢流浪的人，同时歌词中营造出一股淡淡的乡愁和忧伤的情绪，将流浪中自由的孤独刻画得很到位。其实，三毛最先创作时所作的词是《小毛驴》。她在流浪的时候来到西班牙，那里有很多小毛驴在原野上奔跑，于是她创作了《小毛驴》一词，最初她希望写出可爱的童诗的感觉，后来才决定把它改成《橄榄树》。橄榄树也是西班牙的一个很重要的象征，与三毛和荷西的恋爱经历结合起来，更衬托出二人一同浪迹天涯的感觉。

生态解读：

橄榄树在日常生活中有很多象征意义：平和、顺利、博爱、希望等。而在三毛的这段文字里，梦中的橄榄树其实是她要寻找的心灵净土，是一份甘愿流浪也不断追求的美好。这份美好中还包括飞翔的小鸟、轻流的小溪、宽阔的草原，这些最美的景物让她不受世俗人情的束缚，全然回归最纯粹的自然之境，这是流浪的意义，也是她认为“故乡在远方”的理由。

放眼古今中外，不乏云游四海、沉醉自然之人，这些流浪儿四海为家、饱览山河湖海，他们抛弃世俗羁绊而选择浪迹天涯的动力源于人类憧憬自然、迷恋自然的本性，所以他们甘愿流浪。但故乡与流浪不也是辩证关系吗？逃离故乡、选择流浪，二者之间看似有着非此即彼的关系，但放眼整个地球，无论四海八荒、天涯海角，所到之处皆是人类的故乡，选择流浪其实也是回归故乡——回归人类赖以生存的自然之乡。

●余光中《控诉一支烟囱》[1]

用那样蛮不讲理的姿态
翘向南部明媚的青空
一口又一口，肆无忌惮
对着原是纯洁的风景
像一个流氓对着女童
喷吐你满肚子不堪的脏话
你破坏朝霞和晚云的名誉
把太阳挡在毛玻璃的外边
有时，还装出戒烟的样子
却躲在，哼，夜色的暗处
向我噩梦的窗口，偷偷地吞吐
你听吧，麻雀都被迫搬了家
风在哮喘，树在咳嗽
而你这毒瘾深重的大烟客啊
仍那样目中无人，不肯罢手
还随意掸着烟屑，把整个城市
当做你私有的一只烟灰碟
假装看不见一百三十万张

——不，两百六十万张肺叶
被你熏成了黑恹恹的蝴蝶
在碟里蠕蠕地爬动，半开半闭
看不见，那许多矇矇的眼瞳
正绝望地仰向
连风筝都透不过气来的灰空

入选理由：

从诗人对烟囱的控诉中，我们是不是也可以由此及彼，对普遍性的社会问题进行独立思考？

一般解读：

余光中从事文学活动40年，除撰有大量散文、评论、译文和学术著述外，出版的诗集就有14本之多。他的诗作题材广泛、体验独到、形式多样、手法善变、语言繁富，充分显示了其对生活和语言的敏感，以及诗歌创作的整体成就。有人认为，《控诉一支烟囱》一诗能够证明余光中对生活仍然保持着敏锐的艺术感觉，在不断扩展自己的视野和题材领域，一提到“控诉”，读者也许会想到“声色俱厉”或“声泪俱下”的情态。果真如此的话，这首诗也许就会成为法庭中直白式的讼状了。然而，余光中却以纵横变化的词法，长短参差的句法，风趣横生、富于幽默感的语言，使人在对丑的事物的批判中获得美的享受与愉悦。因此，这首诗虽云“控诉”，却是诗艺高明、诗味浓郁的作品，而不是空泛的口号和枯燥的说教，表明诗人并没有江郎才尽，他虽然过早地两鬓飞霜，但诗的心灵仍然青春年少。

生态解读：

从创作背景上看，《控诉一支烟囱》是20世纪80年代末余光中回到我国台湾以后的作品。此前他久居香港中文大学所在地沙田，这里依山傍海、风景清佳，山灵水神都助他清新无尘的诗思。而位于我国台湾岛西南部的高雄，是台湾的第二大城市和重要的海港，也是其南部最大的工业中心，那里烟囱林立，空气污染严重，诗人越海而来，清丽的沙田和喧嚣的高雄自然形成了鲜明的对比，给他以强烈的刺激，于是就孕育了这篇诗歌。本质上看，《控诉一支烟囱》是作者痛感大好河山被机械文明割裂、破坏的表现，本着对社会的关怀，他不忍美丽的天空被污染，于是用文字向制造环境污染的人提出控诉。现代工业带来的环境污染，物质文明带来的对生态平衡的破坏，是当代世界最严重的社会问题之一，是对人类生存的一种潜在的巨大威胁。余光中将烟囱比喻为“毒瘾深重的大烟客”，白天“蛮不讲理”，“像一个流氓对着女童/喷吐你满肚子不堪的脏话”，晚上“有时，还装出戒烟的样子/却躲在，哼，夜色的暗处/向我噩梦的窗口，偷偷地吞吐”。于是，“麻雀”都因不堪忍受而“被迫搬了家”，“树在咳嗽”，“风”也“哮喘”起来，而“大烟客”却“仍那样目中无人，不肯罢手”。这一串颖异不凡的比喻给读者的视觉与心理平添了一种厚重的灰暗色调，有力地完成了对烟囱的“控诉”。

●周策纵《字字回文诗》[1]

入选理由：

文字游戏中蕴含着深邃的生态智慧。

一般解读：

这是一首非常著名的回文诗。作者周策纵是美国威斯康星大学的教授，国际著名的汉学家、红学家。此诗的绝妙之处在于，读者可以任起一字反复来回诵读，也

---

[1] 周策纵，《星岛纪游：字字回文诗》，自藏印刷，1995。

可隔字换位来读，皆成诗歌。例如，“星淡月华艳，岛幽椰树芳，晴岸白沙乱，绕舟斜渡荒。”又如，“艳岛幽椰树，芳晴岸白沙，乱绕舟斜渡，荒星淡月华。”据统计，该诗可隔字换位读成五言绝句4 800首，来回读成五言绝句9 600首、七言绝句1 650首，全部诗词可组成共312 732个词组、15 200首诗歌。经过奇妙组合的短短20字，可组成万余首诗歌，展现了汉语的独特魅力。

生态解读：

由这20个字所组成的不同诗歌能够展现出截然不同的生态意象，如“星淡月华艳，岛幽椰树芳，晴岸白沙乱，绕舟斜渡荒”，就是一幅孤寂凄凉的自然景象：月光皎洁但是星辰暗淡，幽静的岛屿飘荡着浓郁的椰子芬芳，破旧的小舟随意地搁浅在细沙纷乱的岸边。明亮空旷的夜晚掩饰不住诗人内心的寂寥，好似“字字抒情”却“无字写情”的《枫桥夜泊》。但是，“艳岛幽椰树，芳晴岸白沙，乱绕舟斜渡，荒星淡月华”却变成了一幅热闹欢腾的人烟景象：绚丽的岛上，幽静的椰子林，芳菲遍野的海岸，小舟来往穿梭，都笼括在月明星稀的穹窿之下。有如柳亚子的词句“火树银花不夜天，良宵盛会喜空前”，相同的是那座岛、那棵树、那片海、那艘船、那枚月亮和漫天星辰，不同的是读者的心境和视角。这首诗就是一只万花筒，轻轻一转就会看到大自然的百媚千娇和文字的月章星句。读者朋友，你又看到了什么景象呢？

●九歌AI《渔歌子·春风》[1]

春风吹雨过江湄，万顷烟波漾碧漪。
红蓼岸，绿杨堤，白苹洲上小桥西。

入选理由：

AI展现的生态智慧。

[1] 九歌，人工智能诗词写作系统：http：//jiuge.thunlp.cn/。

一般解读：

诗歌自动写作是一项具有高度智慧的文学创作活动。《康熙字典》共收录汉字47 035个，《通用规范汉字表》共收录汉字8 105个。假使古诗常用字共有1万个，仅七律诗就可以创作出古人尚未来得及创作的诗歌共计2 744首。2016年，清华大学的自然语言处理和社会人文计算实验室致力于用人工智能算法创作中国古典诗词。2017年，该实验室更是推出了古典诗词创作网站“九歌”，用户只要输入关键词，自主选择诗词体例，就可以实现诗词的自动创作。自推出后，“九歌”获得了一系列奖项，并参与了CCTV-1黄金档的大型科技挑战类节目《机智过人》，给观众留下了非常深刻的印象。这首短小的词《渔歌子·春风》，就是由“九歌”创作而成的。

生态解读：

如词所示，“九歌”的创作能力不容小觑。该词紧紧围绕着“春风”的主题，为读者展现了春暖花开、万物复苏的河畔美景。温柔的春风携着细雨掠过江边，使江面荡起一阵涟漪。红蓼和绿杨装点在江岸，一座小桥连接着江中小洲和江畔。春风拂过，如中国传统水彩画，自然景象立刻鲜活、灵动起来，呈现出静中有动、动中有静的和谐美景。词人“九歌”并没有亲身实地考察过这样的景象，却运用高端的AI技术将汉字巧妙地组合在一起，为我们勾画出如此美妙的景色，使人感悟生态美的真谛。

●［英］罗伯特·彭斯《致鼷鼠》[2]

一七八五年十一月用犁头掘起鼷鼠窠，有感而作。

光滑、畏缩、胆怯的小东西，
啊，你心里是多么恐惧！
你不用慌慌张张逸去，
突然向前猛冲，
我不想拿着凶残的犁，

跟在背后追踪。

人的统治，真叫我遗憾，
中断了自然界的交往相连，
证明了那么一种偏见，
使你见了我这个人——
你可怜的朋友，又同是生物，
便会大吃一惊！
你有时要偷窃，我毫不怀疑；
那又算什么？你得活，可怜的东西！
一把麦子上的零星儿穗，
这要求并不算多；
留下来的尽够我享用呢，
我也不会错过！

你那小窠也成了废墟！
大风呼呼向破壁吹去，
如今你要再筑新居，
已找不到青草；
惨淡的冬风又刺骨，又尖利，
眼看就要来到。

你看见田地荒芜而空净，
沉闷的冬天飞快来临，
你原来打算在这儿住定，
这避风的安乐窝
哗啦一声！犁刀够残忍，

打你的巢里穿过。

那一小堆断梗残叶，
你辛苦拖来，一点一滴，
费了大劲，你终被赶出；
如今你无屋无房，
借以躲避冬天的雨雪
和那冰冷的白霜！

但是也不止你一个，鼷鼠，
证明预见也许没用处；
最妙的策划，不管人和鼠，
都会常常落空，
留下的不是预期的乐趣，
而是愁闷苦痛！

和我相比，你还算有福气，
只是眼前影响了你；
但是噢，我眼睛回顾过去，
多么惨淡的光景！
往前探望，我猜疑，我恐惧，
虽然我还看不清！

入选理由：

为“人人喊打”的老鼠去污名化。

一般解读：

罗伯特·彭斯（1759—1796年），苏格兰著名诗人。他被视为浪漫主义运动的先驱，在死后成为自由主义和社会主义的灵感来源，也是苏格兰和散居在世界各地的苏格兰人的文化偶像。这首小诗体现了罗伯特·彭斯对小鼠的爱护之情。他是苏格兰的农民诗人，复活、丰富了苏格兰民歌。彭斯生于苏格兰民族面临被异族征服的时代，所以他的诗歌充满了激进的民主、自由思想。同时，因为生活在破产的农村，彭斯和贫苦的农民血肉相连，所以他的诗歌也歌颂了家乡的秀美与劳动者淳朴的友谊和爱情。这首《致鼷鼠》表现了诗人与小鼠的一种平等姿态，这也是他内心自由的表达。

生态解读：

一提到老鼠，人们总会想到“过街老鼠，人人喊打”。老鼠与疾病传播密切相关，人们对老鼠没有好的情感。在《硕鼠》中，诗人将社会蠹虫形象化为肥大的老鼠，并给予严厉的挖苦。以“鼠”为名的成语多为贬义。但是，老鼠在地球上存活已经数亿年，其生存能力非常强大。人类所谓老鼠能够“传播疾病”“糟蹋粮食”，也多因人类的活动大大超过了应有的范围，入侵到其他生物，如老鼠的生存空间，后者因而向人类发出反抗。在几千年的人类文明史中，老鼠并非与人类天然为敌。实验室所用的大鼠，人类饲养的仓鼠，动画片中的米奇和火星鼠，十二生肖中的老鼠形象……当人类合理地尊重自然，从生态中心的视角看待它们，用雷霆的手段恢复自然，还老鼠以本应的生存空间，老鼠便不会频繁地侵扰人类。在这首诗歌中，作者给予老鼠应有的尊重，站在更为公正的生态中心立场上为老鼠去污名化。他将老鼠与人“一视同仁”，把老鼠视为人的朋友，用通情的写作手法理解老鼠的处境。“我不想拿着凶残的犁，跟在背后追踪。人的统治，真叫我遗憾……”言之凿凿、情之切切的呼声，是多么的通情共感！

［匈］裴多菲《我愿意是激流……》[3]

我愿意是激流，
山里的小河，
在崎岖的路上、

岩石上经过……
只要我的爱人
是一条小鱼，
在我的浪花中
快乐地游来游去。

我愿意是荒林，
在河流的两岸，
面对一阵阵狂风，
勇敢地作战……
只要我的爱人
是一只小鸟，
在我的稠密的
树枝间做窠，鸣叫。

我愿意是废墟，
在峻峭的山岩上，
这静默的毁灭
并不使我懊丧……
只要我的爱人
是青青的常春藤，
沿着我荒凉的额，
亲密地攀援上升。

我愿意是草屋，
在深深的山谷底，
草屋的顶上

饱受风雨的打击……
只要我的爱人
是可爱的火焰，
在我的炉子里，
愉快地缓缓闪现。

我愿意是云朵，
是灰色的破旗，
在广漠的空中，
懒懒地飘来荡去……
只要我的爱人
是珊瑚似的夕阳，
傍着我苍白的脸，
显出鲜艳的辉煌。

入选理由：

这是一首以自然之美写就的爱情颂歌。

一般解读：

这是一首裴多菲写给爱人尤利娅的诗，抒发了诗人心中诚挚而热烈的情感。很多爱情诗以忧愁为底色，为浪漫续写故事。而这首诗虽为爱情诗，但在抒情之余不失气势。诗人选取了诸多带有悲壮色彩的意象，如奔涌的激流、险峻的山岩、破碎的旗帜，以硬朗的形象昭示着诗人追求的执着。诗人以流动的语言和轻快的节奏，展现出对爱情、自由、一切美好事物的追求。

生态解读：

在这首抒发爱情的诗歌中，诗人将自己与爱人比作诸多自然中的意象，展现了一幅万物在自然中和谐共生的美妙场景。作者不仅认识到了自然万物的生命活力，更认识到了生物之间的联系。小鱼依存河流而生，奔涌的激流穿过坚硬的岩石，在碰到鱼儿时才变得柔软，翻出朵朵浪花；荒地外的森林看似孤寂地独身对抗风雨，但鸟儿的依偎让森林变得热闹，树木也成为鸟儿的庇护所。作者生动的语言让读者仿佛身临其境，烈火、旷野、激流无不是作者借助自然之力表现自己广阔的胸襟与信仰的力量；风雨的吹打、岩石的阻塞，不管是日月变迁还是火焰的闪烁，都不能改变作者坚定的意志。这不仅仅是一首抒发爱情的诗，更是一首自然的赞歌。

● [英] 威廉·华兹华斯《我独自游荡，像一朵孤云》[4]

我独自游荡，像一朵孤云
高高地飞越峡谷和山巅；
忽然我望见密密的一群，
是一大片金黄色的水仙；
它们在那湖边的树荫里，
在阵阵微风中舞姿飘逸。

像银河的繁星连绵不断，
辉映着夜空，时暗又时亮；
水仙就沿着湖湾的岸边，
黄灿灿的一片伸向前方；
我一眼望去便看见万千——
一边欢舞一边把头频点。

水波在边上欢舞，但水仙
比闪亮的水波舞得更乐；
有这样快活的朋友做伴，
诗人的心儿被欢愉充塞；
我看了又看，却没有领悟

这景象给了我什么财富。

因为有时候，我心绪茫然
或沉思默想地躺在榻上，
这水仙常在我眼前闪现，
把孤寂的我带进了天堂——
这时我的心被欢乐充满，
还随着那水仙起舞翩翩。

入选理由：

英国的灵魂在乡村田间。

一般解读：

这是华兹华斯的抒情代表作之一，又称为《咏水仙》，写于1804年。据说此诗是根据诗人兄妹俩一起外出游玩时深深地被大自然的妩媚所吸引这一经历写成的。在诗人的心中，水仙已经不是一种植物，而是一种象征，代表了自然的精华，是自然心灵的美妙表现。但是，欢快的水仙并不能时时伴在诗人的身边，诗人离开了水仙，心中不时涌出忧郁孤寂的情绪。这时诗人写出了一种对社会、对世界的感受：那高傲、纯洁的灵魂在现实的世界只能郁郁寡欢。当然，诗人的脑海深处还会不时浮现水仙那美妙的影像，这时的诗人情绪振奋、欢欣鼓舞。这首诗歌的基调是浪漫的，同时带着浓烈的象征主义色彩。诗人的一生只在自然中找到了寄托，而那平静、欢欣的水仙就是诗人自己的象征。这首诗虽然是在咏水仙，但也是诗人自己心灵的抒发和感情的外化。

生态解读：

在伦敦奥运会的开幕式上，华兹华斯诗歌里的情景被倾情演绎，乡村色彩成为英国奥运会开幕式的主调。导演独具匠心地营造的田园风格正是为了呈现英国的本质，也是英国人的灵魂——乡村文化。历史上，乡村的田园气息与宁静悠然一直是英国人的独特气质，这一点不管是在华兹华斯、柯珀的诗歌里，还是在勃朗特三姐妹的文学作品里都有明显的体现。然而工业革命的到来不可阻挡地改变了英伦景观，乡村开始变得千疮百孔，乡村环境发生剧烈变化，英国人为此痛心疾首。之后，整个国家开始苏醒，相继通过了公地保护法等一系列法令，出现了各种保护乡村景观的组织，全民拯救乡村生态，挽回这个国家的精神家园。英国人也在这场变革中开始重新思考和重视英国乡村存在的意义，在乡间地头寻找英国的文化根基——英国的灵魂在乡村田间。

● [美] 沃尔特·惠特曼《草叶集》[5]

看不见的蓓蕾

看不见的蓓蕾，
在冰雪之下，在黑暗之下，在每一平方、立方英寸之中，
稚嫩、优美，在精致的叶子里，微小，还没出生，
像子宫里的胎儿，潜伏着，缩成一团，睡着；
它们成千万亿、成亿万兆，等待着，
缓慢地推进着，坚定地向前，无止境地形成着，
（在大地上，在海洋中——在宇宙里——在天上的星星里，）
永远有更多的在等待，永远有更多的在后面。

我胸脯上的香草

（节选）

我胸脯上的香草，
你们的叶子我采集，我书写，为了以后好好细读，
在我之上，在死亡之上长出的坟墓之草，躯体之草，
不死的根，高挑的叶子，啊，冬天不会冻死你，柔弱的草，
一年一度，你从消失的地方再度滋生，花繁叶茂；
啊，我不知道那许多路人会不会发现你，吸入你淡淡的清香，可我相信有

人会的；

啊，细长的叶子，我血液的花朵！我允许你用自己的方式讲述你的内心；
啊，我不明白你的意思，在你自己的心里，你不是幸福，
你往往苦涩得使我不能忍受，你灼伤我，刺痛我，
不过我觉得你很美，你淡红色的根使我想起死亡，
你带来的死亡很美，（除了死亡和爱情，最终还有什么是真的美呢？）

奇　迹

（节选）

怎么，有人看重奇迹?
至于我，除了奇迹我一无所知，
无论我是在曼哈顿逛街，
或者看罢屋顶看天上，
或者光脚沿着海滩蹚水，
或者站在森林的树底下，
或者白天和我喜欢的人聊天，晚上和我喜欢的人睡觉，
或者坐在桌旁和别人一起吃饭，
或者乘马车时看着我对面的陌生人，
或者看蜜蜂在夏天的上午围着蜂房忙碌，
或者看牲畜在田野吃草，
或者看空中的鸟和有趣的昆虫，
或者看美妙的日落，看星星平静明亮地闪耀，
或者看春天里新月那优雅柔和的细细弧形；
这些还有其他，万千世界对于我统统是奇迹，
全都息息相关，每一个却又独特，各居其位。

这堆肥料

（节选）

瞧这堆肥料！瞧仔细了！
每一条蛆大概曾经是病人身上的一部分——可是瞧！
春天的草覆盖了草原，
豆子悄悄从园子的土里拱出了芽，
洋葱的嫩叶向上猛长，
苹果枝萌出一簇簇花骨朵，
小麦脱离了死寂，露出生机盎然的青色，
柳树和桑树枝头染上了色彩，
雄鸟早晚歌唱，雌鸟伏在窝里，
家禽的幼雏钻出了孵化的蛋壳，
幼畜诞生了，母牛生下了牛犊，母马生下了马驹，
从它的小山包里确实就长出了土豆暗绿的叶子，
从它的山包里长出了黄色的玉米秆，紫丁香在庭院开放，
在那一层层酸臭的死尸上，夏季里生长的万物纯洁、高傲。

多么神奇的变化！
风真的没有传染性，
不骗你，这透明碧绿的海水，它如此钟爱我，
我赤身裸体，让它用舌头舔遍，这很安全，
它不会用那曾经沉积其中的热病危害我，
一切永远干干净净，
从井里打上来的凉水味道真好，
黑莓子汁多，特别好吃，
苹果、橘子、瓜、葡萄、桃子、李子，没有一种对我有毒，
我躺在草地上，什么病也不会得，

尽管每片草叶都可能是从以前得病的东西上长出来的。

现在我被地球吓了一跳，它那么平和、耐心，
它从腐朽之中长出这么可人的东西，
它无害、无瑕地顺轴旋转，携带着源源不断的病尸，
它把弥天恶臭净化为干爽的风，
它表情淡然地更新它一年一度丰盛奢侈的收成，
它把圣洁的东西给予人类，最终却从他们那里接受如此不堪的遗物。

入选理由：

不只是写给大自然的情书。

一般解读：

《草叶集》是19世纪美国作家沃尔特·惠特曼的浪漫主义诗集，共收有诗歌300余首。诗集中对大自然、对自我有着泛神主义的歌颂，以自然万物为神，极力赞美大自然的壮丽、神奇和伟大。《草叶集》里长满美国大地的芳草，永远生气蓬勃并散发着诱人的芳香。它是世界闻名的佳作，开创了美国民族诗歌的新时代。惠特曼在诗歌形式上有大胆的创新，创造了“自由体”的诗歌形式，打破了传统的诗歌格律，以断句作为韵律的基础，节奏自由奔放、汪洋恣肆、舒卷自如，具有一泻千里的气势和无所不包的容量。

生态解读：

惠特曼对大自然的热爱是不言而喻的，一如他笔下的溪水一样潺潺流入崎岖的诗行，又似青草一般悄悄地在各个诗角探出脑袋。惠特曼倡导人类应回归自然的怀抱，接受自然对人类灵魂的洗礼，从自然中汲取精神养分，并像德国诗人荷尔德林所说的那样，以从容自然的方式“诗意地栖居”。因而从各个角度来看，《草叶集》都像是惠特曼写给大自然的一封情书。然而它不仅是对自然的爱慕与歌颂，而且蕴含着更为丰富的生态文化内涵。

在《看不见的蓓蕾》中，诗人从微观处凝视一朵花的幼体，观察其蕴含的巨大

生命力。我们或许能够想象，作者一定是弯着腰，或匍匐在草地上发现“美”的。法国雕塑家罗丹曾说：“生活并不缺少美，而是缺少发现美的眼睛。”为何我们无法像惠特曼一样看见那“看不见”的蓓蕾呢？或许我们就是太过于昂首挺胸了。我们时常抬着头仰望星空，对广袤无垠的宇宙充满好奇与幻想，却从不肯稍稍弯腰，俯视脚下那些健康壮丽且正在发生着的小小生命。我们是宇宙的中心吗？从来不是。比我们更低下的生命有着更为美丽的容颜。倘若人类想要探索它们，就只能低下高昂的头颅，一直低到泥土里，低到岩层中，才能真正发现最微观而又最宏大的生命宇宙。

而在《我胸脯上的香草》中，诗人不仅是在观察自然的生长，而且是进一步地变身为一株香草，将自己的皮肤与血液，乃至整个精神与灵魂一同融入自然。在这一刻，人类与非人类世界一同呼吸、一同生老病死，彼此间再也不是征服和畏惧的关系，而是无间与亲昵的关系，是真正的“命运共同体”。

在《奇迹》中，诗人更为我们传达了对生态系统的思考。他将天空、海水、树林、蜜蜂、牲畜、草地等一系列自然之景一一编织进自己的视野，不仅未将其视作理所当然，而且将其唤作“奇迹”。显然诗人所叹服的不仅是这些事物本身的美好，而且是其和谐共存的生态图景——一切都是“息息相关”而又“各居其位”的。由此，一张复杂而和谐的生命网络在诗人的笔下徐徐诞生，它凝聚着深刻的生态学智慧。要知道，《草叶集》首版于1855年，而德国生物学家恩斯特·海克尔（Ernst Haeckel）直到1866年才给出了完整的“生态学”概念，并将其定义为“研究有机体与其周围环境（包括非生物环境和生物环境）相互关系的科学”。就生态学智慧来说，惠特曼无疑走在了时代的前沿。

同样地，在《这堆肥料》中，诗人又进一步将死亡纳入生态智慧的视野。在诗人的笔下，连“死亡”这个充满着腐烂恶臭的词语也陡然焕发了勃勃生机，死亡成了生命的一部分，连同其腐臭和疾病一同被编入一个开放、包容的生态循环中。大地“那么平和、耐心”地净化了一切人类的罪恶，又还给人类一个健康清丽的美好世界。这或许就是自然的魅力所在，就是我们要呵护自然生态系统的原因所在。

惠特曼的自然诗歌多姿多彩、寓意深厚，是为呼吁人类与生态世界和谐共处的箴言集。不幸的是，20世纪美国那些逐利的资本家没有仔细聆听惠特曼，也没有仔细聆听利奥波德，以至于造成南部大平原尘暴、圣芭芭拉海域石油泄漏以及凯霍加河大火等巨大的生态灾难。借用美国歌手唐·麦克莱恩演唱的《文森特》（*Vincent*）中的一句歌词："他们不听，故而不知。如今，是时候不该闭目塞听了。"（They would not listen， they did not know how. Perhaps they'll listen now.）21世纪的今天，是时候该重新翻阅惠特曼的《草叶集》了。

● [印] 泰戈尔《飞鸟集》[6]

（节选）

无垠的沙漠热烈追求一叶绿草的爱，她摇摇头笑着飞开了。

……

"海水呀，你说的是什么？"

"是永恒的疑问。"

"天空呀，你回答的话是什么？"

"是永恒的沉默。"

……

"我们萧萧的树叶都有声响回答那风和雨，你是谁呢，那样地沉默着？"

"我不过是一朵花。"

……

瀑布歌唱道："我得到自由时便有歌声了。"

……

当我们是大为谦卑的时候，便是我们最接近于伟大的时候。

……

小草呀，你的足步虽小，但是你拥有你足下的土地。

幼花的蓓蕾开放了，它叫道："亲爱的世界呀，请不要萎谢了。"

……

樵夫的斧头，问树要斧柄。

树便给了他。

……

使生如夏花之绚烂，死如秋叶之静美。

……

尘土受到损辱，却以她的花朵来报答。

……

绿草是无愧于它所生长的伟大世界的。

……

采着花瓣时，得不到花的美丽。

……

当人是兽时，他比兽还坏。

入选理由：

超越现代性的生态伦理。

一般解读：

印度诗人泰戈尔的《飞鸟集》是300余首小诗的合集，也是世界上最杰出的诗集之一。在《飞鸟集》中，作者大量借用小草、落叶、飞鸟、星辰、河流等意象将自然界的万般风情娓娓道出，传达了深刻的人生哲理与社会感悟，从而搭建起自然之景与人类情感之间的桥梁，其清秀隽永之句，无不引人咀嚼深思。在《飞鸟集》中，作者并非简单地叙述鸡汤式的人生哲理，而是蕴含着古代印度哲学的深邃内涵，直指人类情感与宇宙奥秘的终极和谐。《飞鸟集》流传极广、影响深远，在世界各地被译为多种文字，并且推动了中国“小诗运动”的产生与发展。

生态解读：

“使生如夏花之绚烂，死如秋叶之静美。”这句耳熟能详的诗歌提醒着我们：泰戈尔对人生的感悟与对自然的体察是密不可分的。

一方面，诗人始终委婉地提醒着人类要学会爱护自然、敬畏自然。虽然土地荒漠化、森林砍伐、花草消失以及原始生态的破坏等都是《飞鸟集》的主题，但是这些主题却特别隐晦，很少为人所知。或许作者只是想用一种美好的方式去打动读者的内心，唤醒人们心底对自然的热爱与憧憬。事实证明，这些简明短促而富有韵律的小诗有时比那些名言警句更有力量。著名教育家蔡元培曾提出“以美育替代宗教”，当今的我们是否也可以借助对大自然美的欣赏和感悟，倡导人类进一步保护和关爱我们的生态家园呢？

另一方面，《飞鸟集》中蕴含着对“现代性”的批评。早在20世纪初，泰戈尔就已敏锐地感知到现代主义以及西方文明的发展与世界大战之间的联系，并做出了对现代主义的反思。“平衡”是古代印度哲学，尤其是吠檀多哲学的核心元素之一，这种平衡包含着世间的万事万物。现代性带来的动乱和冲突导致平衡感的丧失，促使泰戈尔回到古代哲学的情境中，再次提出了《奥义书》中的重要命题——回归“人”的本身。但是，这种对“人”的回归并非人类中心主义，而是主张人类应该减少个性的膨胀，减少对自然、环境、生命和精神的毁灭，由此重建人与自然的和谐关系，其中包含着丰富的后现代主义生态伦理哲学。正如印度史诗《摩诃婆罗多》中所言，“人类的整个世界是一个互相依赖的有机体。”而人类正是在这种有机体中生存的，脱离了这种有机体，人不再成为人，人只会走向毁灭。

从印度古代哲学和对现代性的反思中，泰戈尔获得了一种新的、超前的生态伦理知识，这就是泰戈尔及其《飞鸟集》的伟大之处。而某些现代作家对《飞鸟集》的误读、篡改乃至“重译”，却将这种精神内核和本质弃如敝屣，转而追求人类的快感和欲望。这难道不是当代人类蔑视自然、戏弄自然的真实写照吗？这不是正对应着人类将自我意识强行施加给自然世界，并以此破坏人与自然和谐关系的荒唐逻辑吗？

● [美] 迈克尔·杰克逊《治愈世界》(*Heal the World*)[1]

在你内心存在一片净土
我明了这片净土充满了爱
这片净土所散发的光芒越发灿烂
倘若你真的锲而不舍地尝试
你会发觉不必为此哭泣
在这片净土上
你感受不到灼痛与纷扰
抵达这片净土的方式灿若繁星
倘使你真心关怀生者
为彼此创造些许空间
缔造一个愈加美好的天地
治愈这个满目疮痍的世界
使其越发美好
为你，亦为我
更为全人类
不断有人奄奄一息
倘若你由衷关心生灵
那就营造一个越发美好的天地
因你，亦因我
若是你知晓这一切的缘由
皆因爱不曾欺骗

---

[1] 这是迈克尔·杰克逊于1991年发行的专辑《危险》(*Dangerous*)中的一首歌曲，由编者自译，歌词原址：https：//www.azlyrics.com/lyrics/michaeljackson/healtheworld.html。

坚不可摧的爱
爱皆是不求回报的付出
倘若尝试分享自己的爱，我们皆会明了
在爱的福祉
丝毫感受不到忌惮与畏惧
我们不仅只因生存，更因生活
使爱长存
爱令我们不断成长
缔造更佳世界
创建怡然地球
治愈世界
缔造更佳世界
为你，亦为我
皆为全人类

入选理由：

这是享誉世界的流行音乐歌手为保护全世界儿童而创作的歌曲，同时也是呼吁全球合作治理生态、保护地球的佳作。

一般解读：

流行音乐是一种可以广泛传播且为人所接受的大众艺术，因其具备艺术的特点而可以脱离现实给人以鼓励；同时，由于有流行元素，可以影响更多人。迈克尔·杰克逊是20世纪最伟大的流行音乐歌手之一，《治愈世界》是其享誉全球的歌曲。这首歌曲有着丰富的内涵，可以从不同的角度进行解读。

最初，《治愈世界》是为孩子写的，用以呼唤世界和平，是一首关于儿童、地球、爱心的优秀作品，词曲都是由迈克尔·杰克逊一手创作的。歌曲一开头便是孩子们的笑声、哭声……这也许是让我们从歌曲中体会到童真的可贵和重要性。迈克尔·杰克逊唱出了发自内心的心声，用心去聆听，就能体会歌曲当中流露出的情感。他的唱腔呈中性，体现了无与伦比的高超唱功。他的声音似乎来自另一个空间，纯洁而又充满童真，正是这样，他用纯洁的歌声洗净了每一颗心灵，挖掘人心的善良。你会感到周围充满爱心、生活充满希望，感到改善这个世界的任务是伟大的。当世界没有战争，儿童才会幸福，地球才会焕发真正的风采。

生态解读：

这首歌曲的创作初衷并不是呼吁人们参与到环保事业中，而是呼吁缔造世界和平，尤其是关爱全世界因战争而深受苦难的儿童。歌曲歌颂的是一种伟大的普适性的爱，仅对人类的关爱并不足以治愈世界，让世界更美好；同时，也不能够缺少对生命的关爱，对周边环境的关爱。

从生态的角度来看，这首歌曲在呼吁人类保护共同的家园——地球。地球已经伤痕累累，因此需要治疗，正如歌曲的题目*Heal the World*。很多生态学学者和环保主义者认为，地球正面临着严重的生态危机，遭受着不可逆的污染和破坏，对地球的未来持衰败论态度。可是，衰败论的蔓延会让高消费国家享受“末日狂欢”，会让贫困国家丧失信心，打击构建绿色地球的积极性。而这首歌有如透过衰败论阴霾的一缕阳光，沁人心脾。“倘若你真的锲而不舍地尝试/你会发觉不必为此哭泣”“倘使你真心关怀生者/为彼此创造些许空间/缔造一个愈加美好的天地”，这些柔和而坚定的歌词，可以激励民众从身边的小事做起，参与到环保事业中，为缔造更美好的地球家园而努力。

● [英] 约翰·列侬《想象》（*Imagine*）[1]

想象一下抛开天堂，一切就那么简单。

也没有什么地狱，头顶只有蓝天。

想象一下所有的人们，在当下真实地活着。

[1] 歌词译文引自：https：//baike.baidu.com/item/%E6%83%B3%E8%B1%A1/17113629?fromtitle=imagine&fromid=65019。

想象一下抛开国别，其实就那么简单。

没有杀戮牺牲的借口，没有需要皈依的神祇。

想象一下所有的人们，平静中自在地生活。

你可以讥笑我的梦想，做梦的我并不孤独。

有一天你会跟我一起，让世界拥有同一个梦想。

想象一下抛开索求，来吧就那么简单。

驱走所有贪婪和欲望，就让人们不分你我。

想象一下所有的人们，分享着同一个地球。

你可以讥笑我的梦想，做梦的我并不孤独。

有一天你会跟我一起，让世界拥有同一个梦想。

入选理由：

一个人的梦想只是梦想，所有人的梦想才是未来。

一般解读：

《想象》是英国音乐家约翰·列侬的经典歌曲，鼓励听众去“想象”一个没有因宗教派别、民族和国别界限而造成战火与隔阂的世界，探讨人们生活在更少物质财富世界的可能性，传达了一种“世界大同”的崇高理念。

生态解读：

这是一首传唱不衰的经典歌曲，它想象了一个人类和谐共处的世界，但又不仅局限于人类——或许我们也可以从生态文化的角度进行解读。位于天空之下（above us only sky）的众生都是平等的，不仅包括人类，也应包括非人类的自然世界。若想和平共生（living life in peace），人类必须与自己赖以生存的地球握手言和，否则被贪婪和欲望（greed or hunger）操纵的人类在毁灭完地球之后，终将毁灭自身。面对严峻的现实，或许我们每个人都应该怀揣着理想的信念，都应该为此行动起来，正如约翰·列侬所说：“一个人的梦想只是梦想，所有人的梦想就会成为现实。”

第二节　中外现代散文

●朱自清《桨声灯影里的秦淮河》[7]

（节选）

秦淮河的水是碧阴阴的；看起来厚而不腻，或者是六朝金粉所凝么？我们初上船的时候，天色还未断黑，那漾漾的柔波是这样的恬静、委婉，使我们一面有水阔天空之想，一面又憧憬着纸醉金迷之境了。等到灯火明时，阴阴的变为沉沉了：黯淡的水光，像梦一般；那偶然闪烁着的光芒，就是梦的眼睛了。我们坐在舱前，因了那隆起的顶棚，仿佛总是昂着首向前走着似的；于是飘飘然如御风而行的我们，看着那些自在的湾泊着的船，船里走马灯般的人物，便像是下界一般，迢迢的远了，又像在雾里看花，尽朦朦胧胧的。这时我们已过了利涉桥，望见东关头了。沿路听见断续的歌声：有从沿河的妓楼飘来的，有从河上船里渡来的。我们明知那些歌声，只是些因袭的言辞，从生涩的歌喉里机械地发出来的；但它们经了夏夜的微风的吹漾和水波的摇拂，袅娜着到我们耳边的时候，已经不单是她们的歌声，而混着微风和河水的密语了。于是我们不得不被牵惹着、震撼着，相与浮沉于这歌声里了。……

大中桥外，顿然空阔，和桥内两岸排着密密的人家的大异了。一眼望去，疏疏的林，淡淡的月，衬着蔚蓝的天，颇像荒江野渡光景；那边呢，郁丛丛的、阴森森的，又似乎藏着无边的黑暗：令人几乎不信那是繁华的秦淮河了。但是河中眩晕着的灯光、纵横着的画舫、悠扬着的笛韵，夹着那吱吱的胡琴声，终于使我们认识绿如茵陈酒的秦淮水了。此地天裸露着的多些，故觉夜来的独迟些；从清清的水影里，我们感到的只是薄薄的夜——这正是秦淮河的夜。大中桥外，本来还有一座复成桥，是船夫口中的我们的游踪尽处，或也是秦淮河繁华的尽处了。我的脚曾踏过复成桥的脊，在十三四岁的时候。但是两次游秦淮河，却都不曾见着复成桥的面；明知总在前途的，却常觉得有些虚无缥缈似的。我想，不见倒也好。这时正是盛夏。我们下船后，借着新生的晚凉和河上的微风，暑气已渐渐消散；到了此地，豁然开朗，身子顿然轻了——习习的清风荏苒在面上、手上、衣上，这便又感到了一缕新凉了。南京的日光，大概没有杭州猛烈；西湖的夏夜老是热蓬蓬的，水像沸着一般，秦淮河的水却尽是这样冷冷地绿着。任你人影的憧憧、歌声的扰扰，总像隔着一层薄薄的绿纱面幂似的；它尽是这样静静地、冷冷地绿着。我们出了大中桥，走不上半里路，船夫便将船划到一旁，停了桨由它宕着。他以为那里正是繁华的极点，再过去就是荒凉了；所以让我们多多赏鉴一会儿。他自己却静静地蹲着。他是看惯这光景的了，大约只是一个无可无不可。这无可无不可，无论是升的沉的，总之，都比我们高了。

……但灯光究竟夺不了那边的月色；灯光是浑的，月色是清的，在混沌的灯光里，渗入一派清辉，却真是奇迹！那晚月儿已瘦削了两三分。她晚妆才罢，盈盈地上了柳梢头。天是蓝得可爱，仿佛一汪水似的；月儿便更出落得精神了。岸上原有三株两株的垂杨树，淡淡的影子，在水里摇曳着。它们那柔细的枝条浴着月光，就像一支支美人的臂膊，交互地缠着、挽着；又像是月儿披着的发。而月儿偶尔也从它们的交叉处偷偷窥看我们，大有小姑娘怕羞的样子。岸上另有几株不知名的老树，光光地立着；在月光里照起来，却又俨然是精神矍铄的老人。远处——快到天际线了，才有一两片白云，亮得现出异彩，像美丽的贝壳一般。白云下便是黑黑的一带轮廓；是一条随意画的不规则的曲线。这一段光景，和河中的风味大异了。但灯与月竟能并存着、交融着，使月成了缠绵的月，灯射着渺渺的灵辉；这正是天之所以厚秦淮河，也正是天之所以厚我们了。

入选理由：

秦淮河旁的文化胜景由谁来守护？

一般解读：

1923年8月，朱自清与俞平伯共游秦淮河。两人均以“桨声灯影里的秦淮河”为题分别写下两篇情景交融、空灵幽远的散文。后世认为，这两篇文章各有千秋、不分伯仲。在朱自清的文中，作者以第一人称写作，洋洋洒洒的文字描绘了一个如梦如幻的场景。夜色遮掩之下，人的自主意识随歌声飘向远方，对美人爱欲的渴望借助对“月亮”的畅想得以宣泄；而歌伎的出现阻断了情意思绪的飞舞，将理性与情欲的争锋摆在了主人公的面前。幻想中的自由不再存在，道德的限制像条红线一样拦住了思路纷飞，“我”不得不怅然而归。这篇散文体现了文艺作品在现实生活中发挥的一个重要作用，即为欲望打开一扇窗户，让人在现实生活中难以抒发与排解的情结在文艺作品中实现暂时的释放。

生态解读：

作者笔下的秦淮河与月光、灯影、涟漪、船上咿咿呀呀唱歌的女子融为一体，颇具梦幻色彩。这条河流不仅供养了当地的人，还为他们提供了一个美丽的梦境。秦淮河两岸自古以来就是农耕发展的重要地区，除去航运功能，更是市民生活的重要场所，故有“十里秦淮”的文化胜景。可秦淮河的繁华背后暗藏着环境污染的危机。清末民初，在人口增长、城市扩张的大背景下，秦淮河上穿梭不断的舟舫、两岸的商铺与往来的人员增加了污染物的排放，清末便有引水冲污的做法。人们对秦淮河的保护从未停止，南京市也开建过秦淮河环境综合整治工程，清淤拓浚、污水截流、引江换水、生态修复，可谓多管齐下，其目的就是促进人与河流的和谐共处，再现《桨声灯影里的秦淮河》中的文化胜景。

●朱自清《荷塘月色》[8]

（节选）

路上只我一个人，背着手踱着。这一片天地好像是我的；我也像超出了平常的自己，到了另一世界里。我爱热闹，也爱冷静；爱群居，也爱独处。像今晚上，一个人在这苍茫的月下，甚么都可以想，甚么都可以不想，便觉是个自由的人。白天里一定要做的事，一定要说的话，现在都可不理。这是独处的妙处，我且受用这无边的荷香月色好了。

曲曲折折的荷塘上面，弥望的是田田的叶子。叶子出水很高，像亭亭的舞女的裙。层层的叶子中间，零星地点缀着些白花，有袅娜地开着的，有羞涩地打着朵儿的；正如一粒粒的明珠，又如碧天里的星星，又如刚出浴的美人。微风过处，送来缕缕清香，仿佛远处高楼上渺茫的歌声似的。这时候叶子与花也有一丝的颤动，像闪电般，霎时传过荷塘的那边去了。叶子本是肩并肩密密地挨着，这便宛然有了一道凝碧的波痕。叶子底下是脉脉的流水，遮住了，不能见一些颜色；而叶子却更见风致了。

清华园荷塘月光如流水一般，静静地泻在这一片叶子和花上。薄薄的青雾浮起在荷塘里。叶子和花仿佛在牛乳中洗过一样，又像笼着轻纱的梦。虽然是满月，天上却有一层淡淡的云，所以不能朗照；但我以为这恰是到了好处——酣眠固不可少，小睡也别有风味的。月光是隔了树照过来的，高处丛生的灌木，落下参差的斑驳的黑影，峭楞楞如鬼一般；弯弯的杨柳的稀疏的倩影，却又像是画在荷叶上。塘中的月色并不均匀，但光与影有着和谐的旋律，如梵婀玲上奏着的名曲。

入选理由：

幽静、朦胧、诗意的美，百读不厌。

一般解读：

从前，对于《荷塘月色》一文，我们多是从时代背景看待其文的现实价值。此文表达了朱自清对黑暗现实的不满，对美好生活的向往。然而，作为一介书生，他不满于现实，又无力改变，只能一头扎进故纸堆里，在文学中寻得片刻宁静，以此作为无声的抗争。这也是为何该文有着淡淡的喜悦和淡淡的哀愁之情。也有人提出，作者表达的是一种对家乡和子女的绮绻之情。当年，朱自清刚刚离开家乡回到清华园，身边只有妻子和润儿。他的另外两个孩子——迈儿和转儿，之前被他的母亲带到扬州去了。对家乡和亲人的思念，因照顾孩子而生出的烦恼自不待言。也许，还有着朱自清对妻子武钟谦病情的隐隐担忧。写下本文的两年后，武钟谦因肺病去世。此前，她积劳成疾，虽身体羸弱，却强撑着从事各种家务活动，柔弱而坚强的妻子成为支撑朱家日常生活的顶梁柱。作者对荷塘月色的喜爱，实际上是对光明未来和幸福生活的向往。

生态解读：

然而，今天我们可以从生态文化的角度重新看待名篇《荷塘月色》。这荷塘，虚实结合，清新雅致，恬淡悠远；那月光，光影交错，朗照泛亮。绿叶层层叠叠，荷花挨挨挤挤，不时地散发着缕缕芳香。月色温柔地洒向荷塘，营造出朦胧的梦境，充满了诗情画意。这温柔、娴静、美妙的荷塘正是作者的精神避难所。“一个人在这苍茫的月下， 甚么都可以想，甚么都可以不想，便觉是个自由的人。白天里一定要做的事，一定要说的话，现在都可不理。”不喧哗，不张扬，静静地独处。正是在这样的环境下，朱自清得以抛开那些国家兴亡、思念故土、儿女情长、沉重烦恼和家庭琐事，静静地、自由地沉醉在这片洒满月光的荷塘中，天人合一，物我两忘。自然、荷塘、月色等自然物象虽然无法帮他排解烦恼，但是却能够让他收回纷乱的心绪，获得平静安详。当我们回归到现实中看待那些烦恼时，同充满生机、充满希望的自然环境相比，也不觉得烦恼是多么面目可憎了，这就是自然的独特魅力。

●杨朔《荔枝蜜》[9]

（节选）

花鸟草虫，凡是上得画的，那原物往往也叫人喜爱。蜜蜂是画家的爱物，我却总不大喜欢。说起来可笑。孩子时候，有一回上树掐海棠花，不想叫蜜蜂蜇了一下，痛得我差点儿跌下来。大人告诉我说：蜜蜂轻易不蜇人，准是误以为你要伤害它，才蜇；一蜇，它自己耗尽生命，也活不久了。我听了，觉得那蜜蜂可怜，原谅它了。可是从此以后，每逢看见蜜蜂，感情上疙疙瘩瘩的，总不怎么舒服。

……

荔枝林深处，隐隐露出一角白屋，那是温泉公社的养蜂场，却起了个有趣的名儿，叫“养蜂大厦”。正当十分春色，花开得正闹。一走进“大厦”，只见成群结队的蜜蜂出出进进，飞去飞来，那沸沸扬扬的情景，会使你想：说不定蜜蜂也在赶着建设什么新生活呢。

养蜂员老梁领我走进“大厦”。叫他老梁，其实是个青年人，举动很精细。大概是老梁想叫我深入一下蜜蜂的生活，小小心心揭开一个木头蜂箱，箱里隔着一排板，每块板上满是蜜蜂，蠕蠕地爬着。蜂王是黑褐色的，身量特别细长，每只蜜蜂都愿意用采来的花精供养它。

老梁叹息似的轻轻说：“你瞧这群小东西，多听话。”

我就问道：“像这样一窝蜂，一年能割多少蜜？”

老梁说：“能割几十斤。蜜蜂这物件，最爱劳动。广东天气好，花又多，蜜蜂一年四季都不闲着。酿的蜜多，自己吃的可有限。每回割蜜，给它们留一点点糖，够它们吃的就行了。它们从来不争，也不计较什么，还是继续劳动、继续酿蜜，整日整月不辞辛苦……”

我又问道：“这样好蜜，不怕什么东西来糟害么？”

老梁说：“怎么不怕？你得提防虫子爬进来，还得提防大黄蜂。大黄蜂这贼最恶，常常落在蜜蜂窝洞口。专干坏事。”

我不觉笑道：“噢！自然界也有侵略者。该怎么对付大黄蜂呢？”

老梁说：“赶！赶不走就打死它。要让它待在那儿，会咬死蜜蜂的。”

我想起一个问题，就问：“可是呢，一只蜜蜂能活多久？”

老梁回答说：“蜂王可以活三年，一只工蜂最多能活六个月。”

我说：“原来寿命这样短。你不是总得往蜂房外边打扫死蜜蜂么？”

老梁摇一摇头说：“从来不用。蜜蜂是很懂事的，活到限数，自己就悄悄死在外边，再也不回来了。”

我的心不禁一颤：多可爱的小生灵啊！对人无所求，给人的却是极好的东西。蜜蜂是在酿蜜，又是在酿造生活；不是为自己，而是在为人类酿造最甜的生活。蜜蜂是渺小的，蜜蜂却又多么高尚啊！

透过荔枝树林，我沉吟地望着远远的田野，那儿正有农民立在水田里，辛辛勤勤地分秧插秧。他们正用劳力建设自己的生活，实际也是在酿蜜——为自己，为别人，也为后世子孙酿造着生活的蜜。

这黑夜，我做了个奇怪的梦，梦见自己变成一只小蜜蜂。

入选理由：

蜜意沁心，文意动人。

一般解读：

1961年7月23日，《人民日报》发表了杨朔先生的《荔枝蜜》。正是此文，让广州从化区名扬天下。相信这篇《荔枝蜜》是不少人小时候的回忆，因为它曾作为全国课本教材（现在已不录入），并录入《中华散文珍藏本》。时隔60多年，它依然为人津津乐道。

杨朔先生到从化温泉疗养，在那儿小住了几天。在从化，他看到满野的荔枝树，品尝了香甜的荔枝蜜，并多次参观了当时的“蜜蜂大厦”，在那遇到了养蜂员老梁，听到了蜜蜂“最爱劳动”“从来不争，也不计较什么，还是继续劳动、继续酿蜜，整日整月不辞辛苦”的品质后，写下了脍炙人口的《荔枝蜜》。

文中介绍了杨朔对蜜蜂的感情变化过程：“总不大喜欢”—想去看看蜜蜂—赞赏蜜蜂—“梦见自己变成一只小蜜蜂”。他看到了蜜蜂的辛勤劳动，了解了蜜蜂的生活习性——“最爱劳动”“一年四季都不闲着”“酿的蜜多，自己吃的可有限”“从来不争，也不计较什么，还是继续劳动、继续酿蜜，整日整月不辞辛苦”，于是“心不禁一颤”，发出了“多可爱的小生灵啊”的由衷赞叹。后来因为看到了在水田里辛勤劳动的农民，联想到香甜的荔枝蜜和勤劳的蜜蜂，认识到劳动人民正在用辛勤的劳动创造着社会主义的幸福生活，进而“梦见自己变成一只小蜜蜂”，以表达自己喜爱蜜蜂、热爱生活、要向劳动人民学习的思想感情。通过对荔枝蜜香甜和蜜蜂无私奉献的赞美，作者讴歌社会主义新生活，讴歌为它付出辛勤劳动的普通劳动者，并表达了自己愿意成为一名为新生活献身的普通劳动者的愿望。

时至今日，《荔枝蜜》依然有其影响力。“蜜蜂是在酿蜜，又是在酿造生活；不是为自己，而是在为人类酿造最甜的生活。”我们在回味《荔枝蜜》的同时，也在品味从化人的那份勤劳，他们在勤劳地建设自己的家园，就如轻灵的小蜜蜂一样，肩负着时代发展的重任，酿造甜蜜的生活。

生态解读：

经典美文的特点在于不会随着时间的流逝而褪去自己独有的色彩，而会成为人们心中永久的文学积淀。杨朔是一位享有盛誉的散文作家，他善于从生活中选取材料，表达深刻的主题。刚刚经历了三年困难时期的杨朔来到从化，虽然此时社会依旧不稳定，但是他饱含诗意的目光所及之处依旧是丰富多彩的自然。《荔枝蜜》就是在生活深处发现的“美”，杨朔曾说：“我在写每篇文章时，总是拿着当诗一样写……于是就往这方面学，常常在寻求诗的意境。”

《荔枝蜜》不仅充满诗情画意，而且在语言描写上也具有绘画美。在杨朔的笔下，从化的温泉、夜晚的荔枝树、“蜜蜂大厦”、农民劳动的“远远的田野”等都是画。因其诗情澎湃，故画面均有动态感，如写荔枝树，是起伏不断的山；写“蜜蜂大厦”，“只见成群结队的蜜蜂出出进进，飞来飞去”。这些动态描写，烘托着、蕴含着赞颂酿蜜精神的诗情。蜜蜂毕生萦绕花间，做花粉的媒人，安分守己、自律性强。杨朔是通过文字的绘画，将哲理、诗情完美地统一起来，完成了诗的意境的创造。

汪曾祺《葡萄月令》[10]

一月，下大雪。

雪静静地下着。果园一片白。听不到一点声音。

葡萄睡在铺着白雪的窖里。

二月里刮春风。

立春后，要刮四十八天“摆条风”。风摆动树的枝条，树醒了，忙忙地把汁液送到全身。树枝软了。树绿了。

雪化了，土地是黑的。

黑色的土地里，长出了茵陈蒿。碧绿。

葡萄出窖。

把葡萄窖一锹一锹挖开。挖下的土，堆在四面。葡萄藤露出来了，乌黑的。有的梢头已经绽开了芽苞，吐出指甲大的苍白的小叶。它已经等不及了。

把葡萄藤拉出来，放在松松的湿土上。

不大一会，小叶就变了颜色，叶边发红；——又不大一会，绿了。

三月，葡萄上架。

先得备料。把立柱、横梁、小棍，槐木的、柳木的、杨木的、桦木的，按照树棵大小，分别堆放在旁边。立柱有汤碗口粗的、饭碗口粗的、茶杯口粗的。一棵大葡萄得用八根、十根，乃至十二根立柱。中等的，六根、四根。

先刨坑，竖柱。然后搭横梁，用粗铁丝摽紧。然后搭小棍，用细铁丝缚住。

然后，请葡萄上架。把在土里趴了一冬的老藤扛起来，得费一点劲。大的，得四五个人一起来。“起！——起！”哎，它起来了。把它放在葡萄架上，把枝条向三面伸开，像五个指头一样的伸开，扇面似的伸开。然后，用麻筋在小棍上固定住。葡萄藤舒舒展展、凉凉快快地在上面待着。

上了架，就施肥。在葡萄根的后面，距主干一尺，挖一道半月形的沟，把大粪倒在里面。葡萄上大粪，不用稀释，就这样把原汁大粪倒下去。大棵的，得三四桶。小葡萄，一桶也就够了。

四月，浇水。

挖窖挖出的土，堆在四面，筑成垄，就成一个池子。池里放满了水。葡萄园里水气泱泱，沁人心肺。

葡萄喝起水来是惊人的。它真是在喝！葡萄藤的组织跟别的果树不一样，它里面是一根一根细小的导管。这一点，中国的古人早就发现了。《图经》云：“根苗中空相通。圃人将货之，欲得厚利，暮溉其根，而晨朝水浸子中矣，故俗呼其苗为木通。”“暮溉其根，而晨朝水浸子中矣”是不对的。葡萄成熟了，就不能再浇水了。再浇，果粒就会涨破。“中空相通”却是很准确的。浇了水，不大一会，它就从根直吸到梢，简直是小孩嘬奶似的拼命往上嘬。浇过了水，你再回来看看吧：梢头切断过的破口，就嗒嗒地往下滴水了。

是一种什么力量使葡萄拼命地往上吸水呢？

施了肥，浇了水，葡萄就使劲抽条、长叶子。真快！原来是几根枯藤，几天工夫，就变成青枝绿叶的一大片。

五月，浇水，喷药，打梢，掐须。

葡萄一年不知道要喝多少水，别的果树都不这样。别的果树都是刨一个“树碗”，往里浇几担水就得了，没有像它这样的“漫灌”，整池子地喝。

喷波尔多液。从抽条长叶，一直到坐果成熟，不知道要喷多少次。喷了波尔多液，太阳一晒，葡萄叶子就都变成蓝的了。

葡萄抽条，丝毫不知节制，它简直是瞎长！几天工夫，就抽出好长的一截新条。这样长法还行呀，还结不结果呀？因此，过几天就得给它打一次条。葡萄打条，也用不着什么技巧，是个人就能干，拿起树剪，劈劈啪啪，把新抽出来的一截都给它铰了就得了。一铰，一地的长着新叶的条。

葡萄的卷须，在它还是野生的时候是有用的，好攀附在别的什么树木上。现在，已经有人给它好好地固定在架上了，就一点用也没有了。卷须这东西最耗养分，——凡是作物，都是优先把养分输送到顶端，因此，长出来就给它掐了，长出来就给它掐了。

葡萄的卷须有一点淡淡的甜味。这东西如果腌成咸菜，大概不难吃。

五月中下旬，果树开花了。果园，美极了。梨树开花了，苹果树开花了，葡萄也开花了。

都说梨花像雪，其实苹果花才像雪。雪是厚重的，不是透明的。梨花像什么呢？——梨花的瓣子是月亮做的。

有人说葡萄不开花，哪能呢！只是葡萄花很小，颜色淡黄微绿，不钻进葡萄架是看不出的。而且它开花期很短。很快，就结出了绿豆大的葡萄粒。

六月，浇水、喷药、打条、掐须。

葡萄粒长了一点了，一颗一颗，像绿玻璃料做的纽子。硬的。

葡萄不招虫。葡萄会生病，所以要经常喷波尔多液。但是它不像桃，桃有桃食心虫；梨，梨有梨食心虫。葡萄不用疏虫果。——果园每年疏虫果是要费很多工的。虫果没有用，黑黑的一个半干的球，可是它耗养分呀！所以，要把它“疏”掉。

七月，葡萄“膨大”了。

掐须、打条、喷药，大大地浇一水。

追一次肥。追硫铵。在原来施粪肥的沟里撒上硫铵。然后，就把沟填平了，把硫铵封在里面。

汉朝是不会追这次肥的，汉朝没有硫铵。

八月，葡萄“著色”。

你别以为我这里是把画家的术语借用来了。不是的。这是果农的语言，他们就叫“著色”。

下过大雨，你来看看葡萄园吧，那叫好看！白的像白玛瑙，红的像红宝石，紫的像紫水晶，黑的像黑玉。一串一串，饱满、磁棒、挺括，璀璨琳琅。你就把《说文解字》里的玉字偏旁的字都搬了来吧，那也不够用呀！

可是你得快来！明天，对不起，你全看不到了。我们要喷波尔多液了。一喷波尔多液，它们的晶莹鲜艳全都没有了，它们蒙上一层蓝兮兮、白糊糊的东西，成了磨砂玻璃。我们不得不这样干。葡萄是吃的，不是看的。我们得保护它。

过不两天，就下葡萄了。

一串一串剪下来，把病果、瘪果去掉，妥妥地放在果筐里。果筐满了，盖上盖，要一个棒小伙子跳上去蹦两下、用麻筋缝的筐盖。——新下的果子，不怕压，它很结实，压不坏。倒怕是装不紧，逛里逛当的。那，来回一晃悠，全得烂！

葡萄装上车，走了。

去吧，葡萄，让人们吃去吧！

九月的果园像一个生过孩子的少妇，宁静、幸福，而慵懒。

我们还给葡萄喷一次波尔多液。哦，下了果子，就不管了？人，总不能这样无情无义吧。

十月，我们有别的农活。我们要去割稻子。葡萄，你愿意怎么长，就怎么长着吧。

十一月，葡萄下架。

把葡萄架拆下来。检查一下，还能再用的，搁在一边。糟朽了的，只好烧火。立柱、横梁、小棍，分别堆垛起来。

剪葡萄条。干脆得很，除了老条，一概剪光。葡萄又成了一个大秃子。

剪下的葡萄条，挑有三个芽眼的，剪成二尺多长的一截，捆起来，放在屋里，准备明春插条。

其余的，连枝带叶，都用竹笤帚扫成一堆，装走了。

葡萄园光秃秃。

十一月下旬，十二月上旬，葡萄入窖。

这是个重活。把老本放倒，挖土把它埋起来。要埋得很厚实。外面要用铁锹拍平。这个活不能马虎。都要经过验收，才给记工。

葡萄窖，一个一个长方形的土墩墩。一行一行，整整齐齐地排列着。风一吹，土色发了白。

这真是一年的冬景了。热热闹闹的果园，现在什么颜色都没有了。眼界空阔，一览无余，只剩下发白的黄土。

下雪了。我们踏着碎玻璃碴似的雪，检查葡萄窖，扛着铁锹。

一到冬天，要检查几次。不是怕别的，怕老鼠打了洞。葡萄窖里很暖和，老鼠爱往这里面钻。它倒是暖和了，咱们的葡萄可就受了冷啦！

入选理由：

拜自然为师，为自然代言。

一般解读：

这是一篇别致的小散文，其中“月令”指农历某个月的气候和物候，作者主要记录了葡萄在每个月的生长和管理情况。从一月葡萄藤的冬眠开始，写到十二月再次“冬眠”，展现出一年的劳动情景。在作者笔下，劳动不再是一种又脏又累的体力活儿，而是充满了诗意；葡萄也不仅是作物，而被拟人化，富有生命力，充满着创造的渴望。例如，“它已经等不及了”“睡在铺着白雪的窖里”都生动传神地写出了葡萄生命的活力。从表面上看，这是一篇地地道道的说明文，介绍了一年之中与葡萄的种植、培育、采摘、贮藏等有关的知识。倘若反复阅读就会发现，这其实是一篇相当别致的抒情文，其重心不在那些如同法则（“令”）的知识，而在于渗透在字里行间的情趣与情调。我们从这如火的生命历程中，领略到了自然之美，体味到了作者对葡萄、对劳动、对人生的热爱。

生态解读：

这篇小小的说明文却蕴含着最本真的道理：我们人类要拜自然为师，为自然代言。

一方面，拜自然为师就要学习自然的知识、认识自然的规律。作者在栽种葡萄时，细心而严谨地学习、掌握着大自然的生长规律，如作者掌握到给葡萄上大粪时不用稀释，直接原汁大粪倒下去；葡萄藤很能吸水，它的组织跟别的果树不一样，它里面是一根一根细小的导管，并且通过《图经》发现，这一点中国的古人早就掌握了；知道了植物界“顶端优势”的道理后，就要把卷须掐掉。掌握这些自然界的知识，并遵循它的自然规律，这体现出人类对自然这位老师的敬畏。

另一方面，我们还要为自然代言，可以说作者充分地成为葡萄的代言人。“葡萄喝起水来是惊人的。它真是在喝”“简直是小孩嘬奶似的拼命往上嘬”，各种精妙的语词让我们感受到作者笔下的葡萄如同小孩子一般，其活力、生命的复苏与兴盛都充分地展现出来了。正是借助作者的代言，让我们感受到葡萄是那样的美、那样富于生命的活力，使我们对自然充满了喜悦和激情。

●哲夫《淮河生态报告》[11]

（节选）

在这样一个功利实用的拜金主义的有病的年代里，地方政府每每着眼于短期行为，企业家又每每邀宠于上司，辜负于地方，为了自己的好活，不顾沿岸百姓的死活，一边是桑拿、按摩、酒池、肉林里浸泡着的肥白肉体和高贵的灵魂，一边是在污泥浊水中苦苦呻吟着的褴褛的肉体和卑微的生命。

……

我们来淮河的主要目的，是为了追踪潘多拉，一路上没有找到那个邪恶的女性的潘多拉，却见到了许多个男性的潘多拉，和许许多多打开潘多拉的盒子的人，他们并不是出于好奇，而是因为短视。

他们打开盒子，放出污染这个恶魔，酿成一个一个灾难。

这个老汉和洪河边上摆渡人惨死的一家五口人，和被肮脏的黑河浮沫杀死的黑子和黄牯，无疑都是这种河流污染造成的灾难之下的典型牺牲品。

我们并不是为了想让自己难过，才千里迢迢地下来的，正如人不是为了让自己难过，才十月怀胎生下来一样，人生原本就不应该是这样的。

人生原本就不是这样的。

那个外国的潘多拉，走来中国时，便有了一副中国人的嘴脸，她隐入许多中国故事之中，企图藏身。潘多拉的故事让我想起中国古代的一则故事，故事中的主人公，大约也是这样一个爱羊的老汉，只是那个主人公的年纪和中国一样古老。

入选理由：

一条河的污染如何照射出各种社会现实。

一般解读：

自20世纪80年代起，哲夫把他对环境污染、生态恶化的敏感和孤愤，连同他对人与社会的观察、解剖，熔铸在环境题材小说里，曾产生了很大影响。进入20世纪90年代后，环境问题愈加迫切，哲夫转而采用报告文学这一更直接、更便捷的体裁，继续关注、反映他情牵魂挂的环境问题，继续做环境文学的开拓者。他参加了3次生态调查、采访行动，怀着高度的责任心和永不止息的热情，投袂而起，剑及屦及，辛苦地跋涉，勤勉地写作。凡目击到的环境污染的景象、生态破坏的恶果，每到一地听取的各种各样的介绍、陈述、诉求，记者团的每一次紧急出动或隐蔽行动，采访过程中所遭遇、所接触到的各种各样的人物，文献材料及口头传说中每个生态区域独特的人文传统与景观等，尽纳入哲夫的笔端，以原汁原味、全须全尾的第一现场形态活画出来，这种材料的亲历性和细节的充实使他的作品具有无可辩驳的说服力。对于报告文学而言，事实的丰富和确凿永远是构成其艺术生命的第一要素。事足征信，方能言文。《淮河生态报告》写得骨骼坚挺、血肉丰盈、神完气足，少游辞和少虚文，这是哲夫多年坚持深入第一现场的收获。

生态解读：

《淮河生态报告》写的是一条污染极其严重、生态破坏度高的大河触目惊心的现实和不乐观的未来，重点是反映环境污染与环境保护之间反复性、隐蔽性很强的斗争。这是两种观念、两种行为的斗争。《淮河生态报告》中对淮河污染事件毫不讳言、充分且连续的报道，不只是揭露污染的危重程度、污染者的犯罪伎俩，还是深层次地把我国环境保护事业的来龙去脉、“淮河行动”中国家行为的内幕、人民的诉求和中央的决心、淮河行动的即时性成果与随之而来的严重反弹等和盘托出，使我国环保史上的这一大事件、大行动的深层意义凸显，也使它成为通过透视我国现实环境问题启示国人认识环境问题的复杂性、长期性的一个典型窗口。保护环境，实际上也就是保护我们自己的生存，保护我们自己的良知，拯救我们自己的灵魂。——像这样恳切、真挚的话语，哲夫在他的生态报告里，几乎是一唱三叹地在反复着。

● [英] 约翰·罗斯金《19世纪上空的风暴云》[12]

我第一次认识这种灾难性的风所刮来的、带有显著特征的云是在1871年的早春，在我辛苦工作一天以后，从牛津步行回到阿宾顿的路上。今天晚上，要把当时引起我注意的详情向你们讲述一遍，恐怕需要太多的时间，后来好几个月我都有很多机会来核实我最初对那种云的想法，而且那年7月1日我还写了一篇描述它们的文章刊登在《劳动者的力量》8月号上，开头是这样的：

时间是7月1日；我坐下来写作，这时光线最昏暗不过了，我从来没在这样的光线下写作过；这是1871年在英国中部一个仲夏早晨的情况。

因为天空被灰云覆盖了——那不是雨云，而是太阳光简直无法从中穿过的、又干又黑的一层云幕；部分地方还渗透出烟雾，一层薄薄的烟雾，足以使远处的物体无法分辨出来，但里面却没有任何物质，没有旋卷，没有自己的颜色。四面八方，树上的叶子都在阵阵颤抖，正如雷雨到来前发抖一样，只是没有那么猛烈，但也足以显出一种奇怪的、厉害的、摧毁性的风在来回扫荡。光线很暗，这是那个夏天出现的第一个这样的早晨。可是今年整个春天，在伦敦，在牛津，经过无暖意的3月，经过阴沉不变的4月，经过沮丧的5月和黑森森的6月，一个早晨接着一个早晨一直都是这样覆盖着一层灰袍。

对我来说，这是一桩新鲜的事，也是一桩非常可怕的事。我已50多岁了，自5岁以来，我总是在春夏清晨的阳光下找到自己一生中最美好的时光。到目前为止，我还从未见过像这样的现象呢。

科学家像蚂蚁似的忙着研究太阳和月球，研究北斗七星；我想，到了此刻，他们已能告诉我关于这种云的一切，它是如何运动的，它是由什么东西构成的。

就我个人而言，我不愿花丝毫代价来弄明白，它是如何运动的，它是由什么东西构成的。我既不能改变它的运动方式，也不能用其他东西来构成它，而且比它原来的材料还要好。然而，假如有人能告诉我那厉害的风是从何方来的，它是由什么东西构成的，那么我就会十分留意，而且愿付出高价。

因为经过事先思考，经过周密的科学实验，有人也许能用其他物质来构成它。

它部分看上去仿佛是由有毒的烟构成的；很可能是这种情形：在我周围两平方英里的土地上，至少就有200座高炉的烟囱。不过，仅仅是烟不会那么疯狂地刮来刮去。在我看来，那更像是由死人的灵魂构成的——这些人还没去他们该去的地方，也许正在急急忙忙飞来飞去，自己也怀疑最适合他们的去处在哪里。

你们知道，假如存在着像灵魂这样的东西，假如他们当中有人常到他们原先受苦受难的地方去，那么就在目前天空中肯定有许许多多这种忧伤的亡灵！

……

（1）它是一种黑色的风——在以往的情况下，所有令人烦恼的风，不论来自北方还是东方，都或多或少能够跟阳光同时并存，而且阳光往往还是稳定的灿烂的阳光，可是不管什么时候或什么地方刮起了这种灾难性的风，虽然只有10分钟，天空马上就会变成漆黑一团。

（2）它是一种有害性质的风，跟指南针上任一地区都没有关系；它杂乱无章地从一切地区刮来，在每一地区固有的风的最坏特性中更增添了它自己的厉害和恶毒。它从南方刮来的时候，要么伴随着倾盆大雨，要么干巴巴地狂呼乱叫——从西方刮来的时候，伴着毁灭性的大股气流——从北方刮来的时候，伴着最厉害的严寒——从东方刮来的时候，伴着有毒的枯萎病。

可是，它最喜欢光顾的地方却是西南地区，因此它的毒害跟普罗旺斯的“灰风”显然不同，因为后者总是一股北风，而且来自我们的老朋友——东方。

（3）它刮起来的时候总是颤抖不停，把树上的叶子吹得像白杨那样打抖，不过还有一种特殊的间歇，让那些树叶——据我此刻写作时的观察——不仅有恐惧和痛苦，而且还有愤怒的表情。在一场大雷雨来临前的狂风中，你可以看见这样的抖动，并听见不详的哭泣声；然而这种灾难性的风却令人更惊恐，它更带狂热性，它的声音不是呜咽，而是嘶嘶叫。

入选理由：

“云端”的现代环保意识。

一般解读：

1884年2月4日，约翰·罗斯金在伦敦学院演讲，第一讲的题目便是《19世纪上空的风暴云》。在此次演讲中，罗斯金向公众阐述了还未引起时人注意的风暴云现象，并就其来龙去脉一一说明，也因此罗斯金赢得了“第一位绿色保护者”的美称。应该说，罗斯金所表达的生态忧患意识是世界生态史和生态批评中的重要一环。他指出，人为的气候变化始于1871年，在19世纪70—80年代形成了“一个时期，这一时期在未来气象学史上肯定会被认为是迄今在自然过程中尚无记载的特殊时期之一”。他还特别举证说，当时出现了一种新型的云，它阴沉、有毒、致命，同时还有一种悖谬的“瘟疫之风”，黑中泛白，断断续续地从四面八方颤巍巍地吹来。罗斯金毫不怀疑这些现象是人类破坏行为的结果。罗斯金对于导致城市化进程的工业化有着复杂的情愫。一方面，工业化动摇了他对自然的敬畏；另一方面，内心根深蒂固的中世纪情节又使他选择远离工业化。后者使他“重新寻找与自然息息相通的原始精神”，虽然“这个精神早已在工业革命后被显而易见地无情地消除了”。

生态解读：

朱利安·米来汀在《肯德尔与温德米尔铁路》中指出：“罗斯金先生是19世纪的堂吉诃德。他不与风车作战却与烟囱和工厂作战。”维多利亚时期是英国历史上一个重要阶段，这一时期英国的工业高度发达，农业繁荣，市场扩大，贸易昌盛，人口激增，呈现出前所未有的繁荣景象。但工业革命在带来生产方式和社会生活方面改变的同时，也造成了各种环境问题，如工业废水、废气和生活污水污染了英国的环境。罗斯金认为，这种风暴云并不是孤立的，经常持续三个月并不断发生，以前在英国、法国和意大利都没有过这样的现象。罗斯金强调环境的重要性，他对环境污染所能产生的毁灭性后果是有清醒认识的，他提醒国民和当政者，如果不采取措施的话，迟早有一天英国会由“日不落帝国”变成“日不升帝国”。他认为，环境污染问题归根结底是人的“道德阴郁”导致了“环境的阴郁”，对任何个体和人类来说，最重要的道德责任就是观察周围的自然世界，并由此学习关于环境的课程。人类越将目光停留在这片给予自己生命的土地上，就越能了解、承认并在辛苦的劳作中体现自然的神圣统一和秩序。的确，纵观罗斯金的一生，他的目光始终没有离开过这个给予他生命的土地。作为一个自然的虔诚信徒，他的人生是与自然亲密接触的一生。这个贯穿始终、温暖的自然情怀正是他的环境意识的起源。罗斯金的环境与生态思想是对工业革命造成的人、环境和社会之间的变异关系的深刻反思。时至后工业时代，人们仍然面临罗斯金在他那个时代所遇到的环境与发展困境。对于如何处理在经济发展过程中人、环境和社会之间的关系，罗斯金的生态思想无疑为我们提供了一个用历史的维度反思我们困境的方法。

《19世纪上空的风暴云》被解读为现代环境意识觉醒的一个早期例证。人们认为，如果是那样，那么罗斯金所注意的气候变化就是由工业空气污染带来的。自罗斯金进行《19世纪上空的风暴云》这一演讲后，他对环境的“焦虑”和作为“环境勇士”的形象就引起了人们的广泛注意。例如，苏珊·费尔普斯·高顿与安东尼·雷西·加里在《约翰·罗斯金与维多利亚之眼》一书中就曾指出：“近三十年来，罗斯金一直是大量学术研究的主题。他既被看作一个很有意思的历史人物，又被看作一个很有说服力与敏感度的作家，一个拥有丰富洞察力的预言者，一个一直以来活跃在艺术、社会和环境战场上的勇士。”

●［美］大卫·梭罗《瓦尔登湖》[13]

（节选）

八月里，在轻柔的斜风细雨暂停的时候，这小小的湖做我的邻居，最为珍贵，那时水和空气都完全平静了，天空中却密布着乌云，下午才过了一半却已具备了一切黄昏的肃穆，而画眉在四周唱歌，隔岸相闻。这样的湖，再没有比这时候更平静的了；湖上的明净的空气自然很稀薄，而且给乌云映得很黯淡了，湖水却充满了光明和倒影，成为一个下界的天空，更加值得珍视。从最近被伐木的附近一个峰顶上向南看，穿过小山间的巨大凹处，看得见隔湖的一幅愉快的图景，那凹处正好形成湖岸，那儿两座小山坡相倾斜而下，使人感觉到似有一条溪涧从山林谷中流下，但是，却没有溪涧。我是这样地从近处的绿色山峰之间和之上，远望一些蔚蓝的地平线上的远山或更高的山峰的。真的，踮起了足尖来，我可以望见西北角上更远、更蓝的山脉，这种蓝颜色是天空的染料制造厂中最真实的出品，我还可以望见村镇的一角。但是要换一个方向看的话，虽然我站得如此高，却给郁茂的树木围住，什么也看不透，看不到了。在邻近，有一些流水真好，水有浮力，地就浮在上面了。便是最小的井也有这一点值得推荐，当你窥望井底的时候，你发现大地并不是连绵的大陆；而是隔绝的孤岛。这是很重要的，正如井水之能冷藏牛油。当我的目光从这一个山顶越过湖向萨德伯里草原望过去的时候，在发大水的季节里，我觉得草原升高了，大约是蒸腾的山谷中显示出海市蜃楼的效果，它好像沉在水盆底下的一个天然铸成的铜市，湖之外的大地都好像薄薄的表皮，成了孤岛，给小小一片横亘的水波浮载着，我才被提醒，我居住的地方只不过是干燥的土地。

虽然从我的门口望出去，风景范围更狭隘，我却一点不觉得它拥挤，更无被囚禁的感觉。尽够我的想象力在那里游牧的了。矮橡树丛生的高原升起在对岸，一直向西去的大平原和鞑靼式的草原伸展开去，给所有的流浪人家一个广阔的天地。当达摩达拉的牛羊群需要更大的新牧场时，他说过，“再没有比自由地欣赏广阔的地平线的人更快活的人了。”

入选理由：

回归自然、田园的宁静。

一般解读：

19世纪上半叶的美国，正处于由农业时代向工业时代转型的初始阶段。伴随着资本主义社会工业化的脚步，美国的经济迅猛发展、社会不断进步，蓬勃发展的工业和商业造成了在社会大众中当时普遍流行的拜金主义思想和享乐主义思想占绝对主导地位；同时，也刺激着人们对财富和金钱的无限追逐，人们都在为了获取更多的物质财富、过上更好的物质生活而整日忙碌着。聚敛财富成了人们生活的唯一目标，为了达到这个目标可以不顾一切。人们在疯狂、贪婪、过度地攫取、霸占有限的自然资源，在开垦荒地的同时，大面积的森林也随之消失，大机器的轰鸣声随处可闻，而鸟儿的歌声却很难寻觅。人们无限制地向大自然索取，最后也遭到了大自然的严厉惩罚，如出现了森林覆盖率急速下降、水土流失日益严重、生物的多样性不断减少等一系列环境问题。整个自然生态受到了前所未有的破坏与污染，人类自身的生存环境也变得岌岌可危。

1845年7月到1847年9月，梭罗独自生活在瓦尔登湖边，差不多正好两年零两个月。瓦尔登湖不仅为梭罗提供了一个栖身之所，也为他提供了一种独特的精神氛围。《瓦尔登湖》在四季循环更替的过程中，详细记录了梭罗内心的渴望、冲突、失望和自我调整，以及调整过后再次渴望的复杂的心路历程，几经循环，直到最终实现，表明了梭罗用它来挑战其个人甚至是整个人类的界限。但这种挑战不是对实现自我价值的无限希望，而是伤后复原的无限力量。

生态解读：

梭罗在瓦尔登湖的实践和他的作品中都有一个贯穿始终的主张，那就是回归自然。他在作品中不断指出，人们开始崇尚物质、追求感官享乐，整日被家庭、工作、欲望所困，精神生活却慢慢呈现出停滞状态，人们不再关心自然、生态、环境。在《瓦尔登湖》中随处可见这种指向，书中描绘的一切景象和情感都代表着梭罗的问话与思考，自然与生命通过梭罗的感官向我们展露其大美。如今，瓦尔登湖已经不仅是一个湖泊的名字，而是自由、自然、生命的一个象征，是人们藏在心灵深处的一个秘密所在。想到瓦尔登湖，便会想到美好与浪漫，进而思考生命的意义。

在全球背景下，瓦尔登湖成为人与自然和谐共存的一个典范。如果说生态关怀曾是梭罗声名鹊起的三个原因之一，那么这种生态关怀现在已经成为当代梭罗研究的主要动机和原因了。从生态学更广泛的意义来看，梭罗远远走在了我们的前面。他在《梭罗日记》中提出了许多观点，并在《瓦尔登湖》中详尽地表现出来。他说："大多数人，在我看来，并不关爱自然。只要可以生存，他们会为了一杯朗姆酒出卖他们所享有的那一份自然之美。感谢上帝，人们还无法飞翔，因而也就无法像糟蹋大地一样糟蹋天空，在天空那一端我们暂时是安全的。"

瓦尔登湖的神话代表了一种追求完美的原生态生活方式，表达了一个对我们当代人很有吸引力、也很实用的理想。这个典范在今天对我们更具有生态学意义，因为生态平衡的破坏和环境的恶化已到了相当严重的程度，许多生态学家和环境保护主义者正在致力保护自然留给人类所剩不多的财富。因此，瓦尔登湖不再只是一个著名的美国作家在那里生活、写作和思考的具体地点，它已经成为一个象征。在瓦尔登湖这个地名之后，我们发现了一种生活方式，一个人与自然的浪漫史，一种对理想的执着追求，一个具体化的自然的概念，还有人类永恒不变地希望接近自然并与自然融合的愿望。

● [美]约翰·缪尔《夏日走过山间》[14]

（节选）

……美妙的山野景色仿佛是回荡在耳边的千千阙歌。首先映入眼帘的前景是松树林、石兰灌木丛，以及在树丛间洒满阳光的开阔地。远处的背景则是层层叠叠轮廓秀丽的山脊，绵延成一片被灌木丛覆盖的山脉。这些以丛状田下蓟为主的灌木生长得非常浓密，远看就像一条柔软的长绒毯，里面不见一棵树或一点空地。极目远眺，所见之处尽是浓厚蓬松的绿色海洋，绵延不绝仿佛是铺满了苏格兰杜鹃。这片土地无论远观还是近看，都散发着令人惊叹的气质：高大的山峰簇拥在一处，其间有闪亮的河水流淌，河流流经处，留下优雅的弯道，在变质岩间勾勒出高低不平的起伏，却没有一处突兀的岩角，一切仿佛用砂纸细细打磨过一般顺滑。这片美景就像是经过精心设计过的圣洁雕塑一般，让人不禁对大自然的鬼斧神工叹为观止。我心怀敬畏地凝望着眼前的壮丽景色，恨不得用我的一切来与之交换。我心甘情愿穷尽毕生努力，来探索造就这地形、这岩石、这植物、这动物、这气候的大自然神力。天上地下，这美景已经超越了人类的想象，浑然天成，又不断新生。……

入选理由：

如何用文字记录自然之美，用行动书写人类与自然的亲密关系？

一般解读：

在美国的自然文学史上，缪尔的《夏日走过山间》是一本重要著作，作者并未怀着文学创作的目的去写作，这也是美国自然文学的一个特点：以体验自然为目的，文学只是附带产品。缪尔于1869年夏天，在内华达山间进行了为期4个月的考察，所记下的日记就成了这本不朽的文学名著。说是考察，其实并不是严格意义上的科考，它不具备现代意义上的大部队、重装备、科目全的考察形式，它只是缪尔受雇于一个牧场主，参与了一次高山牧羊的经历。在此次牧羊过程中，他可以自由自在地畅游在内华达山的天堂中，无须像个真正的牧羊人那样被羊群束缚。除了参与牧羊之外，缪尔还考察了山脉、矿石、冰川痕迹、气候、植物、动物等，所获得的成果不亚于任何一支科考队，但他的考察是充满了激情与勇敢精神的。整本书自始至终没有表露出一句对艰苦或荒野的抱怨，荒野对他来说就是天堂。每天，他总是以极大的激情去迎接黎明的开始，去大自然中朝圣。唯一令他不适的是羊群与牧羊人，羊群踏过草地、啃食嫩枝会让他心痛，牧羊人对大自然美景的无动于衷让他感叹，除了人和人驯养的动物，山峰、流水、昆虫、鸟兽与植物，自然中的一切事物在他的眼中都无比洁净与完美。

生态解读：

约翰·缪尔是美国最著名的自然主义者，是现代环保运动的发起人。他把对自然的热爱化作富有感染力的文字，饱含深情地描绘着自然的美，书写着人类与自然的亲密关系，对社会产生了极大的影响。如果没有对大自然足够的热爱，是无法完成这样的著作的。也许《夏日走过山间》不太适合生存在重压之下的现代人，它如数家珍的描写和慷慨激昂的抒情可能会让人感觉过于疯癫。但是，在缪尔所处的年代，相机甚至未能大范围普及，人们记录风景需要通过一个又一个文字或一笔又一笔素描，需要耗费时间进行细致的观察和接触体验才能完成。现在，人们难道不需要让自己的感官觉醒，通过最自然而原始的方式去触摸和感受壮美河山吗？即使不能亲临，闭上眼睛，在夏季的山间，大自然赐予的宁静，也会给予浮躁的心一汪清泉。约翰·缪尔正是怀着瞻仰大自然的虔诚的心，感受着晨昏变化、草木气息。在阅读大自然中产生的深沉的爱与对生命无限的感恩，让他成了美国早期环保运动的领袖。在他的呼吁下，约塞米蒂谷等得到了保护；在他的影响下，罗斯福前总统批准创建了美国53个野生动物保护区、16个国家纪念保护区和6个国家公园。缪尔因此被誉为“美国国家公园之父”“荒野先知”等。

第三节　中外现代小说

●鲁迅《奔月》[15]

（节选）

聪明的牲口确乎知道人意，刚刚望见宅门，那马便立刻放缓脚步了，并且和它背上的主人同时垂了头，一步一顿，像捣米一样。

暮霭笼罩了大宅，邻屋上都腾起浓黑的炊烟，已经是晚饭时候。家将们听得马蹄声，早已迎了出来，都在宅门外垂着手直挺挺地站着。羿在垃圾堆边懒懒地下了马，家将们便接过缰绳和鞭子去。他刚要跨进大门，低头看看挂在腰间的满壶的簇新的箭和网里的三匹乌老鸦和一匹射碎了的小麻雀，心里就非常踌躇。但到底硬着头皮，大踏步走进去了；箭在壶里豁朗豁朗地响着。

刚到内院，他便见嫦娥在圆窗里探了一探头。他知道她眼睛快，一定早瞧见那几匹乌鸦的了，不觉一吓，脚步登时也一停，——但只得往里走。使女们都迎出来，给他卸了弓箭，解下网兜。他仿佛觉得她们都在苦笑。

“太太……。”他擦过手脸，走进内房去，一面叫。

嫦娥正在看着圆窗外的暮天，慢慢回过头来，似理不理地向他看了一眼，没有答应。

这种情形，羿倒久已习惯的了，至少已有一年多。他仍旧走近去，坐在对面的铺着脱毛的旧豹皮的木榻上，搔着头皮，支支吾吾地说——

“今天的运气仍旧不见佳，还是只有乌鸦……”

“哼！”嫦娥将柳眉一扬，忽然站起来，风似的往外走，嘴里咕噜着，“又是乌鸦的炸酱面，又是乌鸦的炸酱面！你去问问去，谁家是一年到头只吃乌鸦肉的炸酱面的？我真不知道是走了什么运，竟嫁到这里来，整年的就吃乌鸦的炸酱面！”

“太太，”羿赶紧也站起，跟在后面，低声说，“不过今天倒还好，另外还射了一匹麻雀，可以给你做菜的。女辛！”他大声地叫使女，“你把那一匹麻雀拿过来请太太看！”

野味已经拿到厨房里去了，女辛便跑去挑出来，两手捧着，送在嫦娥的眼前。

“哼！”她瞥了一眼，慢慢地伸手一捏，不高兴地说，“一团糟！不是全都粉碎了么？肉在那里？”

“是的，”羿很惶恐，“射碎的。我的弓太强，箭头太大了。”

“你不能用小一点的箭头的么？”

“我没有小的。自从我射封豕长蛇……”

“这是封豕长蛇么？”她说着，一面回转头去对着女辛道，“放一碗汤罢！”便又退回房里去了。

只有羿呆呆地留在堂屋里，靠壁坐下，听着厨房里柴草爆炸的声音。他回忆当年的封豕是多么大，远远望去就像一座小土冈，如果那时不去射杀它，留到现在，足可以吃半年，又何用天天愁饭菜。还有长蛇，也可以做羹喝……

女乙来点灯了，对面墙上挂着的彤弓、彤矢、卢弓、卢矢、弩机、长剑、短剑，便都在昏暗的灯光中出现。羿看了一眼，就低了头，叹一口气；只见女辛搬进夜饭来，放在中间的案上，左边是五大碗白面；右边两大碗，一碗汤；中央是一大碗乌鸦肉做的炸酱。

羿吃着炸酱面，自己觉得确也不好吃；偷眼去看嫦娥，她炸酱是看也不看，只用汤泡了面，吃了半碗，又放下了。他觉得她脸上仿佛比往常黄瘦些，生怕她生了病。

到二更时，她似乎和气一些了，默坐在床沿上喝水。羿就坐在旁边的木榻上，手摩着脱毛的旧豹皮。

"唉，"他和蔼地说，"这西山的文豹，还是我们结婚以前射得的，那时多么好看，全体黄金光。"他于是回想当年的食物，熊是只吃四个掌，驼留峰，其余的就都赏给使女和家将们。后来大动物射完了，就吃野猪、兔、山鸡；射法又高强，要多少有多少。"唉，"他不觉叹息，"我的箭法真太巧妙了，竟射得遍地精光。那时谁料到只剩下乌鸦做菜……"

"哼。"嫦娥微微一笑。

"今天总还要算运气的，"羿也高兴起来，"居然猎到一只麻雀。这是远绕了三十里路才找到的。"

"你不能走得更远一点的么？！"

"对。太太。我也这样想。明天我想起得早些。倘若你醒得早，那就叫醒我。我准备再远走五十里，看看可有些麞子、兔子。……但是，怕也难。当我射封豕长蛇的时候，野兽是那么多。你还该记得罢，丈母的门前就常有黑熊走过，叫我去射了好几回……"

"是么？"嫦娥似乎不大记得。

"谁料到现在竟至于精光的呢。想起来，真不知道将来怎么过日子。我呢，倒不要紧，只要将那道士送给我的金丹吃下去，就会飞升。但是我第一先得替你打算，……所以我决计明天再走得远一点……"

"哼。"嫦娥已经喝完水，慢慢躺下，合上眼睛了。

残膏的灯火照着残妆，粉有些褪了，眼圈显得微黄，眉毛的黛色也仿佛两边不一样。但嘴唇依然红得如火；虽然并不笑，颊上也还有浅浅的酒窝。

“唉唉，这样的人，我就整年地只给她吃乌鸦的炸酱面……”羿想着，觉得惭愧，两颊连耳根都热起来。

入选理由：

当自然已沉寂无声，人类还能做“英雄”吗？

一般解读：

《奔月》一文取材于中国古代神话中“嫦娥奔月”的传说，鲁迅以此为基础结合时代背景进行了全新的演绎。曾作为射日英雄的后羿何等风光，却因时代变迁而黯然落寞。他面临的不仅是谋生难的苦楚，还有徒弟逢蒙的暗算与妻子嫦娥的背叛。尽管他每日的生活多与乌鸦为伍，却依旧怀揣着一颗不愿放弃的心。在得知嫦娥偷取仙药抛弃他独自奔月后，出离愤怒的他拉弓射月，可冷静过后依旧坚持要上天追回妻子，决不放弃。鲁迅于1926年年底写了这篇短篇小说，此时正是中国民主革命的高潮期，人们纷纷选择自己的道路。小说中的后羿何尝不是鲁迅对自己境地的慨叹：英雄落寞背后的孤寂、悲愤，以及决不妥协的坚韧和对未来的无限憧憬。

生态解读：

《奔月》不仅讲述了一个英雄的故事，也讲述了一个英雄如何走向穷途末路的故事。在后羿的回忆中，他的安家之所也曾是一片乐土，有着完整的生态系统，飞禽走兽仿佛猎取不尽。可奈何后羿的箭法太精妙、箭头太锐利，不管是大如土冈的封豕、长蛇，还是小巧的野兔、山鸡，没有什么生物能逃出他的手掌心。久而久之，后羿家方圆几百里内，除了乌鸦便再没有能食用的动物了。后羿原有的美好生活看似是毁于奇技淫巧，实则是人类中心主义的必然结果。后羿在该地区自然资源丰富的时候，肆意地捕杀，甚至奢侈地消耗着动物资源，如捕猎的熊只吃熊掌，骆驼只留下驼峰。人类不断膨胀的欲望很快破坏了这一地区的生态平衡，使得百里寂静，再无鸟兽的嘶鸣。

●鲁迅《理水》[16]

（节选）

飞车向奇肱国疾飞而去，天空中不再留下微声，学者们也静悄悄，这是大家在吃饭。独有山周围的水波，撞着石头，不住的澎湃地在发响。午觉醒来，精神百倍，于是学说也就压倒了涛声了。

“禹来治水，一定不成功，如果他是鲧的儿子的话，”一个拿拄杖的学者说。“我曾经搜集了许多王公大臣和豪富人家的家谱，狠下过一番研究工夫，得到一个结论：阔人的子孙都是阔人，坏人的子孙都是坏人——这就叫作‘遗传’。所以，鲧不成功，他的儿子禹一定也不会成功，因为愚人是生不出聪明人来的！”

“OK！”一个不拿拄杖的学者说。

“不过您要想想咱们的太上皇，”另一个不拿拄杖的学者道。

“他先前虽然有些‘顽’，现在可是改好了。倘是愚人，就永远不会改好……”

“OK！”

“这这些些都是费话，”又一个学者吃吃地说，立刻把鼻尖涨得通红。“你们是受了谣言的骗的。其实并没有所谓禹，‘禹’是一条虫，虫虫会治水的吗？我看鲧也没有的，‘鲧’是一条鱼，鱼鱼会治水水水的吗？”他说到这里，把两脚一蹬，显得非常用劲。

“不过鲧却的确是有的，七年以前，我还亲眼看见他到昆仑山脚下去赏梅花的。”

“那么，他的名字弄错了，他大概不叫‘鲧’，他的名字应该叫‘人’！至于禹，那可一定是一条虫，我有许多证据，可以证明他的乌有，叫大家来公评……”

于是他勇猛地站了起来，摸出削刀，刮去了五株大松树皮，用吃剩的面包末屑和水研成浆，调了炭粉，在树身上用很小的蝌蚪文写上抹杀阿禹的考据，足足化掉了三九廿七天工夫。但是凡有要看的人，得拿出十片嫩榆叶，如果住在木排上，就改给一贝壳鲜水苔。

横竖到处都是水，猎也不能打，地也不能种，只要还活着，所有的是闲工夫，来看的人倒也很不少。松树下挨挤了三天，到处都发出叹息的声音，有的是佩服，有的是疲劳。但到第四天的正午，一个乡下人终于说话了，这时那学者正在吃炒面。

“人里面，是有叫作阿禹的，”乡下人说。“况且‘禹’也不是虫，这是我们乡下人的简笔字，老爷们都写作‘禺’，是大猴子……”

“人有叫作大大猴子的吗？……”学者跳起来了，连忙咽下没有嚼烂的一口面，鼻子红到发紫，吆喝道。

“有的呀，连叫阿狗阿猫的也有。”

“鸟头先生，您不要和他去辩论了，”拿拄杖的学者放下面包，拦在中间，说。“乡下人都是愚人。拿你的家谱来，”他又转向乡下人，大声道，“我一定会发现你的上代都是愚人……”

“我就从来没有过家谱……”

“呸，使我的研究不能精密，就是你们这些东西可恶！”

“不过这也用不着家谱，我的学说是不会错的。”鸟头先生更加愤愤地说。“先前，许多学者都写信来赞成我的学说，那些信我都带在这里……”

“不不，那可应该查家谱……”

“但是我竟没有家谱，”那“愚人”说。“现在又是这么的人荒马乱，交通不方便，要等您的朋友们来信赞成，当作证据，真也比螺蛳壳里做道场还难。证据就在眼前：您叫鸟头先生，莫非真的是一个鸟儿的头，并不是人吗？”

“哼！”鸟头先生气愤到连耳轮都发紫了。“你竟这样地侮辱我！说我不是人！我要和你到皋陶大人那里去法律解决！如果我真的不是人，我情愿大辟——就是杀头呀，你懂了没有？要不然，你是应该反坐的。你等着罢，不要动，等我吃完了炒面。”

“先生，”乡下人麻木而平静的回答道，“您是学者，总该知道现在已是午后，别人也要肚子饿的。可恨的是愚人的肚子却和聪明人的一样：也要饿。真是对不起得很，我要捞青苔去了，等您上了呈子之后，我再来投案罢。”于是他跳上木排，拿起网兜，捞着水草，泛泛地远开去了。看客也渐渐地走散，鸟头先生就红着耳轮和鼻尖重新吃炒面，拿拄杖的学者在摇头。

然而“禹”究竟是一条虫，还是一个人呢，却仍然是一个大疑问。

入选理由：

大禹治水成功了吗？

一般解读：

《理水》写于1935年，是一篇具有强烈时政批判意味的文章。1933年，黄河决口达50多处，淹没了冀、鲁、豫等地的60多个县，受灾人口达300余万人，百姓在“洪水滔天”中艰难生活，死伤无数。长江中下游14个省大旱，仅安徽一省灾民就达几百万人，甚至爆发了受灾群众争夺水源的伤亡事件。然而，民国政府治水治旱的官员却尸位素餐，更有甚者大发国难财，搜刮救济粮米，实该千刀万剐。而《理水》中不顾百姓生死、拿腔作势又碌碌无为的官员，就是当时官场的真实写照。而“一个拿拄杖的学者”“鸟头先生”则是分别讽刺潘光旦和顾颉刚的空谈误国和因循守旧。因此，鲁迅希望呼吁“埋头苦干的人、拼命硬干的人、为民请命的人、舍身求法的人”振臂高呼，力挽狂澜，成为“中国的脊梁”。时代呼吁“大禹”这样的英雄人物救民于水火之中。

生态解读：

大禹治水取得了暂时性的成功，主要是由于顺应自然规律，由“淹”变成了“导”，因势利导，因而将洪水疏解并加以合理利用，实现了人类社会和自然万物的和谐共生。然而，大禹治水成功后，认为取得了一劳永逸之功，旋即被阿谀奉承的官员们所同化，不再信奉质朴的实干精神和拼搏精神了。

研究表明，大禹治水并非神话传说，而是有着充分的考古学依据的。他治水的区域不仅包括黄河，还包括以湖北省江陵县、沙市区为代表的长江中上游河段。如此广阔的地理范围，更需要防微杜渐、小心谨慎，做好治水的善后工作。水患治理绝非一朝一夕之功，需要几代人的努力，建立完备而健全的实时观察的监控机制。鲁迅在《理水》中对后期大禹形象的描述，也未尝不是大禹之后历代管理者对于水患的态度：迟暮时期的大禹对治水的松懈和怠慢，和那些庸庸碌碌的官员没有任何区别。人类对自然的轻视和傲慢，坚持“人定胜天”“偷天换日”“喝令三山五岳开道”的人类中心主义，最终只会让人类自食其果。《理水》的故事告诉我们，只要人类贪图享乐、狂妄自大的观念一日不除，水患便一日不得根治。黄河、长江等大河的水患一直延续至今才得以有效遏制。现在，我们更要坚定不移地遵循山水林田湖草沙生命共同体的观念，走生态文明之路治理江河湖水，才能让子孙后代享受生态福利。

●马原《冈底斯的诱惑》[17]

（节选）

这时你才发现了其中的问题，它不伤人。先后有五个人见过它，把它说得非常凶残，然而五个人中间没有一个受到它哪怕是轻微的伤害。这才是关键。还有一个细节，它一次抢过火枪折断了，又一次抢过棍棒也折断了；而且每次都是先做这件事。这么说它知道枪？知道人拿着这种棍棒会对它造成致命的伤害？不然它为什么总是先行下手把枪毁掉呢？

……

你开始意识到带枪来是个错误，你起身把枪塞进一处岩缝，那处岩缝远离你藏身处。它不想与人为敌，这是显而易见的。那又为什么袭击与人相依而存的牲畜呢？只有一种解释，它无法理解牲畜对人的从属关系。你不懂生物链原理，但你知道只有人才拥有草场，拥有牛羊；你也知道这些它是不懂的。它袭击牲畜和袭击野兽一样，都是为着它自身生存的需要。它分不出野兽和家畜，它不知道它因此成了人类的敌人。它是不愿与人为敌的。也就是说，它无意中对人造成了损害。

这一次是你对了，你是一个孤傲猎人的儿子，你是一个猎熊人，更主要的你是人。因而你的智力使你又一次成了强者。它来的时候是那么安静，它从石堆里扒出马的残骸，它把这残骸撕成碎块放在嘴里嘎嘎地咀嚼。

你看得很清楚，它的确有他们说得那么高大，那么瘦削，但也看得出它非常有力气。它的皮毛比较稀疏，它的头不像熊那么臃肿，嘴巴也不那么朝前伸出。它的长手指完全像人一样灵活。它大吃大嚼，突然抬头盯住你藏身的地方。你干脆走出来，慢慢地有节奏地向它走近，太阳在你身后渐渐下沉，它的面部突然暗下去了。刚才是日落前最好的一瞬，落照平射使你能够非常清晰地看到它的整个形象，现在一切都过去了。但你来得及记下它注视你时，眼里射出的完全是你所熟悉的人的表情。

它就那么一蹿就离开了。你过去到岩缝里拿出火枪。它真的像他们说的跑得那么快，一眨眼就不见了。

入选理由：

人熊本兄弟，相煎何太急。

一般解读：

马原，中国著名先锋派作家。《冈底斯的诱惑》因为其鲜明的后现代特征，被认为是中国大陆第一篇魔幻现实主义小说。小说用非完整的故事情节、错乱的时空顺序等叙述形式呈现碎片式的故事情节，整体而言，体现出如下特征：一是相对独立的故事。小说讲述了青年猎手穷布猎熊、央金之死和围观天葬，以及顿月、尼姆的纯美的爱情，三者之间并无实质的联系。二是反套路性结局。小说构建了“叙事陷阱”，违背读者的阅读期待：众人看天葬，却无功而返；探险队寻找野人，却无结果；顿月、尼姆的纯美爱情，却经不起世事无常的锤炼；央金貌美绝伦，却未能结成姻缘反致死亡；穷布猎熊，却一无所获反被野人缴械。作者表达的生命无常，美的脆弱，打破了小说结局的虚幻，体现出残酷的真实。三是传奇性、神话性、魔幻性的故事。天葬具体场景如何，老编剧进藏看到的巨大羊角龙，顿珠失踪一个月归来后就能吟唱《格萨尔王传》，这些细节都充满了魔幻传奇的味道和光怪陆离的颜色。四是非主体性叙事。小说展现了错综无序、断裂、有头无尾的故事。传统小说的故事讲述者是全知全能的，了解整件故事的来龙去脉，而这部小说则解构了主体叙事，刻意制造读者和叙述者的距离，不让读者陷入叙述者所构建的框架之中。读者有如游历大美西藏，听人言，形成感悟，忆往昔，将真实体验和记忆碎片结合。总之，在冈底斯山下，每个人的人生经历各异，但每个人的生活都丰富多彩，细节千姿百态，亦真亦幻。这篇小说有一种强大的形而上的力量，渗透着作者对神的绝对崇拜。

生态解读：

在穷布猎熊这段故事中，马原同样用超现实的手法表达了最为朴素的生命保护意识。熊，不会无缘无故地侵犯人，它的“残暴”只是它的觅食本能，并非天生与人为敌。看到了猎手，它只是损毁了枪支，并没有害人性命。在后文中，一头棕熊闯入了尼姆的帐篷，尼姆的孩子并未受到任何侵犯，依然安详地熟睡。作者又给这段猎熊情节加入了很多魔幻色彩。到底尼姆追逐的是熊还是野人？故事的真实性，作者、读者、小说人物均无从知晓。熊，俨然成为这部小说重要的线索角色，给本来虚实相生的故事涂上了一层烂漫的柔光。遵从牧民敬熊畏熊的传统，响应全国环保工作的急迫推进，在小说发表的3年后，我国正式将西藏的棕熊列入《国家重点保护野生动物名录》，大规模的棕熊捕杀才逐渐减少。熊，也从故事中逐渐走入大众视野，激起了更多人对生命和自然的尊重。

●姜戎《狼图腾》[18]

（节选）

……你要是头狼，准得饿死。一次打光了黄羊，来年吃啥？狼可不像人这么贪心，狼比人会算账，会算大账！

……

老人又闭上眼睛，停了一会儿才睁开眼对大伙儿说：雪底下的冻羊有的是，别太贪心，进去以后，先把活羊统统放生，再退回来挖冻羊。腾格里不让这些羊死，咱们人也得让它们活下去。老人又低头对陈阵、杨克说：成吉思汗每次打围，到末了，总要放掉一小半。蒙古人打围打了几百年，为啥年年都有得打，就是学了狼，不杀绝。

……

老人瞪着陈阵，急吼吼地说：难道草不是命？草原不是命？在蒙古草原，草和草原是大命，剩下的都是小命，小命要靠大命才能活命，连狼和人都是小命。吃草的东西，要比吃肉的东西更可恶。你觉得黄羊可怜，难道草就不可怜？黄羊有四条快腿，平常它跑起来，能把追它的狼累吐了血。黄羊渴了能跑到河边喝水，冷了能跑到暖坡晒太阳。可草呢？草虽是大命，可草的命最薄最苦。根这么浅，土这么薄。长在地上，跑，跑不了半尺；挪，挪不了三寸；谁都可以踩它、吃它、啃它、糟践它。一泡马尿就可以烧死一大片草。草要是长在沙里和石头缝里，可怜得连花都开不开、草籽都打不出来啊。在草原，要说可怜，就数草最可怜。蒙古人最可怜、最心疼的就是草和草原。……

……

……你看，狼懂气象，懂地形，懂选择时机，懂知己知彼，懂战略战术，懂近战、夜战、游击战、运动战、奔袭战、偷袭战、闪击战，懂集中优势兵力打歼灭战。还能有计划、有目的、有步骤地实现全歼马群的战役意图。……

……

……在这持久战争中，人与狼几乎实践了后来军事学里面的所有基本原则和信条，例如，知己知彼；兵贵神速；兵不厌诈；上知天文，下知地理；常备不懈，声东击西；集中兵力，各个击破；化整为零，隐蔽精干；出其不意，攻其不备；打得赢就打，打不赢就走；伤其十指不如断其一指；敌进我退，敌驻我扰，敌疲我打，敌退我追。……

……

……你想草原上的狼，战斗力为什么那样强？很重要的一条就是头狼会干脆地杀掉重伤兵，可是这样一来也就减轻了狼群的负担，保证了整个队伍的精干快速有力。了解狼的这个特点，你在跟狼打仗时候，就能把形势估计得更严重一些。

……

……没有狼，草原容易被破坏。在东南边很远很远的地方有一个国家，叫澳大利亚，那儿有很大的草原，那儿原来没有狼也没有兔子，后来有人把兔子带到这个国家，一些兔子逃到草原，因为没有草原狼，兔子越生越多，把草原挖得坑坑洼洼到处都是洞，还把牧草吃掉一大半，给澳大利亚的牧业造成巨大损失。澳大利亚政府急得什么法子都用上了，都不管用。后来又做了大批铁丝格子网，铺在草原上，草能长出来，可兔子就钻不出来了。他们想把兔子全饿死在地底下。但是，这个法子还是失败了，草原太大，政府拿不出那么多的铁丝来。我原来以为内蒙古草原草这么好，兔子一定很多，可是到了额仑以后才发现这儿的兔子不太多，我想这肯定是狼的功劳。……

……

在草原上，人完全掌握着狗的生杀大权，人是靠强大的专制暴力和食物的诱惑将野狗驯成家畜的。……狗早已丧失了独立的兽性，而成为家畜性十足的家畜，成为一种离开人便无法生存的动物。……与此同理，在人类社会，如果专制镇压的力量太强大，时间又太久了，人群也会渐渐丧失人性中的兽性，而逐渐变为家畜性十足的顺民。顺民多了，民族内部的统治也顺利了，可是一旦遭受外部强大力量的入侵，这个民族就丧失了反抗能力。或者俯首称臣变成异族的顺民，或者被彻底毁灭，变成后人考古发掘的废墟。……

入选理由：

既是狼图腾，也是完整的生态图景。

一般解读：

《狼图腾》是作家姜戎以草原插队11年的独特生活经历为积淀，历时多年完成的大作。该书一经出版便在评论界、传媒界、读者圈引起轰动，引发了以狼为主题的各类小说的创作热潮。作品讲述了以狼为精神图腾的内蒙古额仑草原，在外来人的任意摧残下，由原来的人与草原狼之间亦敌亦友、互动共生的和谐生态家园退化为沙草场，并最终沦为沙化土地的现实故事。小说通过主人翁陈阵参与掏狼、养狼、打狼的经历展示出草原生态系统中不同生态位的种群成员，如狼、黄羊和牲畜以及牧人之间相互制约、共荣共生的草原生态平衡的全景图。小说对动物被屠杀灭绝、草原退化与沙化现象的描述揭露了生态危机产生的历史与社会根源，同时也反映出作者对人类忽视环境伦理的悲痛。

生态解读：

在额仑草原上，牧民们有一套独有的“草原逻辑”，即毕力格老人口中的“大命”与“小命”的关系。这里渗透的是生态整体主义思想，毕力格老人将整个草原看作一个完整的生态系统，一切都以维护草原的生态平衡为最高准则。他们大规模搬家是为了给草场以休养生息的时间，他们有意控制对动物的捕猎是为了让它们相互制约以保持草原的生态平衡，草原牧民死后实行的“天葬”则是以身作则回到食物链的生态循环之中。不仅是草原上的人在遵循着这种朴素的生态整体主义思想，运用着生态整体主义的视角，你会发现黄羊、兔子这些食草动物同样遵循这种生态整体主义思想，它们对草的破坏力极强而且繁殖很快，而狼则很好地限制了它们数量的增长，因此保护了草原，这也是牺牲“小命”以保全“大命”。可见，草原是一个完整的生态系统，人、狼、草、其他食草动物等都是这个生态系统的一分子，正是因为整个草原生态系统的生物都在有意或无意地遵循着生态整体主义思想，额仑草原才能维持生态平衡，繁荣美丽了千年。

小说中的图腾文化反映出游牧民族与草原的共存不仅是生态上的，还表现在更高层面的精神生态的和谐统一上。书中展现了狼的图腾文化千百年来影响着蒙古族，已成为这一民族的精神寄托。草原狼已不仅仅是生物学意义上的狼，更是精神、文化层面的狼，代表着智慧和草原。狼作为自然的一部分已被视作游牧民族精神的天神——腾格里的宠儿。小说中毕力格老人在行事中处处遵循着天神——腾格里的指导，与草原狼在精神上融为一体。毕力格老人的故事告诉我们，对于人类而言，敬畏自然、尊重大自然的规律才是人与自然长久共生的唯一办法。

●梁晓声《今夜有暴风雪》[19]

（节选）

郑亚茹，这时坐在长途汽车上。她不要铺在连队大宿舍里的被褥和那只伴随她十年的木箱子了。她临登上长途汽车，从北大荒的土地上装了一牙具缸雪。雪，已经化成了水，可她双手仍捧着牙具缸。

哦，北大荒的雪呀，这表现在北大荒版画上是那么美、那么迷人的雪，但一离开北大荒的土地，竟是这么迅速地融化了！汽车里的温度不是和外面一样寒冷吗？她不明白，是她的手温将雪融化了。

难道我连一捧雪都带不走吗？既然带不走，就归还给北大荒的土地吧！让这雪水再冻结成冰，让这冰在春天再融化，渗进北大荒的土地吧！

她轻轻摇下一半车窗，将那半牙具缸雪水洒到了窗外，连同她落进雪水中的几滴泪水……

“驳船”仍在夜的荒原上行驶。北大荒的荒原啊！如果你也有思想，也有语言，你将对十年和两个不平静的夜晚，作怎样的评说呢？

荒原的夜“海”是那么沉寂！

坐在车上的小瓦匠，从兜里掏出什么，背着人悄悄撕碎了。

几片白色的纸片从他手中飘落在雪地上。

驼峰上，又传来一声苍凉的狗吠——那是“黑豹”的声音。

荒原是那么沉寂，那么沉寂，那么沉寂……

入选理由：

与自然相处，是抗争还是顺随？

一般解读：

《今夜有暴风雪》主要以北大荒40万名知识青年返城的故事为起点，把他们返城的现实故事与兵团回忆融合在一起。这篇小说的成功之处在于成功塑造了几个特点鲜明的知识青年形象，如不断成熟的曹铁强、得到转变净化的刘迈克、纯真而坚定的裴晓芸等，支撑他们远离家乡、来到人烟荒芜的北大荒的是内心那虔诚的信念和崇高的理想。小说表现了兵团战士在残酷的自然环境中屯垦戍边、献出自己的青春甚至宝贵生命的壮举，整体格调深沉而高亢，洋溢着豪迈、悲壮的色彩，以及铮铮铁骨的阳刚之气。

生态解读：

那是一个不寻常的年代，国家的政策让无数知识青年涌起满腔热血奔赴北大荒，在生产建设基地过着半军营式的集体生活。他们抛洒自己的青春乃至生命去垦荒的精神值得敬佩，同时也让我们去思考一个问题：面对自然，人类到底该采取怎样的姿态？北大荒的自然环境条件可谓困窘而恶劣，荒芜的土地与沼泽、暴风雪等恶劣天气、恶狼与野狍子，处处充满着生存的艰险。面对不适合种植业发展的地区，人类是否有必要付出巨大代价去强行垦殖？顺其自然、因势利导的相处之道或许要比固执抗争、强行改变更加智慧。毕竟，自然是人类的朋友，不要用蛮力去改变它，不勉强、共和谐才是长久之计。

●叶广芩《黑鱼千岁》[20]

（节选一）

水洼消失的速度如同太阳的影子，那汪水越来越浅，越来越小。黑鱼在已不能埋过它的水里沉默着，一会儿，大约是积聚了力量，它一通猛烈挣扎，一通近乎疯狂的扭动，在地动山摇般的翻滚之后，又静下来，为下一次努力而准备力量。

一切都是徒劳的。

另一条鱼还在主流里等待，关切地注视着它的同伴。两条鱼的距离越拉越远，只能是遥遥相望了。这是绝望中的等待，是让人心碎的生离死别。即便是对于鱼。

（节选二）

鱼的倔强惹怒了儒，儒举起锄头照准鱼头砸下去，在锄头落下的刹那，他看见黑鱼扬起头部，上半身跃起，腹腔里发出了“咕咕……咕咕……”的声音。

像是临死的呐喊，也像是与同伴的告别，更像是对猎杀它的人的无情诅咒。这声音使儒的心里充满恐惧，这是他几十年与野物较量中所没有过的。经验告诉他，这种时刻不能犹豫，必须打死它！打死它！

儒永远是猎人。

鱼头发出了“咔嚓”的碎裂声，儒的锄头一下一下击在黑鱼的脑袋上，黑鱼没有躲闪，任着头部在重重的敲击下开裂，任着脑浆在水中崩散，它那美丽的流线型的身体在抽搐、扭动，变挺变直。

清静的水洼一时紊乱黏稠，浑浊动荡。

儒双手抠着鱼的鳃，吃力地把鱼拖出水洼，他没有能力将它垂直地提起来，它太重了，太长了，这是儒没有想到的。儒在河滩转了几个圈，寻了根柔软的水荆换下了腰上的裤带，用裤带穿了黑鱼的鳃拖着走。鱼头扛在儒的肩上，鱼尾在地上拖着，在河滩里拖出一道深深的印痕。

如血的夕阳映衬着空旷的河滩，映衬着天边那一片凄艳的晚霞。

离开河岸的时候，儒朝水里看了一眼，另一条大鱼不见了，大约是游走了。

（节选三）

时间一分一秒地过去，鱼和水似乎达成了一种默契，水给鱼注以生命和力量，鱼依赖水为自己创造了一个游刃有余的天地。黑鱼在水中渐渐地活跃，尽管鳃间穿着绳索，它也开始反抗了。这回是它拽着儒，从东往西，在水面，劈风斩浪般地逆流而上，鱼在前，人在后，速度飞快，那情景足足地让人惊讶。搏熊馆的人们看到了这惊心动魄的一幕，人们看到，儒和鱼在水里乘风破浪，融为一体，配合默契，像电视里的动物表演一样，振奋人心，精彩万分。人们欢呼、跳跃、喝彩，为儒的勇敢、果断和坚韧。儒和岸上的人一样激动，他双手抓住绷得笔直的绳子，借着水的流力往后拉，他听到了鱼鳃撕裂的声音，看到了缕缕血痕，儒奇怪，一条鱼竟然会有这样大的毅力，这样顽强的生命力。以这样来看，鱼绝不会是冷血动物。

黑鱼游不动了，扎向水底，将儒带向那无边的黑暗。儒是清醒的，儒提着绳将它拉向水面，拉向河岸。每每儒即将到达岸边，黑鱼都会将他扯到深处，他的力量和鱼的力量对等，彼此的动作一回回重复，极简单，目的极明确，各自要回到各自的世界。儒知道，如果这条鱼不受伤，他绝不是它的对手，这里应该是它的地方，不属于他。

人与鱼拉锯使儒的心理得到极大满足，高兴、痛快，浑身舒展，有种找到对手、寻到知音的快乐，真好！

快乐中儒的力量在悄悄消逝，鱼的力量在慢慢增长。

岸上的人们纷纷下到河滩，七嘴八舌地嚷嚷。老汉说，儒，你放了它吧，你斗不过它的。儒什么也没听见，他甚至没看到乱哄哄的这一群人，没看到南边的山，没看到头顶的云，儒被那条鱼再一次地拽了下去。过了半天，儒冒了出来，人们大声地喊，解绳子！快解绳子啊！儒——

儒朝大家笑了一笑，沉进水里，再没有出来。

入选理由：

黑鱼的情感让人自惭形秽，对自然无尽的索取终将招致自然的报复。

一般解读：

这是一篇现代科学话语下有关“杀生—报复”的故事。儒对黑鱼的赶尽杀绝招致了黑鱼的报复，最终被黑鱼拖进水里而亡。在这个故事中，执法的不再是神秘的神灵，而是自然，是动物。在搏熊馆村，永不消失的是动物蓬勃而恒久的生命力，也有人对自然的征服精神。法贪财掘墓，损毁人类文明；儒打猎捉鱼，残忍杀害生灵，两者最终都吞噬了因破坏生态平衡而带来的恶果。不管是儒还是法，都是人类中心主义的代表，本书的宗旨在于对人类中心主义的辩驳。

生态解读：

作为一篇生态文学的典范，《黑鱼千岁》的反人类中心主义的主旨彰明较著，前人之述备矣。尽管如此，仍可以从生态文化的角度进行新的解读。

一方面，可以从黑鱼的视角来看这个故事。文中的两条黑鱼并不是一个冷冰冰的“受害者”或“执法者”的形象，它们有血有肉，有着丰富的情感。儒和法是两兄弟，但法在情况危急时，儒却无动于衷，只知道寻找乐子，置兄弟安危于不顾；反倒是黑鱼，在望见另一条黑鱼陷入绝境时，竟始终徘徊，不忍离去。这是对人类的嘲笑和讽刺。我们总是把人称为“高级动物”，看不起那些“低级动物”，实际上它们一样有着复杂的情感，一样有着对生命和感情的执着，并且有时候它们比人更善良，更有“人性”。

另一方面，可以超越故事本身来看待更广泛的人与自然的关系问题。人类与自然的关系是千百年来未变的话题。本书开篇所述“搏熊馆村”，指的是汉武帝时以人搏熊之戏事，暗示了本文的主旨。人对自然的索取本无可指摘，若要生存下去，不免做出“杀生之举”。即便是最不讲杀生的印度耆那教教徒，也无法粒米不进、片菜不食。然而，当人类对自然的索取变成一种娱乐、一种纵欲，甚至超出自然所能承受的范围时，人类也将面临自然最严厉的报复，这绝非危言耸听。人类所经历的飓风、洪水、大火、瘟疫……几分天灾，几分人祸，又有谁能讲得清？可以说，当故事中的儒想要对黑鱼赶尽杀绝时，他便已超出了生态伦理的底线，他的命运也就埋下了伏笔——杀戮必然将其反噬。

《战国策》里有这么一则故事：齐国的靖郭君田婴欲在薛地修筑城防工事，门客劝诫道：“君不闻大鱼乎？网不能止，钩不能牵，荡而失水，则蝼蚁得意焉。”大意是说：您没听说过“海大鱼”吗？用网捕不到它，用钩牵不上它；可当一滴水都没有的时候，小小的蝼蛄、蚂蚁也能制服它。门客的意思是要让靖郭君明白强弱转换的道理，而我认为这句话是对人类与自然关系的绝佳比喻。如果我们人类对自然不加节制地开发和利用，竭泽而渔、焚林而猎，最终失去了生养我们的地球家园，那么我们的命运也必将像“海大鱼”一样，即便最小的灾难也能带来毁灭性的后果。

●郝景芳《北京折叠》[21]

（节选一）

清晨四点五十分，老刀穿过熙熙攘攘的步行街，去找彭蠡。

从垃圾站下班之后，老刀回家洗了个澡，换了衣服。白色衬衫和褐色裤子，这是他唯一一套体面衣服，衬衫袖口磨了边，他把袖子卷到胳膊肘。老刀四十八岁，没结婚，已经过了注意外表的年龄，又没人照顾起居，这一套衣服留着穿了很多年，每次穿一天，回家就脱了叠上。他在垃圾站上班，没必要穿得体面，偶尔参加谁家小孩的婚礼，才拿出来穿在身上。这一次他不想脏兮兮地见陌生人。他在垃圾站连续工作了五小时，很担心身上会有味道。

步行街上挤满了刚刚下班的人。拥挤的男人、女人围着小摊子挑土特产，大声讨价还价。食客围着塑料桌子，埋头在酸辣粉的热气腾腾中，饿虎扑食一般，白色蒸汽遮住了脸。油炸的香味弥漫。货摊上的酸枣和核桃堆成山，腊肉在头顶摇摆。这个点是全天最热闹的时间，基本都收工了，忙碌了几个小时的人们都赶过来吃一顿饱饭，人声鼎沸。

老刀艰难地穿过人群。端盘子的伙计一边喊着让让，一边推开挡道的人，开出一条路来，老刀跟在后面。

彭蠡家在小街深处。老刀上楼，彭蠡不在家。问邻居，邻居说他每天快到关门才回来，具体几点不清楚。

老刀有点担忧，看了看手表，清晨五点。

他回到楼门口等着。两旁狼吞虎咽的饥饿少年围绕着他。他认识其中两个，原来在彭蠡家见过一两次。少年每人面前摆着一盘炒面或炒粉，几个人分吃两个菜，盘子里一片狼藉，筷子仍在无望而锲而不舍地拨动，寻找辣椒丛中的肉星。老刀又下意识闻了闻小臂，不知道身上还有没有垃圾的腥味。周围的一切嘈杂而庸常，和每个清晨一样。

“哎，你们知道那儿一盘回锅肉多少钱吗？”那个叫小李的少年说。

“靠，菜里有沙子。”另外一个叫小丁的胖少年突然捂住嘴说，他的指甲里还带着黑泥，“坑人啊。得找老板退钱！”

“人家那儿一盘回锅肉，就三百四。”小李说，“三百四！一盘水煮牛肉四百二呢。”

“什么玩意儿？这么贵。”小丁捂着腮帮子咕哝道。

另外两个少年对谈话没兴趣，还在埋头吃面，小李低头看着他们，眼睛似乎穿过他们，看到了某个看不见的地方，目光里有热切。

老刀的肚子也感觉到饥饿。他迅速转开眼睛，可是来不及了，那种感觉迅速席卷了他，胃的空虚像是一个深渊，让他身体微微发颤。他有一个月不吃清晨这顿饭了。一顿饭差不多一百块，一个月三千块，攒上一年就够糖糖两个月的幼儿园开销了。

他向远处看，城市清理队的车辆已经缓缓开过来了。

（节选二）

“……有利于服务业的发展，服务业依赖于人口规模和密度。我们现在的城市服务业已经占到GDP的85%以上，符合世界第一流都市的普遍特征。另外，最重要的就是绿色经济和循环经济。”这句话抓住了老刀的注意力，循环经济和绿色经济是他们工作站的口号，写得比人还大贴在墙上。他望向台上的演讲人，是个白发老人，但是精神显得异常饱满，“……通过垃圾的完全分类处理，我们提前实现了本世纪节能减排的目标，减少污染，也发展出成体系、成规模的循环经济，每年废旧电子产品中回收的贵金属已经完全投入再生产，塑料的回收率也已达到80%以上。回收直接与再加工工厂相连……”

老刀有远亲在加工工厂工作，在科技园区，远离城市，只有工厂、工厂和工厂。据说那边的工厂都差不多，机器自动作业，工人很少，少量工人晚上聚集着，就像荒野部落。

他仍然恍惚着。演讲结束之后，热烈的掌声响起，才将他从自己的纷乱念头中拉出来，他也跟着鼓了掌，虽然不知道为什么。他看到演讲人从舞台上走下来，回到主桌上正中间的座位。所有人的目光都跟着他。

忽然老刀看到了吴闻。

吴闻坐在主桌旁边的一桌，见演讲人回来就起身去敬酒，然后似乎有什么话要问演讲人。演讲人又站起身，跟吴闻一起到大厅里。老刀不自觉地站起来，心里充满好奇，也跟着他们。老葛不知道到哪里去了，周围开始上菜。

老刀到了大厅，远远地观望，对话只能听见片段。

"……批这个有很多好处。"吴闻说，"是，我看过他们的设备了……自动化处理垃圾，用溶液消解，大规模提取材质……清洁，成本也低……您能不能考虑一下？"

吴闻的声音不高，但老刀清楚地听见"处理垃圾"的字眼，不由自主凑上前去。

白发老人的表情相当复杂，他等吴闻说完，过了一会儿才问："你确定溶液无污染？"

吴闻有点犹豫："现在还是有一点……不过很快就能降到最低。"

老刀离得很近了。

白发老人摇了摇头，眼睛盯着吴闻："事情哪是那么简单的，你这个项目要是上马了，大规模一改造，又不需要工人，现在那些劳动力怎么办，上千万垃圾工失业怎么办？"

白发老人说完转过身，又返回会场。吴闻呆愣愣地站在原地。一个从始至终跟着老人的秘书模样的人走到吴闻身旁，同情地说："您回去好好吃饭吧。别想了。其实您应该明白这道理，就业的事是顶天的事。您以为这种技术以前就没人做吗？"

老刀能听出这是与他有关的事，但他摸不准怎样是好的。吴闻的脸显出一种迷惑、懊恼而又顺从的神情，老刀忽然觉得，他也有软弱的地方。

入选理由：

以独特的科幻手法告诫人类，如果继续破坏自然，导致环境恶化、资源短缺，在未来可能不得不将城市“折叠”。

一般解读：

“折叠城市分三层空间。大地的一面是第一空间，五百万人口，生存时间是从清晨六点到第二天清晨六点。空间休眠，大地翻转。翻转后的另一面是第二空间和第三空间。第二空间生活着两千五百万人口，从次日清晨六点到夜晚十点，第三空间生活着五千万人，从夜晚十点到第二天清晨六点，然后回到第一空间。时间经过了精心规划和最优分配，小心翼翼隔离，五百万人享用二十四小时，七千五百万人享用另外二十四小时。”为何要将时间这样分配，是想说明现在的社会资源不够、人太多，所以不得不如此吗？还是想说明我们这个社会现在正处于分裂状态，只不过通过时间来具体化这样的隔阂，上层人士掌握着大部分人的人生，中层人士努力向上爬，而底层人士为生活挣扎着？

将这三层空间的人比作不同的人，说来令人恐惧，这个社会有许许多多的职业，本该没有高低贵贱之分，然而待遇却大不相同。有谁不想出人头地，怀着梦想来到大城市，却发现自己与他人之间似乎有鸿沟，做着底层工作的人不免被他人鄙视，那远离的举动、异样的眼光对于他们来说都是致命的。而城市的白领，过着朝九晚五的生活，努力向自己的梦想靠近，即使在空闲中还得提高自己，可谓劳累。中层管理者掌握着大部分人的饭碗，却也有自己的忧愁，可以说24小时都是工作时间，不仅必须能力出众，而且还要不断地要求自己。只有最上层者，享受着最大的社会利益。城市的发展速度快得让人震惊，每一分、每一秒世界都在发生着变化，人们不得不逼迫自己努力追逐。我们学习着、工作着，在这样庞大的川流中妄想留下自己的脚印。

生态解读：

荣获雨果奖的科幻作品《北京折叠》有着较为独特的故事设定，即北京这座城市实现了折叠，将时间分为三段，折叠为三层，供给不同阶级的人使用。将一整个城市改变为三层，明显是为了缓解人口和资源压力不得已而为之。故事本身讲述的是已经折叠后的状况。这种折叠的实现无疑是科技高度发达的体现，然而折叠的理由和折叠造成的社会不公平问题则是人类破坏环境、没有可持续发展的结果。《北京折叠》还体现了人与资源之间的一个重要问题，即环境正义问题。目前，北美、西欧等部分发达国家与地区占据了大量的自然资源和社会资源，其造成的污染和环境负担却让所有国家共同承担。同样的环境不公也存在于中国，如北京、天津等少数城市居民享受着国际化大都市带来的种种便利，却让整个京津冀乃至华北地区的居民呼吸在同一片雾霾之下。《北京折叠》的设定里，上层阶级人数最少，所占有的生产资料和生活资料最多，享受的社会福利最好，承担的社会责任和生态义务最少。而中下层生活空间甚至生活时间都被大幅压缩。特别是人数最多的底层居民，他们占据着最少的生产资料和生活资料，在饥饿、贫困、疾病的威胁下艰难度日，甚至一代一代延续下去却无法实现阶级越迁。《北京折叠》就像当代版的《美丽新世界》，它时刻提醒我们，任由少数人垄断资本，随之造成的阶级差距拉大、环境不正义、资源分配不均的发展模式，与资本主义发展方式别无二致，更与生态文明的目标背道而驰。

同时，《北京折叠》还反映了在资源和环境不充分、不公平分配的制度下，人类需求与环境保护之间存在的尖锐矛盾。节选二说明了一个新垃圾处理技术的发明推广将导致很多垃圾工下岗，因此审批者不愿意推广先进的垃圾处理技术，因为下岗就意味着社会不稳定因素的增加。如同《北京折叠》里的第三层贫苦百姓一样，发展中国家因不能承受失业率提高导致的社会问题而不敢推广先进的环保技术，这同样是一个亟待解决的问题。我国在2013年实行精准扶贫计划，至2020年已实现了全面脱贫，提高了贫困户的劳动技能，使其学有所长，以保证技术进步与劳动就业的双赢，有力地避免了小说选段中“先进的技术把人逼上绝路”悲剧结局的出现。我们坚持治理贫困和治理环境并重，这也是向环境公平迈出了一大步。而《北京折叠》却是极度“环境不公平”的一种血淋淋的警示。这部小说不是一部科幻小说，而是一部现实警示录。

● ［英］奥斯卡·王尔德《自私的巨人》[22]

（节选）

这真是一片美丽的景色。只有一个角落还是冬天，那是花园里最远的角落，一个小男孩正站在那里。他因为太小了，不能爬到树枝上，只能围着树转来转去，哭得很伤心。那棵可怜的树仍然被霜雪裹得严严实实，北风也对它怒吼和咆哮。

“爬上来吧，小男孩。”这棵树说。它尽可能地垂下树枝，可是这男孩还是太小了。

眼前的景象让巨人的心都软了。“我是多么自私啊！”他说，“现在我知道为什么春天不肯到我这里来了。我要把那个可怜的小男孩抱到树顶上，再把围墙推倒，让我的花园永远成为孩子们的游乐场。”他对自己过去的所作所为，感到非常后悔。

他悄悄地走下楼梯，轻轻地打开前门，走进花园。可是孩子们一看到他，全都吓得逃走了，花园又变成了冬天。只有这个小男孩没跑，因为他的眼里充满了泪水，没有看到走过来的巨人。巨人悄悄来到他的身后，轻轻抱起他，把他放在树上。这棵树立刻开满了花，小鸟也飞过来在枝头唱歌。小男孩伸出双臂，搂着巨人的脖子，亲吻他。

其他孩子看见巨人不再那么凶恶，都跑了回来，春天也跟着孩子们来了。“孩子们，现在它是你们的花园了。”巨人说。然后，他拿起一把大斧头，拆掉了围墙。中午十二点，人们去市场的时候，发现巨人正在和孩子们在他们见过的最美丽的花园里玩。

入选理由：

共享自然，是最好的方式。

一般解读：

《自私的巨人》被英国《典雅》杂志称为“完美之作”，故事情节简单，结构清晰，拥有独特的篇章结构和锤炼的语言。在文中，自私的巨人受到了儿童与天主的感化，解除了精神上的束缚，从“反感儿童”到“接受儿童”再到“被儿童救赎”，自己也从“自私”走向了“博爱”，无私地将花园与人分享，从而获得了温暖与幸福，前后对比明显、主题鲜明。在王尔德的作品中，“爱”是其永恒的追求，巨人心灵的救赎之路是通过给予孩子们爱，特别是对那个哭泣的小男孩的爱完成的。虽然看起来，是巨人帮助了小男孩，但从深层次来看，是小男孩教会了巨人对他人的慷慨、关怀，教会了巨人什么是爱，是小男孩激发了巨人心灵最深处的美好品质，使人领会到“人真正的完美不在于他拥有什么，而在于他是什么”的深刻含义，也印证了王尔德的名言“同情，是世上最好的美德”。

生态解读：

文章的篇幅布局既简单又独树一帜：巨人不在，孩子玩耍；巨人自私，不许玩耍，冬驻花园；巨人醒悟，与孩共玩，春回花园。在这个简单的故事发展情节中却蕴含着最深刻的道理：自然不能被占有，只能被尊重。独自占有自然美景，只会枉然。无论是古人崇尚的“天人合一”“道法自然”，还是如今追求的生态文明社会，内在不变的宗旨和共识就是善良无私地与自然共生。这里的善良无私，既体现在人类面对自然环境时不利己、不破坏，也表现在每个人、每个群体在大自然面前的平等地位。自然美景与万千事物是地球赋予全体人类的共同宝藏，不应归属某个阶层，也不应是某个团体的独享特权。唯有共享，才是人与自然共生的处世之道。

●［苏］钦·艾特玛托夫《死刑台》[23]

（节选）

被枪声震得两耳什么都听不见的母狼觉得整个世界都聋了、哑了，到处都是一片大混乱。头顶上的太阳无声地照耀着，似乎在这场疯狂的围猎中也和它们一起被驱赶着，也在仓皇奔窜逃命。就连那两架直升飞机也突然哑然无声，不再轰鸣呼啸，宛如两只硕大沉默的苍鹰，无声地在逐渐沉入无底深渊的草原上空盘旋……枪手们把自动步枪支在膝盖上和车帮上无声地射击着，汽车无声地在大地上飞驰，发狂的羚羊无声地拼命奔跑，被子弹穿过身体，鲜血四溅，无声地倒下……在这片世界末日一样的沉寂当中，母狼阿巴拉看到一张人脸，这张脸离它很近，模样十分可怕，非常清晰，把它吓得险些倒在车轮底下。原来有辆越野汽车正在和它并排奔驰。那个人就坐在车的前面，探出上半身。此人戴着一副玻璃防风眼罩，面庞被烈风吹得红中带紫，把一个步话器举在黑色的嘴边，从位子上跳将起来，向着整个草原大喊大叫，但是却听不见他所喊的话。看样子就是此人指挥这次围猎的。假如母狼此时此刻能够听见喧嚷嘈杂和鼎沸的人声，如果它能听懂人类的话语，它就会听见这个人对着步话器大喊："往两边开枪！打两边的，别往中间开枪，不然要踩烂的！你们这帮笨蛋！"原来他是担心后面跑上来的大群羚羊会把被打死的羚羊踩烂……

入选理由：

通过对各类动物形象的描述和生动刻画，批判了人类征服、控制自然的观念。

一般解读：

艾特玛托夫是苏联作家，他的大部分作品都蕴含了生态思想。他从人性、道德的角度反思了人与自然的关系，表达了他对生态危机的深深忧虑。在两部代表作《死刑台》和《白轮船》中，他对人类征服与控制自然这一观点进行了批判，并且将生态悲剧与道德悲剧相联系，从而具有了更深刻的思想内涵。艾特玛托夫的小说被称为"生态预警小说"和"生态启示录文学"。他的生态小说更多地向读者展示了当今世界生态形势的严峻性。在《死刑台》中，艾特玛托夫展示了大自然受难时如同"世界末日"一般的残酷场景。正是人类贪婪的欲望及狂妄的野心，才会使自然遍体鳞伤。他猛烈抨击人类中心主义，呼吁人类与自然和谐相处。

生态解读：

《死刑台》里狼夫妇的经历是整个大自然悲剧的缩影。它们几次三番失去家园、失去儿女，所生活的自然区域被人类毁灭。无情的杀戮正是人类破坏自然的缩影。“枪手们把自动步枪支在膝盖上和车帮上无声地射击着，汽车无声地在大地上飞驰，发狂的羚羊无声地拼命奔跑，被子弹穿过的身体，鲜血四溅，无声地倒下……”很多羚羊倒了下来，只有躺在地上乱蹬蹄子的份儿，再也没有力量移动。通过对猎杀动物的描写，作者批判了人类中心主义，正是人类这种对大自然征服、控制的欲望造成了生态灾难。当然，作者并没有就此停住。他不仅揭示了人类征服、控制、践踏自然万物的可怕场景和严峻后果，还探讨了造成这种生态灾难的原因。同时，他还从人性、道德、精神的角度思考生态问题，也思考人与自然之间的关系、人与人之间的关系。作者以一种更高意义上的人道主义来表达人类融入自然并追求精神至善的美好愿望。

●［英］奥尔德斯·赫胥黎《美丽新世界》[24]

（节选）

“但眼泪是必须的。难道你不记得奥赛罗是怎么说的吗？‘要是每一次暴风雨之后，都有这样和煦的阳光，那么尽管让狂风肆意地吹，把死亡都吹醒了吧！’有一位印第安老人给我们讲过一个故事，关于玛塔斯基这个女孩。想要娶她的年轻人必须在她的花园里锄一上午的地。这似乎很简单，但里面有可怕的蚊虫，几乎没有年轻人能够忍受它们的叮咬。但有一个年轻人忍受下来了——他得到了那个女孩。”

“真是有趣！但在文明的国度里，”主宰者说道，“你不用锄地就能够得到女孩，也不会有蚊虫来叮咬你。好几个世纪前我们就已经消灭了它们。”

野人皱着眉点了点头，“你已经消灭了它们。是，这就是你们的作风。把一切不愉快的事情消灭掉，而不是学会去忍受它。是默然忍受命运暴虐的飞箭流石，还是挺身反抗人世的无涯的苦难，通过斗争把它们扫清……但你们两样都不会去做，既不会去忍受，也不会去反抗。你们只是把飞箭和流石一笔勾销了。这太简单了。”他突然沉默了，想起了他的母亲。在三十七楼的病房里，琳达漂浮在歌声、光线、香薰和爱抚的海洋中——漂走了，漂出了时空，漂出了记忆、习性、衰老和浮肿的身躯的牢笼。而托马金——生育与培育中心的前主人仍在度假——远离耻辱与痛苦的假期，在一个他不会听到那些辱骂和讥笑的世界里，不会看到那些狰狞的面孔，不会感受到那双搂着他的脖子的湿润松弛的手臂，在一个美妙的世界里……

“你们所需要的，”野人继续说道，“是含着眼泪去改变。这里没有什么需要付出高昂的代价。”

“拼着血肉之躯奋然和命运、死神与危机挑战。这全为了小小一块弹丸之地！难道这句话没有意义吗？”他抬头看着穆斯塔法·蒙德，说道：“除上帝之外——当然，上帝是一个理由。难道生活在危险中就没有意义吗？”

“意义很大。”主宰者回答道，“男人和女人必须时不时受到刺激以分泌肾上腺素。”

“那是什么？”野人问道，他无法理解。

“那是完美健康的一个条件。这就是为什么我们规定代激治疗必须强制实行。”

“代激治疗？”

“替代激情治疗。每个月定期一次。我们为整个身体注射肾上腺素。它就如同生理意义上的恐惧与愤怒，能带来谋杀苔丝德蒙娜和被奥赛罗谋杀的滋润身心的效果，却不会带来麻烦。”

“但我喜欢那些麻烦。”

“我们不喜欢。”主宰者说道，“我们希望过得很舒适。”

“我不要舒适。我要上帝，我要诗歌，我要真正的危险，我要自由，我要美好，我要罪恶。”

入选理由：

以极端的预言形式讽刺和抨击了文明的“现代性”，使人反思所谓的“进步”“先进”等概念，同时思考科技伦理、消费主义、享乐主义等问题。

一般解读：

进入20世纪以来，两次世界大战和科技的迅猛发展打破了社会原有的沉寂，知识分子开始重新审视社会深度问题，反乌托邦文学由此应运而生，成了作家抨击黑暗现实的有力工具。《美丽新世界》就是在这样的背景下创作的。

“乌托邦”出自英国空想社会主义创始者托马斯·莫尔的小说《乌托邦》，意为“没有的地方”或“好地方”，寄予了人类对理想世界的向往。这本书属于反乌托邦作品（作者本人在附录《重返美丽新世界》中将自己的作品和乔治·奥威尔的《一九八四》进行了对比）。本书营造了一个高度物质文明的年代：完全开放的性观念（完全不介意交配，甚至以频繁更换配偶为荣）、极度轻松的工作（为了不让人们闲着，主宰者刻意增加没必要的工作）、鼎盛的娱乐文化（超科技带来的极致享受）以及最令人瞠目结舌的阶级生育设定（不进行胎生，以科学技术成批生产人类，并在出现前就规定好了人的等级，在人类生产出来以后用睡眠教育等方法进行相应的洗脑教育，参见印度种姓制度），等级越高，智力越高，生活越好（最高等级的阿尔法被限制在一定数量，防止社会出现动荡），可以说完全符合享乐主义者、好吃懒做者、生命虚无论者的理想。可是具有自由意志的作者以一两个叛逆的阿尔法及一个传统社会（作者当时所处社会）的“野人”在高度物质文明社会的经历来表达他对这种毁灭了精神世界、只有物质的社会的不满（和《一九八四》类似，该社会也摧毁了传统的影视、歌曲、图书等文化作品并重新批量生产符合规范的作品）。读者无法责怪小说中的约翰，因为他只不过做了大多数人都会做出的选择，这与自文艺复兴以来人类对科学技术的崇拜、追求和信仰是完全一致的。归根结底，约翰的悲剧就是全人类的悲剧，是人类文明发展道路的悲剧。福特社会祛除了瘟疫、战争、饥荒、衰老等始终困扰人类社会的烦恼，由高科技装备而成的美丽的文明新世界美得令人窒息，人成为非人。

《美丽新世界》这个书名来自威廉·莎士比亚的《暴风雨》第五幕第一场，天真的米兰达唱道："啊，多么神奇！这里有多少美妙的人物；人类多么美丽！奇妙的新世界啊，竟有这样美好的人！"莎士比亚用这句台词讽刺那些引发米兰达赞赏的美好的人实际上都是些无赖。赫胥黎用它做书名更加深了讽刺，因为他所展现在读者面前的未来景观与其说是天堂，不如说是人类的噩梦。赫胥黎认为现实世界是有缺陷的，他看到的社会是充满极端利己主义者和个人主义者的社会，里面的人们因为自己各种各样的欲望而挣扎、绝望，整个文明就在这样的愤怒、恐惧、绝望中分崩离析，人们被引入了这个噩梦般的"美丽"的新世界。

当代社会，"消费"成为"幸福"的同义词。在这部小说里，幸福就是每个人对食物、性、药品及其他消费品的需求和欲望能得到即刻的满足。然而，这种满足只是虚假的幻觉，抛弃了人类真实情感的流露，违背人伦和人性。这篇小说给我们的现实警醒是深刻的：在现代社会的经济价值观中，个人幸福不也同样被定义为"满足需要的能力"吗？成功的标准不也等同于高消费、高享受的优渥生活吗？人们正在逐渐忘记幸福的真正内涵是什么。

生态解读：

《美丽新世界》中想象了一个极端的世界。在这个世界里，科技发展到了极高的阶段，人类将自己的物质享乐当成唯一的追求和真理，并且自以为依靠科技实现这一理想就是获得了永恒的幸福。

自然可能有自己的规律和伦理，这包括每个人类个体从出生时就会有差异，人类也会有疾病等。但在《美丽新世界》中，人类克服了这一切，几乎放弃了"自然的"、一切原有的规律。人类通过科技的发展减少了疾病，延长了寿命，缩小了与生俱来的很多不平等（如修复了先天性的残疾）等，这是值得肯定的。自然对人类的设计可能是希望人类达成这样的成就，因此使人类进化出了出色的大脑。然而，人类已经开始无视自然的"限度"。自然在用自己的方式告知人类，它为人类设计的"不可越过的界限"在何处，但是人类选择无视。

通过更好的科学技术，人类实现了对资源更肆意地开发、对婴儿基因的编辑等，却选择无视"全球变暖""社会问题激化"等问题。《美丽新世界》为我们提供了一个新的视角，提醒我们不要陷入消费主义和享乐主义虚假繁荣的迷幻世界中。否则，人类未来真的可能把地球变成垃圾场，就像电影《机器人总动员》所描绘的那样。

●［奥］弗兰兹·卡夫卡《变形记》[25]

（节选）

“亲爱的爸爸妈妈，”妹妹说，她用手在桌上拍了一下作为引言。“再不能这样下去了，要是你们或许还看不清楚，我可是看得很清楚了。在这怪物面前我不愿意说出我哥哥的名字，所以我只说：我们一定得设法弄走它，我们已尽可能地去照料它、容忍它了，没有人可以对我们作丝毫指责了。”

“她真是再对不过了，”父亲自言自语地说道。母亲仍一直喘不过气来，她现在用手捂在面前低声咳起来了，眼睛的表情像精神失常。

妹妹赶紧跑到母亲那儿，扶住她的额头。父亲似乎因为妹妹的话脑子里有了一定的想法，他坐直了身体，玩弄着那顶放在房客晚饭后留下的杯盘之间的仆役帽子，眼睛间或望向静静的格雷戈尔。

“我们一定得设法弄走它，”现在妹妹对父亲一个人说道，因为母亲咳着，听不见她说什么，“它终会把你们俩都搞死的，我预见这事一定会发生。像我们大家这样必须辛苦工作的人，是无法再在家中忍受这种折磨了，我再也不能了。”说着，她号啕大哭起来，泪水流到母亲脸上，她就机械地用手抹掉。

“孩子，”父亲充满同情地说，他表现出异乎寻常的理解，“但我们该怎么办呢？”

妹妹只是耸耸肩膀表明她也不知道该怎么办，刚才那么有把握，现在相反，哭着的时候她已没主意了。

“假如他能懂我们的意思，”父亲半说半问；妹妹一边哭着一边猛摇着手，表示这是不可能的。

“假如他能懂我们的意思，”父亲重复一遍，接着闭起眼睛，接受了妹妹对此认为不可能的想法，“那么还可以同他有个协定。但是像这样子——

“它必须离开，”妹妹喊了起来，“父亲，这是唯一的法子。你只要设法不去想它是格雷戈尔，我们一直相信它是，这才是我们真正的不幸。但它怎么是格雷戈尔呢？如果它是格雷戈尔，它老早就会明白，人和这样一只动物是不可能共同生活的，他就会自愿走掉，我们会失去一位哥哥，但我们可以继续生活下去，并且会怀着敬意纪念他。但是像现在这样，这只动物追踪我们，赶走房客，显然想霸占整套房子，让我们在巷子里过夜。看呀，父亲，她忽然大叫起来，“它又来了！”格雷戈尔完全不能了解妹妹为何如此惊慌，在这惊慌中她甚至不顾母亲，突然离开母亲的坐椅，简直就是跳离椅子，好像她宁愿牺牲母亲也不愿留在格雷戈尔近旁似的，她跑到父亲背后，父亲只因她的举止而激动不安，他也站了起来，像是为了保护她似的半举起手。

……

他刚一进入房间，门就极为匆忙地关上了，闩紧了，还锁了起来。格雷戈尔被身后突如其来的响声吓得腿都发软了。那个那么匆忙的人是妹妹。她已站在那儿等着了，然后灵敏地向前跳去，格雷戈尔一点也没听见她过来，她一边转动钥匙把门锁上，一边对父母亲喊道：“终于进去了！”

入选理由：

每个人都可能“变形”。

一般解读：

《变形记》是奥地利作家弗兰兹·卡夫卡的代表作。故事讲述了旅行推销员格雷戈尔作为家里唯一的经济支柱，一天早上醒来，忽然变成了巨大的甲虫，完全丧失了劳动能力。随即，格雷戈尔被家人嫌弃、厌恶，在痛苦中孤独地死去。变形的艺术加工手法并非卡夫卡的原创。西方的《古希腊神话》《金驴记》《格林童话》，东方的《山海经》《搜神记》《西游记》《聊斋志异》等，此类变形数不胜数。真正让《变形记》成为经典作品的原因是卡夫卡对人类生存困境细思极恐的揭露。

故事中共存在三种“变形”。首先是生理的变形。格雷戈尔早晨起来突然发现自己变成了一只甲虫，饮食起居、生活习惯完全适应了虫子的习性。其次是在生理变形背后的心理变形。格雷戈尔从希望继续努力工作挣钱养家，到希望引起他人的注意，再到因无人关注而自暴自弃。最后是各种人际关系的变形。格雷戈尔从家里的支柱、唯一的经济来源变成了人人厌恶的甲虫，让他看到了人与人关系最阴暗的一面。 三种变形之后，卡夫卡为我们揭示了这部小说中最荒诞的核心问题：为什么格雷戈尔变形之后，无人关心他为何会变形，何时再变回人类，而只是希望他快点死去?

有的学者认为，多数中译本都把格雷戈尔变形的虫子译成“甲虫”。原文中用的是德文“ungeziefer”一词，译为“害虫、臭虫、蟑螂、肮脏的动物”。英译本对应的是“vermin”，译为“害兽（尤指体小的）、害虫、害鸟、体外寄生虫（虱子等）”，可引申为“令人讨厌的家伙、歹徒、坏蛋、害人虫”。因此，译为“甲虫”是不恰当的，无法体现出一个成年男人大小的臭虫带给读者的心理冲击，应译为“臭虫”“毒虫”。

生态解读：

很多人都对格雷戈尔家人的做法嗤之以鼻。格雷戈尔变成了一只臭虫，令人厌恶的生物。但是，有多少人会心甘情愿和苍蝇蚊子交朋友，和老鼠做邻居呢?

如果格雷戈尔变成了美人鱼或是长翅膀的俊美天使呢？此时的格雷戈尔不仅具有审美价值，更具有经济价值。家人不仅会心生怜悯、细心照料，更会将他作为奇珍异宝，供游人参观赏玩。他会变成一棵更大的摇钱树，为家人带来更好的生活。

家人对臭虫化的格雷戈尔的态度，正是人类中心主义的真实写照。冰冷的物质文明社会割裂了人类和其他生物的密切联系，人为地将诸多生物划分为“对人有益”和“对人有害”两种。这种追求无限金钱增长、更好生活质量的现代文明，从本质上来说，是反生态文明的。一方面，这样的社会，本质上还是以人类的根本利益而非生态系统的整体和谐为最终目标。在这样的社会中，不必考虑“害人生物”的生态价值，只要判定它“无经济价值，甚至损害人类利益”就可以判定它不享有生存价值。另一方面，以资本为导向的等级制社会造成了自然资源的分配不均，必然导致环境正义的丧失。就像《北京折叠》所描绘的世界一样，各个阶层生活在相同的生活空间里，却过着截然不同的生活，底层群众被迫以生存为第一要务。

如果我们是格雷戈尔或是他的家人，是否也同样难以抉择？我们会接受一个成年男子大小的臭虫生活在自己家里吗？同样，我们若变成这样的生物，我们是否会自暴自弃呢？虽然我们不会变为虫子，但我们会遭遇重大变故。譬如，在医疗资源分配不均的当下，一场大病就相当于把一个挣钱养家的格雷戈尔变成了不断吸血的臭虫。对于千千万万格雷戈尔这样的普通家庭来说，一人得病，就相当于宣判了整个家庭的死刑。在生活的重压之下，有的家庭会砸锅卖铁，全力医治；有的家庭会做出遗弃选择，当然不值得赞扬，却能被充分理解。最终，无论什么样的家庭、亲情和爱，都会随着金钱和精力的耗尽而日渐消散。

这才是伟大作家卡夫卡给我们揭示的现实意义。他用几乎精准的预言方式告诉我们，追求金钱至上、无限增长的现代化社会必然会造成异化，割裂人与人之间的亲密关系。最终，每个人都在钢筋混凝土的现代空间里苟延残喘，过着重压、孤寂、自私、冷漠的生活。因此，我们才要加速构建一个公平正义、生态健康、精神富足的生态文明社会。

●［美］海明威《老人与海》[26]

（节选）

鲨鱼飞速地逼近船艄，它袭击那鱼的时候，老人看见它张开了嘴，看见它那双奇异的眼睛，它朝前咬住鱼尾巴上面一点儿地方的鱼肉，牙齿嘎吱嘎吱地响。鲨鱼的头露出在水面上，背部正在出水，老人听见那条大鱼的皮肉被撕裂的声音，这时他用鱼叉朝下猛地扎进鲨鱼的脑袋，正扎在它两眼之间的那条线和从鼻子笔直通到脑后的那条线的交叉点上。这两条线实在是并不存在的。只有那沉重、尖锐的蓝色脑袋，两只大眼睛和那嘎吱作响、伸向前去吞噬一切的两颚。但那儿正是脑子的所在，老人便直朝它扎去。他使出全身的力气，用糊着鲜血的双手，把一支好鱼叉向它扎去。他扎它，并不抱着希望，但是带着决心和满腔的恶意。

鲨鱼翻了个身，老人看出它眼睛里已经没有生气了，跟着它又翻了个身，自行缠上了两道绳子。老人知道这鲨鱼快死了，但它还是不肯认输。它这时肚皮朝上，尾巴扑打着，两颚嘎吱作响，像一艘快艇般地划破水面。海水被它的尾巴拍打起一片白色浪花，它四分之三的身体露出在水面上，这时绳子给绷紧了，抖了一下，啪地断了。鲨鱼在水面上静静地躺了片刻，老人紧盯着它。然后它慢慢地沉下去了。

“它咬掉了约莫四十磅肉，”老人说出声来。它把我的鱼叉也带走了，还有整条绳子，他想，而且现在我这条鱼又在淌血，其他鲨鱼也会来的。

他不忍心再朝这死鱼看上一眼，因为它已经被咬得残缺不全了。鱼挨到袭击的时候，他感到就像自己挨到袭击一样。

可是我杀死了这条袭击我的鱼的鲨鱼，他想。而它是我见到过的最大的登多索鲨。天知道，我见过好些大的哪。

光景太好了，不可能持久的，他想。但愿这是一场梦，我根本没有钓上这条鱼，正独自躺在床上铺的旧报纸上。

“然而人不是为失败而生的，”他说，“一个人可以被毁灭，但不能给打败。”然而我很痛心，把这鱼给杀了，他想。现在倒霉的时刻要来了，可我连鱼叉也没有。这条登多索鲨是残忍、能干、强壮而聪明的。但是我比它更聪明。也许并不，他想。也许我仅仅是武器比它强。

入选理由：

不要误解，这不是一个人定胜天的故事。

一般解读：

这是一个具有多层次内涵的寓言故事，不同的人从不同的视角可以拥有不同的解读的感悟。它的故事并不复杂，一个年老的古巴渔夫圣地亚哥在海上打鱼，在经历84天的一无所获后，终于筋疲力尽地捕到了一条大马林鱼。这鱼实在庞大，老人把它挂在小船一侧，不料却招致鲨鱼的攻击。不肯认输的老人拿起小刀、短棍和舵把与鲨鱼搏斗，并最终驱逐了鲨鱼，但他的马林鱼却几乎被鲨鱼啃了个精光，只剩下一副庞大的骨架。最终，老人带着他的战利品回到了村子。

有人认为，这个故事是一支英雄主义的赞歌，它赞扬了老人不惧失败的斗争精神，表现出一个人在逆境中的坚韧勇敢，也证明了“心灵的尊严”之伟大。正如海明威借老人之口所说的“一个人可以被毁灭，但不能被打败”。也有人认为，《老人与海》其实是一个典型的悲剧故事。故事里的老人就像普罗米修斯、俄狄浦斯或者耶稣（正如作者所暗示的）一样，具有一种反叛和斗争精神，纵使现实世界逼着人物跪地求饶，但这些人物仍然能够从逆境中奋起抗争命运赐予的不公。这就是悲剧性之所在。还有人认为，老人实际上指的是海明威自己或其他优秀作家，而马林鱼是他的作品，鲨鱼则指代那些对作品进行挖苦讽刺的文学批评家。一部作品的诞生当然要费很大的心血，要忍受孤独的写作过程，也要勇敢地面对挑战和批评。

正如一千个读者就有一千个哈姆雷特一样，每个人对《老人与海》的理解或许都不尽相同。但无论从哪种角度来说，它都是一部短小精悍的经典之作。

生态解读：

这是一个人定胜天的故事吗？

大部分人在读这篇故事，或者向别人讲述这篇故事时，很容易陷入一个误区，那就是将《老人与海》视为歌颂人类战胜自然的英雄故事。那么事实真的是这样的吗？海明威是要告诉我们人类只要坚毅勇敢、不屈不挠就能征服自然吗？

诚然，故事中的老人在经过一番激烈的斗争之后，击退了鲨鱼，成功地将大马林鱼的尸骸带回了家乡。虽然鱼肉几乎荡然无存，但尸骸显然成为一个象征、一个证明老人战胜鲨鱼的勋章。但是，若把《老人与海》看成一个人定胜天的故事，那便是大大误解了海明威的意思。

首先，从情节安排和构思上，我们可以寻找一些另一种思考的蛛丝马迹。早在老人出海捕鱼之前，自然界就给予老人一个沉重的打击：他已经连续84天没有捕到过鱼了。在第85天，老人遇到了一条大马林鱼，但他花了3天时间才成功捕杀，其间历经挫折，甚至险些丧命。在返程之后，老人遇到了此行的最大挑战：鲨鱼。老人勇敢地与鲨鱼搏斗，击退了鲨鱼，但他并没有完全战胜鲨鱼。因为鲨鱼成功地吃掉了大马林鱼，仅仅给老人留下一副残缺不全的尸骸。就这个意义而言，老人与鲨鱼只能说打了个平手，与大自然的力量打了个平手。在海明威的故事里，人并没有战胜自然，也不可能战胜自然，老人在茫茫大海中何其渺小，在大马林鱼面前曾一度无能为力，在鲨鱼面前也仍旧势单力薄。我们可以说人是自己命运的主人公，但绝不能说人是自然世界的主宰。老人的英雄主义更多地体现在他对逆境的抗争，但要说他战胜自然，恐怕就离题万里了。

其次，我们也可以脱离人类中心主义，从大马林鱼或者鲨鱼的视角来读这个故事。海明威所说的大马林鱼其实是一种大型的大西洋青枪鱼，属于海洋中的顶级掠食者，其矫健凶狠连鲨鱼也要怵它三分。然而，就是这样一种位于海洋食物链顶端的生物，却还是难以逃脱人类的捕杀。它在老人的手中挣扎了三天三夜，最终筋疲力尽，任由老人杀死，而它的肉也遭受到鲨鱼的啃食。如果我们以大马林鱼为主角写一部故事，那么这主人公的命运也太过悲惨了。倘若站在鱼类的角度想，被人类捕杀是否也是一种灾难呢？我们当然可以说，渔夫捕鱼只是为了养家糊口，为了生存。同样地，站在鲨鱼的角度来看，吃掉大马林鱼也不过是为了谋求一顿饱餐而已。适者生存、物竞天择，达尔文的竞争法则在动物世界显得更为残酷和激烈。在生存这个意义上，人与动物都是平等的，从来没有高尚和低贱之分。人类战胜动物也好，动物战胜人类也罢，归根结底都是对生命的剥夺，并不值得耀武扬威。

最后，海明威在叙事手法和诸多细节上都埋藏了自己对人与自然关系的理解，埋藏了对自然的友好、崇敬与赞美等思想感情。在老人的眼中，大马林鱼不是一个愚蠢的、无知的动物，它似乎也和人一样有着复杂的心理。在与之搏斗的过程中，老人不可避免地流露出对大马林鱼的敬佩和赞美。他说：“我从没见过比你更庞大、更美丽、更沉着或更崇高的东西。老弟，来，把我害死吧。我不在乎谁害死谁。”在老人的眼中，人战胜鱼和鱼战胜人，似乎是处于平等的位置上，是一种稀松平常的自然图景：“你要把我害死啦，鱼啊……不过你有权利这样做。”老人的这种复杂感情，几乎要把大马林鱼当作自己的朋友而非死敌了。由此可知，在叙述人与自然的关系时，海明威并没有鄙视自然，他不是站在一种居高临下的角度去看待自然世界。《老人与海》中的老渔夫圣地亚哥，至少比《白鲸》中与白鲸莫比·迪克同归于尽的亚哈船长要更善良、更有人性。从某种意义上来说，这不仅是一部号召人们在逆境中奋勇抗争的英雄故事，而且是一部歌颂自然并呼吁人类敬畏自然的悲情史诗。在伟大的自然面前，我们费尽力气所能做的不过是“不被打败”而已。

参考文献

[1] 余光中 . 余光中精选集 [M] . 北京：北京燕山出版社，2015.

[2] 黄宏煦 . 英国浪漫主义诗人抒情诗选 (上) [M] . 南京：江苏人民出版社，1988.

[3] 田维舟 . 大学语文 [M] . 广州：华南理工大学出版社，2018.

[4] [英] 威廉·华兹华斯 . 华兹华斯抒情诗选 [M] . 黄杲炘，译 . 上海：上海译文出版社，1986.

[5] [美] 沃尔特·惠特曼 . 草叶集：沃尔特·惠特曼诗全集 [M] . 邹仲之，译 . 上海：上海译文出版社，2015.

[6] [印] 泰戈尔 . 飞鸟集·新月集 [M] . 郑振铎，译 . 北京：新世界出版社，2011.

[7] 朱自清 . 背影 [M] //民国美文典藏文库 . 北京：中国文史出版社，2016.

[8] 朱自清 . 朱自清文集 [M] . 北京：京华出版社，2008.

[9] 杨朔 . 杨朔散文 [M] . 北京：人民文学出版社，2013.

[10] 汪曾祺 . 汪曾祺全集：全 12 册 [M] . 北京：人民文学出版社，2018.

[11] 哲夫 . 淮河生态报告 [M] . 石家庄：花山文艺出版社，2004.

[12] 约翰·罗斯金 . 罗斯金散文选 [M]. 沙铭瑶，译 . 天津：百花文艺出版社，1997.

[13] [美] 梭罗 . 瓦尔登湖 [M] . 王家湘，译 . 北京：北京出版社出版集团，北京十月文艺出版社，2009.

[14] [美] 约翰·缪尔 . 夏日走过山间 [M] . 邱婷婷，译 . 上海：上海译文出版社 .2014.

[15] 鲁迅 . 鲁迅经典全集：小说集 [M] . 北京：北京理工大学出版社 .2016.

[16] 鲁迅 . 鲁迅全集：第二卷 [M] . 北京：人民文学出版社，2005.

[17] 马原 . 冈底斯的诱惑 [M] . 北京：作家出版社，1992.

[18] 姜戎．狼图腾［M］．武汉：长江文艺出版社，2004.
[19] 梁晓声．今夜有暴风雪［M］．北京：中国青年出版社，2016.
[20] 叶广芩．黑鱼千岁：叶广芩中篇小说新作［M］．北京：中国广播电视出版社，2005.
[21] 郝景芳．孤独深处［M］．南京：江苏凤凰文艺出版社，2016.
[22]［英］奥斯卡·王尔德．自私的巨人［M］．杨玲玲，彭懿，译．北京：电子工业出版社，2017.
[23]［苏］钦·艾特玛托夫．死刑台［M］．陈锌，陈宝辰，谷心亚，译．北京：中国文联出版社，1988.
[24]［英］奥尔德斯·赫胥黎．美丽新世界［M］．陈超，译．上海：上海译文出版社，2017.
[25]［奥］卡夫卡．变形记：卡夫卡中短篇小说集［M］．谢莹莹，张荣昌，等，译．上海：上海译文出版社，2006.
[26]［美］海明威．春潮：老人与海［M］．吴劳，译．上海：上海译文出版社，2004.

第三章

世界经典影视作品中的生态意识

XIN SHIDAI
SHENGTAI WENMING
CONGSHU

与文本作品不同，影视作品是一种通过视频和声音效果传递意象的艺术形式。其中，有相当一部分作品蕴含着丰富的生态伦理意蕴。动人的动画电影，如《千与千寻》《机器人总动员》，总是在弘扬美与善的不经意间勾勒出美好的未来图景；《完美风暴》《后天》等灾难片，则以现实社会素材为主题内容，阐释“人定胜天”的荒谬；《蓝色星球2》《蔚蓝之境》等纪录片，几乎用白描的手法直观展示了海洋的千姿百态，以提升全人类的生态保护意识。看经典影视作品是一种美的享受，不需要抱有任何“被动学习”的心理压力，大自然的至善、至真、至纯都会在不经意间充实你的内心。

第一节　世界经典电影

●《千与千寻》[1]

（简述）

少女千寻意外来到神灵异世界后，为了救爸爸、妈妈经历了很多磨难。千寻和爸爸、妈妈一同驱车前往新家，在郊外的小路上不慎进入了神秘的隧道——他们到了另外一个诡异世界——一个中世纪的小镇。远处飘来食物的香味，爸爸妈妈大快朵颐，孰料暴食之后竟变成了猪！这时小镇上渐渐来了许多样子古怪、半透明的人。千寻仓皇逃出，一个叫白龙的人救了她，还给她喂了阻止身体消失的药，并且告诉她怎样去找锅炉爷爷以及汤婆婆，而且必须获得一份工作才能不被魔法变成别的东西。在白龙的帮助下，千寻幸运地获得了一份在浴池打杂的工作。渐渐地，她不再被那些怪模怪样的人吓到，并从小玲那

[1] 导演/编剧：宫崎骏。配音：柊瑠美、入野自由、中村彰男、夏木真理等。制作：吉卜力工作室。该动画电影于2001年7月20日在日本上映，于2019年6月21日在中国正式上映。

儿知道了白龙是凶恶的汤婆婆的弟子。一次，千寻发现白龙被一群飞舞的白色纸人打伤，为了救受伤的白龙，她用河神送给她的药丸驱出了白龙身体内的封印以及守封印的小妖精，但白龙还是没有醒过来。为了救白龙，千寻又踏上了她的冒险之旅。

入选理由：

在童话的外衣下，隐喻消费社会的忧思，表达自然之爱。

一般解读：

在这个魔幻世界里有一个规则：如果不工作就会被汤婆婆变成煤球，如果贪吃会变成猪，如果不吃这个世界的食物就会消失。当千寻面对因为贪吃而变成猪的父母、突然出现的妖怪、自己逐渐透明的身体时，她也迷茫害怕，可她更知道自己要努力在这个世界生存下去，要想办法救自己的父母，所以她及时调整心态坚强面对困境。面对不怀好意的汤婆婆，千寻虽然害怕但没有退缩，即使被诋毁、被威胁、被引诱、被刁难，但她始终认真努力地对待这份工作。

从离开父母的迷茫、害怕、崩溃，到战战兢兢在这个魔幻世界里生活、工作，千寻始终积极努力地面对这个世界。即使被夺走名字，即使面对各种欲望侵蚀，她依旧没有忘记自己。最终，她因工作出色而获得肯定、因真诚善良而得到真挚友谊，进而救回爸妈、找到回家的路。看着她，就仿佛看见一个女孩的成长史——大学毕业后的我们离开象牙塔，走向这个现实又充满魔幻的世界，我们迷茫忐忑，未来的风风雨雨需要自己去面对，从事什么样的工作、过什么样的生活、成为什么样的人都需要自己的努力。

因为千寻的真诚善良，她得到了白龙的友情、锅炉爷爷的帮助、小玲的另眼相看、无脸男的全然信任、巨婴宝宝的喜欢……而这些人在千寻的这趟奇幻之旅中都提供了帮助。即使忘了名字，千寻也没有放弃她的勇敢坚定、认真负责、真诚善良的本性，她在这个魔幻世界里用自己的一举一动感染着周围的人。在影片的最后，千寻需要在10头猪里找到自己的父母才能带他们回家，在这个过程中汤屋所有的员工都在为她加油打气。千寻在不知不觉中用自己的行动感染了这些人，这些以前欺辱她的人现在变成了支持她的人。

这一路，千寻没有迷失自己，她的初心仍在。在这个魔幻世界里，千寻一路打怪升级、不断成长，而现实中的我们踏入这个充满魔幻的社会时，会有怎样的表现？我们是否会有千寻这样的升级和成长？是否会坚定自己的选择？是否认真对待工作？这一路，我们也会遇到像汤婆婆、无脸男、青蛙、巨婴等各种类型的人，我们是否能处理好与他们的关系？能否保持赤子之心，做事坚定勇敢、认真负责，做人真诚善良？我们是否会忘记自己的名字？是否会被各种欲望纠缠？是否还找得到回家的路？

千寻这一路虽然历经千辛，但她始终不忘初心，始终至真至善地面对自己、对待他人。这条路虽然看似布满荆棘，实则是通向幸福生活的捷径。

生态解读：

《千与千寻》作为宫崎骏的代表作，斩获20余项电影大奖（最知名的便是第75届奥斯卡最佳动画片奖），但它的生态价值尚未被人充分发掘。宫崎骏是日本著名的动画导演，他的动画与西方动画有着明显的不同，具备典型的日式特征，用隐喻和象征的手法表达丰富的含义。在这部影片中，女主角千寻进入魔幻世界的原因是与父母开车通过树林，父母一定要进入森林深处探索，千寻非常害怕反复劝阻，父母却不予理会，还在树林中发现的店铺里大快朵颐。这一场景充分显示了宫崎骏对自然的喜爱与对成人无知无畏的批判。千寻认为不可以轻易进入森林，而她的父母却不以为然，这隐喻了人类总是不顾一切地入侵具有“神性”的自然领域，还在其中肆意破坏（父母不经过店主的允许就大吃特吃）。似乎是资本主义超前消费给予人们这样的优先权，千寻的父母认为食物可以随便吃只要把钱留下就可以了，结果千寻的父母变成了失去记忆、只知道吃的丑陋的猪，要依靠千寻来拯救。“人”因丢失孩童般的单纯、善良、真诚和谦卑才会“变成猪”、丧失记忆，只有找回这一切才能变回“人”，这表达了作者对于“人”所应该具有的美好品质的赞美。

更加具有生态映射的是，千寻在澡堂工作时接待了两位最为“肮脏可怕”的客人。一位是河神，他臭气熏天、肮脏腐败，但是在千寻看来只要把人类社会产生的垃圾拔出来，河神的面貌就会立刻焕然一新。另一位是无脸男，他大把地洒出金子，在澡堂员工的奉承之下大吃特吃，最后把那些贪财的搓澡工全都囫囵吞掉。它的身体急速膨胀，就像无限扩张的资本，可以吞没人性。被吞的搓澡工与表面光鲜亮丽、实则腐臭不堪的山珍海味搅和在一起，共同沦为垃圾。发了疯的无脸男就像《资本论》中所描述的急速膨胀的资本："资本来到世间，从头到脚，每个毛孔都滴着血和肮脏的东西。"而最后，无脸男吃了千寻的解药，将之前食用的大量山珍海味都吐了出去，这些山珍海味都变成了肮脏污秽之物，无脸男也成为安静温柔的角色。由此不难看出，宫崎骏对于资本主义的膨胀、消费社会的扩张带来的生态恶果持有批判态度。

●《愤怒的葡萄》[1]

（简述）

刚从监狱释放出来的汤姆回到俄克拉何马州的家中，却发现家里已经空无一人。原来随着工业的发展，当地的农民都被迫离开了。在好友的帮助下，汤姆找回了家人。但是好友的意外身亡激起了汤姆为其复仇的决心。最终为了躲避，汤姆和家人只能匆匆逃亡，去寻找下一个安身之所。

入选理由：

女性也是环保的"半边天"。

一般解读：

葡萄在《圣经》中不仅象征着耶稣的子民，而且还象征着希望和富饶。但是在本片中，愤怒的葡萄却表达了痛苦、愤怒和复仇。当一群怀揣希望的农民来到加利福尼亚州后，发现这里并不是他们想象的应许之地。很多人都难以找到工作，即使找到工作，他们也要受到大资本家的欺凌和压榨，无法实现幸福生活的愿望。电影借助天气的恶劣表现出这些农民悲惨的生活——饥寒交迫。而资本家却对这些农民

[1] 导演：约翰·福特。主演：亨利·方达、简·达威尔。上映日期：1940年（美国）。

不管不顾，宁愿毁掉地里的庄稼，也不会无偿交给他们。最终在影片的结尾，导演借助“葡萄愤怒”的形象，展现了农民的革命精神。只有通过革命，才能实现美国人民生存以及幸福生活的愿望。

生态解读：

随着人类给环境造成的压力逐渐增加，环境问题层出不穷。女性团体开始积极地参与环境保护运动，女性主义与环保主义结合为一体。她们认为，女性不应该被动地顺应自然变化，而应该在环境变化中发挥主观能动性，在运动中表达女性应有的权利，体现女性在环境保护运动中应该具有的价值。女性生态主义不仅体现了女性对平等、自由和解放的追求，也展现了女性在环境保护运动中的作用。影片中的女性是女性生态主义的典范。乔德妈妈和罗莎香不仅成为大地女神的化身，更成为家族内部的精神领袖。面对天气灾害，女性所展现的积极、乐观的态度，耕作的能力和开放的思想都是不输于甚至强于男性的。自然作为被人类强取豪夺的对象，与数千年被压榨的女性形象结合在一起，自然也顺理成章地成为女性的同盟，女性也成了自然的守卫者。正如影片所表达的，生态女性倡导的就是自然与人类的和谐共处。

《后天》[1]

（简述）

美国气候学家杰克认为，温室效应正在引发地球的大灾难，北极冰川的融化会让地球陷入冰河世纪那样的劫难。不久之后，飓风、冰雹、洪水、冰山融化、极度严寒，一系列地球巨变引发了一场不可挽救的灾难。

入选理由：

节能减排，人人有责。

---

[1] 导演：罗兰·艾默里奇。主演：丹尼斯·奎德、杰克·吉伦哈尔。上映日期：2004年。

一般解读：

工业文明发展至今，已经进入高速运转时期。科学技术带来的物质成就让人们生活富足，同时给人类一种稍纵即逝和无法掌控的幻灭感。作为个体，在快速发展中很难不丢掉原有的生活节奏，精神世界也因此陷入虚无和迷茫，进而产生无力感和恐惧感。在科技发展和社会高度制度化的进程中，人类很难不被异化。我们不仅失去了乡村生活的恬静，也失去了精神生活的充裕。对当今社会的焦虑感迫使人们希望毁灭现有的世界，重建自己美好的家园。而本片就借助气候突变表达了这一理想，人类自身不节制的发展导致全球范围内的温度迅速降低，最终引发世界各地城市的毁灭。而在片尾，从废墟中走出的人们则象征着对美好生活的希冀，人类仍将拥抱美好的未来。

生态解读：

我们在实现现代化的过程中，离不开科学与技术。我们能够建造数百米的高楼、水电站等过去无法想象的宏伟建筑，我们甚至能够改变水文、地貌和气候。但是，我们很少关注人类发展带给我们周遭生活的变化。我们或是单纯、或是麻木地以为自己不会对全球的自然环境造成影响，殊不知一只蝴蝶振荡翅膀也能引起世界的巨变。《后天》很好地展示了人类的自食其果。无论是发达国家还是发展中国家，都有权发展本国经济，同时更有义务去维护全球环境。如何协调环境与经济之间的关系，如何正视人类自身发展的问题，是全人类需要共同考虑的问题，而不是某一个国家需要承担的义务。否则，《后天》就会变成明天。

●《机器人总动员》[1]

（简述）

故事发生在2805年。虽然人类文明在不断发展进步，但是地球还是迎来了全面资源枯竭、环境被破坏的危机。地球人被迫乘坐太空飞船远离故乡，在宇

[1] 导演：安德鲁·斯坦顿。上映日期：2008年（美国）。

宙中流浪。临行前，人类开发了一批名为瓦力的机器人，负责对地球进行清理，直到地球恢复宜居的那天。但因时间久远、环境恶劣，这些机器人逐渐损坏，只剩下最后一个瓦力机器人在不眠不休地工作，他也逐渐拥有了自己的意识。直到有一天，探索地球生命的机器人伊娃来到这里寻找生命迹象。两个机器人主人公在人类迁徙的太空飞船中历尽艰险、携手同行，最终成功帮助人类回到了最初的星球——地球。

入选理由：

感人至深的爱情背后展现的是地球家园的无可替代性。

一般解读：

瓦力是个只会从事简单垃圾收集工作的低端机器人，它甚至没有复杂的语音系统，但是那一声声执拗的“Eve！”在星空画出美丽的声波，守候了一份真正的爱情。心地善良、勇于牺牲、百折不挠的瓦力面临爱情时的坚定选择，传递的是人类不忘初心、记住所有爱与美好的期盼。因其炫美的画面、紧凑的情节和深刻的立意，影片的全球票房累计超过5.3亿美元，获得第81届奥斯卡最佳动画长片奖和第66届最佳动画片金球奖。

生态解读：

影片开头展示了人类赖以生存的地球从代表生机的绿色变为荒凉的黄色。机器人瓦力孤独地生活在这颗硕大的星球上，没有终结，没有活力。我们不禁思考，自然美景何在？我们当下对生态的破坏行动最后是不是也终将让我们走向这种荒凉而孤独的困境？

电影在更为宏观的框架下，展示了地球上的“生态难民”通过太空飞船在宇宙中飘荡。人类从地球走向了太空飞船，可是在太空飞船中的人类却无法正常地生活，人类在工业化环境中逐渐退化了思考的能力、行走的能力，变成了大腹便便、贪图享乐的“吃货”。机器将人异化，完成了一切本需由人类完成的工作，甚至掌控了人类的思想。在这个由太空飞船组成的小社会中，人类的感情、思想统统消失，反而是一些“坏掉”的机器人拥有丰富的感情。这就意味着，人之所以成为人是因为我们同自然世界紧密相连。瓦力所发现的那只破旧皮鞋里孱弱的幼苗，代表了人们对绿色生活的美好愿望。

《阿凡达》[1]

（简述）

影片讲述了地球人杰克在机缘巧合下在潘多拉星球展开冒险之旅，其背景是地球人为开采珍稀矿石能源来到潘多拉星球上，与原住民纳威人展开对决。

潘多拉星球的原住民纳威人尊重自然、守护和平。杰克原是海军战士，因受伤而下肢瘫痪。他代替意外离世的双胞胎哥哥来到了潘多拉。格蕾丝博士将人类基因与纳威人基因相融合，制造出一种由人类借助机器进行意念驱动的生物“阿凡达”。正是因为DNA的限制，杰克才得以取代哥哥参与其中。

杰克最初带着完成地球人开采任务的决心来到这个全新的星球，其任务本是监视纳威人，为全面进攻做准备，却在与纳威人相处的过程中逐渐被他们的信仰、族群关系所折服，并最终帮助纳威人成功抵御了作为入侵者的地球人。在与纳威公主涅提妮相爱后，杰克在战争中陷入“回归人类”还是“融入纳威”的两难困境。

入选理由：

何为文明？何为野蛮？我们应向纳威人学习与自然和谐共生之道。

一般解读：

影片暗含着殖民者与被殖民者之间的关系。地球人来到潘多拉星球后，蔑视纳

[1] 导演：詹姆斯·卡梅隆。主演：萨姆·沃辛顿、佐伊·索尔达娜。上映日期：2009年（北美），2021年（中国）。

威人的文化，在此地创办学校、教授英语，试图进行文化颠覆，用所谓先进的文明取代纳威人落后的文明。但实际上，纳威人与自然世界和谐共处，有着深刻的信仰与爱，这些都是地球文明欠缺的。一边是船坚炮利的外来入侵者，一边是捍卫家园的原住居民，到底哪一方才是文明，哪一方才是野蛮呢？

生态解读：

围绕着纳威人赖以生存的巨树与巨树下的珍贵矿石，来自地球与来自潘多拉星球的两个文明展开了激烈的对决。在这场争斗中，核心分歧是对“哈利路亚山”这一珍贵矿藏的不同利用方式。纳威人供奉和信仰着这块巨大的矿石所带来的能量，与之和谐共生，成为整个能量体系中的一环；地球人则试图竭泽而渔，将矿石挖掘出来进行工业化的生产。其中暗含的是二者对待自然环境截然不同的态度。在地球人的认知中，生态平衡、自然美景在工业发展与现代化面前统统都要让步；纳威人则笃信自然之神，他们与世间的一切和谐共生，尊重一切灵魂。影片中，男主人公与女主人公在灵魂树林中醒来时发现推土机悍然开入，这是我们赖以生存的自然环境受到工业社会侵蚀时的野蛮场景。自此，纳威人与地球人的战斗开启了，潘多拉星球完美的生态系统遭受炮火摧残。需要反思的是，在工业文明高度发达的今天，我们失去了同自然环境和谐相处的能力，失去了敬畏自然之心，这真的是在“发展”吗？

●《大白鲨》[1]

（简述）

艾米蒂岛是一个旅游度假胜地，有大批的游客来这里游泳。然而，大白鲨的出现却改变了这一切。大白鲨不断攻击人类，生物学家布朗断定这是一只非比寻常的巨大白鲨。他的提醒并没有引起当局的足够重视，紧接着又有人死于

[1] 导演：史蒂文·斯皮尔伯格。主演：罗伊·沙伊德尔、罗伯特·肖。上映日期：1975年（美国）。

非命，事态才变得越发严重。当地的熟练捕鱼手、警察和布朗一共3人决心捕杀大白鲨，凶险重重的搏斗就这样开始了。

入选理由：

人类的贪欲比鲨鱼的锋牙更可怕。

一般解读：

20世纪70年代中期，美国陷入滞胀危机，政局动荡。与大萧条时期一样，美国人回到电影院，逃避现实压力。难以置信的是恐怖片成为当时观众最喜爱的影片类型之一。观影后，观众不仅舒缓了面对生活拮据的惶恐不安，而且恐怖片通常充满希望的结局也给他们带来了希望。斯皮尔伯格在本片中不仅巧妙地布置了恐惧，也宣扬了自己对社会阶级的立场。面对大白鲨，代表上层阶级的海洋学家高傲自负，底层的工人粗暴无理，他们都不能解决大白鲨杀人的问题，而最终却是代表中产阶级、恐水的警长杀死了凶悍骇人的鲨鱼，成功地征服了无情的大自然和虚伪狡猾、腐败堕落的政客。电影最终表达了美国人乐观的生活态度和人定胜天的信念，它让人们在虚幻的刺激面前忘却现实的丑陋，同时暗示了现实社会里的弊病，最后给予人们战胜邪恶走向光明的勇气。

生态解读：

第二次世界大战后，全球各个国家的经济逐渐复苏并快速走向繁荣，人们的生活空前富裕。但是在获得物质享受的同时，对自然环境却造成了严重的破坏。人类社会迅速侵占了生物领地而不自知。在电影中，斯皮尔伯格以大白鲨为代表，引导观众见证了生物被侵占生存空间后做出的伤人行为。电影表面上看来是大白鲨侵害了人类的利益，但是比大白鲨更具杀伤力的是人类的无知、自大与贪欲。正如剧中所说，“不能头脑发热地去找鲨鱼报仇。这条鲨鱼不是魔鬼，不是杀手，它只不过是按照本能行事而已。惩罚一条鲨鱼？愚蠢！”在自然界中，每个生物都有在自己空间生存的权利，而大白鲨只是在行使自己的权利而已。

《完美风暴》[1]

（简述）

影片讲述了五位船员在茫茫大海中与狂风巨浪搏斗的故事。其中，船长比利刚刚结识了新女友，亟须金钱以过上新生活。然而，附近海域的捕鱼量却一直不景气。除了船长，其余4名船员眼下都需要钱来维持个人的生活。于是，他们决定开往一个相距甚远的海域，就为了那里丰富的鱼类资源。尽管比利知道前方可能有风暴，但还是毅然决然地前往。然而，真实情况比他想象的还要糟糕：风暴异常狂暴，他们正在面临出海生涯中最为严峻的考验。

入选理由：

尔命由海不由你。

一般解读：

这是一个关于男人尊严、勇气和坚毅的故事。大多数人生命结束时往往平淡无奇，而某些人的人生旅程却是惊世骇俗的，本片的主人公就是这类人。作为一条渔船的船长，是视大海为家的男子，却在捕鱼途中遇到风暴，船中的船员悉数殒命。对于这类人，人生本就是以命为筹码的赌博。他们难以接受生命的平庸与安逸，怀揣着梦想与拼搏，走向了自己的终点，却不带一丝遗憾。片中乔治·克鲁尼所扮演的船长，在狂风巨浪面前丝毫没有畏惧。他一直像一个战士一样在战斗，最终和渔船一起沉入海底，而脸上却露出了微笑。生活如电影中风云突变的天气，我们是否能像船长一样坚持自己的选择？是否会向生活的困难低头认输？正如海明威所说，人不是生来就要被打败，一个人可以被毁灭，但是他永远不能被打败。艰难人生路，尽人事，听天命，足矣。

[1] 导演：沃尔夫冈·彼德森。主演：乔治·克鲁尼、马克·沃尔伯格。上映日期：2000年。

生态解读：

从机械论自然观角度来看，人类的历史实际上就是一部与天斗、与地斗、与大自然斗的历史。为了改造自然，人类创造、发明了各类工具，探索了地球的各个角落。随着人类社会的进步，许多人认为人类凌驾于自然之上，随之而来的是“人定胜天”的观念在全世界许多地区、许多民族和文明中传播。它是特定历史时期人类在认知自然的过程中形成的观念，对于改造自然、利用自然有一定的历史价值，但是不能将其当作任何时代皆准的真理。海中捕鱼往往被认为是人类征服大海的方式，很多时候人类都能成功。影片中的船长正是抱有这种观念，自认为拥有精熟的驾船技巧，掌握了自然规律，有能力在风暴中出海捕鱼。然而，本片恰恰告诉我们，在现实生活中并不是人人都能成为英雄。更多的时候，人类在自然面前渺小而无力。傲慢自大的船长面对完美的风暴，最终的命运也只能被风暴吞没。大多时候，我们沉浸在英雄故事中，滋生了人类战胜一切的骄傲。实际上，海中巨浪中的渔船不过是沧海一粟。敬畏自然，才能与自然为善。

●《少年派的奇幻漂流》[1]

（简述）

故事开始于蒙特利尔，也结束于蒙特利尔。一名在找寻灵感的作家无意间得知派·帕帕尔的传奇故事。派的父亲开了一家动物园。因这样特殊的生活环境，少年派对信仰与人的本性自有一套看法。在派17岁那一年，他的父母决定举家移民加拿大以追求更好的生活，而他也必须离开他的初恋情人。在前往加拿大的船上，他们遇见一位残忍成性的法国厨师。当天深夜，在茫茫大海中，原本令派感到刺激无比的暴风雨一瞬间就成了吞噬货船的大灾难。派却奇迹般地活了下来，搭着救生船在太平洋上漂流，而且有一名最令

[1] 导演：李安。主演：苏拉·沙玛、伊尔凡·可汗、拉菲·斯波、阿迪勒·侯赛因。上映时间：2012年（中国）。

人意想不到的同伴理查德·帕克——一只孟加拉老虎。神奇的冒险旅程就这样意外开始了。

入选理由：

通过动物隐喻批判人类欲望。

一般解读：

少年派讲了两个故事，当两个故事都摆在你面前，就是选择来临的时候。成年派的选择，恐怕就是导演的选择——经历他、面对他、接受他。影片的中段都是与自己独处，但影片的开始和结束，派的生活中都有两样东西陪伴——家庭和宗教。家庭和宗教，对于人来说，都是逃避恐惧的最佳方式。宗教提供了解释世界的一种猜想，对于个体来说，它永远是我们面对未知的一种安慰；而家庭让我们觉得对这个世界有责任、有联系、有贡献，它证明了我们存在的价值。这两样在出世和入世方面给了我们面对自己的勇气。当你明白人生和自我都不是用来战胜而是用来相处的时候，你就会明白：有些东西虽然并不合理，但你必须相信；有些东西虽然并不牢固，但你必须依靠。我们怀疑所有的美好，又拒绝承认现实的残酷。所以，有信仰的人更容易幸福。

生态解读：

这部影片体现的生态思想，一方面表现在对人类征服和统治自然的批判，以及对派的父母贩卖动物寻求物质利益的欲望的批判；另一方面通过主人公派的生态整体观的获得，让观众重新审视人与万物的关系，最终重返人与自然的和谐。随着人类社会的发展，人们对物质的需求急剧膨胀，人类的无限欲望和自然的有限供给的矛盾越来越尖锐，欲望的膨胀不仅伤害了自然，也伤害了人类自身，自然以它自有的方式报复着人类。

影片中，人与万物的关系具体反映在派对自然和动物的不同态度中。突如其来的海难让派经历了亲人的死亡和命运的转折，自然的不可逆转和灾难的不可预料让派认识到外界环境的残酷无情、个人的渺小无助。当派的希望掉落在救生艇上时，他发现鬣狗、猩猩、斑马和孟加拉虎与他同在。狭小的生存空间下，生存权利成了动物互相残杀的原因。同类之间为争夺生存空间互相残杀的冲突性体现了达尔文

"物竞天择，适者生存"的思想，最后成功地留在救生艇上的就只有派与孟加拉虎。派对孟加拉虎在这个阶段的戒备心理源于父亲的教诲"老虎是动物，并不是你的玩伴"，这让他知道了动物的兽性，并与它形成了一种竞争与防御的关系，他们相互争夺安全领域、食物、水，甚至生命。

《流感》[1]

（简述）

致命的流感病毒在韩国盆塘地区大暴发，死亡人数直线上升，感染规模迅速扩大，整个城市陷入混乱。消防员姜智久与女医生金仁海共同踏上寻找病毒宿主之路，并在途中发生了一连串故事。

入选理由：

政府的选择、人性的选择，还是自然的选择？

一般解读：

针对流感疫情事件本身，影片强调要认真反思城市管理、公共卫生、危机应急、健康教育的重要意义。作为一部医学题材的电影，该片的意义实际上是对世界各地的广大电影观众就公共卫生问题进行再教育。该片讲述了引发疫情的病原体变异后的H5N1高致病性禽流感病毒及其临床表现，包括高烧、咳嗽、多处红疹、吐血、多处组织并发症，甚至休克死亡，传播途径包括呼吸系统传播、消化系统传播、血液体液传播等，其高传染性说明病毒的传播并不需要有密切接触的机会。在影片中，飞沫传播和气溶胶传播的镜头极其震撼，第一个感染者去药店买药，在不知情的情况下通过咳嗽的飞沫和气溶胶传染了所有的店内顾客，而这些顾客又传染了他们身边的人。感染人数暴增，最后在整个盆塘地区病毒感染全

[1] 导演：金成洙。编剧：金成洙。主演：张赫、秀爱、朴旻厦、刘海镇、李熙俊。制片国家/地区：韩国。语言：韩语/英语。上映日期：2013年（韩国）。

面暴发，宛如世界末日。那么如何应对疫情？或者说个人如何做好防护，政府如何做好危机管控和疫情救治？影片中的个人防护措施与我们现实生活中相似，普通人可以做的只能是防护口罩和护目镜，尽量远离感染源和人群。电影中，韩国政府内部、韩国当政者与美国军事顾问、军队与市民、医生与政客等纷杂关系之间的互动与斗争，则体现了社会各个角落里人性的较量，如救援队员姜智久的英勇无畏与众生的苟且偷生，军队的封锁线与盆塘民众的游行队伍，女医生金仁海对女儿勇敢坚强的母爱，小女孩的抗体和军队指挥官的不择手段等。该片不仅引导观众了解基本的公共卫生和危机应急常识，也通过这些人性的细节考问我们的社会众生百态。

生态解读：

《流感》不仅是一部医学题材的电影，也是一部灾难片。东南亚的偷渡客被装在集装箱内运送到韩国，然而猪流感病毒导致其惨死仅一人逃脱。这样的偷渡在现实生活中时有发生，没有经过海关检验检疫的病人和动植物入侵新的地区和国家，对本地生态环境造成了巨大的灾难，只是这一次人也被包括在这巨大的生态环境中。面对疫情，电影中韩国政府的态度令人心寒：首先是封锁网络手机信号，在公众不了解真相的情况下将盆塘地区的普通民众隔离；随后依次检查有症状的患者，然后带走“救治”，实则是等待大量患者死亡后直接秘密地在体育场焚烧。这场灾难不仅是天灾，更像是人祸。电影纵然是有虚构和夸张的成分，但这样的人祸可能出现在任何国家和地区，面对生态灾难，政府官员没有做好充足的预案和准备，维持社会稳定是否真的需要完全封锁住真相？这场浩劫之后，那些被感染的医用口罩、N95口罩、护目镜、防护服、医疗废物该如何处理，是否又会造成潜伏的新一轮生态污染？经历了2020年全球新冠肺炎疫情跨洲、跨洋传播的人们，可能会有更深的思考。

●《切尔诺贝利》[1]

（简述）

在1986年的乌克兰，究竟是什么原因引发了切尔诺贝利事故？当年以苏联副总理兼能源总局局长谢尔宾纳、库尔恰托夫核能研究所第一副所长瓦列里·勒加索夫为代表的勇敢的众人是如何牺牲自己拯救处于灾难中的欧洲？

入选理由：

被打开的潘多拉魔盒。

一般解读：

在这部反映切尔诺贝利核事故的电视剧中，导演严格按照真实线索去拍摄，其中包含了大量历史上真实发生过的故事，如第一批抵达核电站内部的消防员是如何伤亡的，灾难发生后政府内部究竟是如何封锁消息的，甚至还重现了核物质扩散后形成的蓝色极光。

生态解读：

正如该剧所展现的那样，切尔诺贝利事故确实是傲慢的工程师百般抵赖、腐败的官员百般封锁消息所造成的人祸。但是，我们不能忽视的是那些英勇赴死的消防队员，以及苏联士兵用生命换回全国乃至全世界环境安全的决心。整体来看，苏联的处置较为及时果断，并没有仅考虑短期的经济利益，而且付出了惨痛的代价。然而，有些人因看到了该剧所展现的人间地狱景象而因噎废食，认为“应该在世界范围内废除一切核电站”。这种思想万万不可取。作为清洁能源，核能显然可以比传统的化石能源带来更小的污染和更高的发电效率。发展更安全、更高效的核能技术符合全世界人民的需求。同时，我们也不能走向另一个极端，只考虑使用核能的便

---

[1] 导演：乔韩·瑞克。编剧：克雷格·麦辛。主演：杰瑞德·哈里斯、斯特兰·斯卡斯加德、艾米丽·沃森、杰西·巴克利等。该剧为迷你电视剧，于2019年5月6日在HBO电视网首播。

利，却枉顾核安全问题，拒不接受核能带来的风险。1979年美国的三哩岛核事故、2011年福岛核泄漏问题仿佛就在眼前，2021年又爆出福岛核废水事件，牵动着全人类的痛觉神经。核安全问题已成为悬在人类头上的达摩利斯之剑。作为负责任大国，我国大力弘扬人类命运共同体理念，于2019年9月出台了我国首部《核安全白皮书》，并指出“中国始终把保障核安全作为重要的国家责任，融入核能开发利用全过程，始终以安全为前提发展核事业，按照最严格标准实施监督管理，始终积极适应核事业发展的新要求，不断推动核安全与时俱进、创新发展，保持了良好的安全记录，走出一条中国特色核安全之路”。

●《复仇者联盟4：终局之战》[1]

（简述）

影片改编自美国漫威漫画，是漫威电影宇宙中的第24部电影，也是近年来全球具有高知名度和高票房的影片之一。来自泰坦星的灭霸为了解决宇宙资源匮乏、人口暴增的问题，集齐了六颗无限宝石，他一个响指就可以让宇宙间的半数生命随机灰飞烟灭。几近绝望的复仇者们在惊奇队长的帮助下找到了灭霸的归隐之处，却得知六颗无限宝石均被销毁，希望彻底破灭。如是过了五年，迷失在量子领域的蚁人意外回到现实世界，他的出现为幸存的复仇者们点燃了希望。与美国队长冰释前嫌的托尼找到了穿越时空的方法，星散各地的超级英雄再度集结，他们分别穿越不同的时代去收集无限宝石。

而在这个过程中，平行宇宙的灭霸察觉了他们的计划。面对注定要载入史册的最终决战，超级英雄们为了心中恪守的信念前赴后继，集结起来的复仇者联盟万众一心抗击敌人，卡罗尔随后也赶回地球支援，迅速摧毁灭霸的战舰。但灭霸连续击退所有阻拦他的英雄后抢回手套，准备对宇宙发动致命一击。托

[1] 导演：安东尼·罗素、乔·罗素。主演：小罗伯特·唐尼、克里斯·海姆斯沃斯、克里斯·埃文斯、马克·鲁弗洛、乔什·布洛林。上映日期：2019年4月（美国），2019年4月（中国香港）。

尼偷偷将所有宝石转移至自己的动力服手套上，以自己的意念打一响指，让无以为继的灭霸与自己所有军队一同化为灰烬。此过程使托尼遭受强大的伽马射线的伤害，最终他在伙伴及其家人的陪伴下安详地结束了生命。战争胜利后，小辣椒和女儿摩根，包括众复仇者联盟成员全部出席了托尼的葬礼，送完他最后一程。地球也恢复了以往的秩序。

入选理由：

“复仇者联盟”系列是漫威电影宇宙的“集合型”作品，在这样一个以吸纳票房、创造商业价值为首要任务的系列中，主创加入了一个极具生态思想的反派角色，既使角色塑造更为丰富，又传播了生态文明观念。

一般解读：

我们必须承认，10年来全球没有再比漫威更会运作商业电影的公司了，甚至可以说，他们阻止了全球电影资本市场提前衰退的步伐，也让中国的电影市场在发育过程中找到了一个学习的模板。但是该批评的还是要批评，因为漫威的成功似乎很难复制，他们对电影创作的贡献似乎也只限于漫画文本的再创造与电影特效的稳步提升。从起初的《钢铁侠》与《美国队长》带给人们的耳目一新，到《复仇者联盟4：终局之战》的平庸收官，可以看出创作团队的才能正在被消耗殆尽，他们一次又一次依靠庞大的人物关系和投机网罗忠实的粉丝，并逼迫路人恶补前期的每部影片。在我看来，这一切不是电影本身带给人们的观影盛宴，而是饥饿营销带来的全民狂欢!

生态解读：

本片的矛盾冲突点是一个极具生态性的争论点。作为反派的灭霸，认为宇宙的资源已经不足以供给如此多的生命，需要随机无痛苦地减少一半生命以达到生态平衡；作为正义一方的超级英雄们则认为，生命至上，不可随意夺取。

灭霸的思想浅显易懂却具备生态深度和讨论价值。他讲述的是“宇宙不堪重负”，这是将资源匮乏问题进行了无限扩大。虽然对宇宙资源的讨论只能出现在这样一部科幻影片中，但是自然资源匮乏问题在国家和全球两个层面显然都早已成为现实。解决地球不堪重负的问题是近年来科学家努力的目标。而中国自然资源与人口增长的矛盾也是长期需要解决的问题，中国政府和人民已经做出了许多相关探索与努力，然而目前这一矛盾尚未缓和。中国必须在未来坚持大力发展绿色经济，提高资源利用效率，尽量少消耗资源，同时取得经济发展，即做到高质量发展、可持续发展。地球资源和人口增长这对矛盾的不可调和性值得哲学家和历史学家反复思考和讨论。同时，对于地球资源的保护和可持续利用可能是避免“扼杀生存权利”的良方，应该得到足够重视。

《第九区》[1]

（简述）

1990年，一个装载着许多外星人的不明飞行物出现在地球上空。他们的外形像虾子，同时已经被感染，健康状况极差。这群外星人最终被接纳，并隔离在南非约翰内斯堡的一片贫民窟区域内，这就是“第九区”。几十年后，外星人的数量扩张并且与周边人类的矛盾冲突不断，越来越多的人呼吁将“大虾”赶出地球。列国同盟组织（MNU）经过磋商，决定将外星难民迁徙到更为偏远的区域。特工威库斯专门负责搬迁工作，不承想外星人的神秘流体却将其感染，威库斯变成了外星人的模样，并被他的亲朋好友、他的同类所抛弃。

入选理由：

物种歧视和文明冲突在地球上或是宇宙中都可能发生，下一次还会有利于人类吗？

一般解读：

前人的影评主要集中于该片影射的种族歧视和对殖民主义的批判。“大虾”

[1] 导演：尼尔·布洛姆坎普。主演：沙尔托·科普雷、詹森·库伯、娜塔莉·博尔特、茜尔雯·斯特赖克、约翰·萨莫尔。制片国家/地区：美国（加拿大·南非·新西兰）。上映日期：2009年8月（美国），2009年11月（中国）。

与人类外形相差巨大，喜欢吃猫粮，生活习惯很原始，可以说与现代人类相差很远。但他们为同类的死亡而悲伤，重信用、讲约定，为回归家园而不懈努力，可以说他们不是人类却胜似人类，或者说他们就是人类的倒影。然而人类却粗暴地对待这些感染病菌的“大虾”，甚至是滥杀。人类历史上对种族主义者口中“低等级”人种的杀戮也曾是这样的理所当然，日本军队在中国南京的大屠杀，德国纳粹在波兰奥斯维辛集中营对犹太人实施的种族灭绝，北美白人、澳大利亚白人对当地土著人的赶尽杀绝，在利益和野心的捆绑下对同类杀戮的丑恶行径在世界各地蔓延。这是一个借着外星人之口说出的人类故事。

生态解读：

“大虾”其实在科技水平上远远超越人类，只是在地球上他们感染了病毒，没办法修复他们的飞船和装备。是的，作为生存于另一个完全不同的生态圈的物种，地球的生态圈很可能并不适合“大虾”生存，反向也是同理。人类的活动已经造成了地球的各种问题：全球气候变化，海平面上升，水资源污染，土地沙漠化，两极冰盖融化，森林面积缩小，物种多样性减少，人口大爆炸，传染病肆虐，化学污染，垃圾无法分解，资源开采过度，等等。面对越来越拥挤的地球村，人类的眼光投向了浩瀚的宇宙，大国纷纷投入巨资支持太空探索计划，以期找到适合人类生活的新星球。各种各样的政治宣传，仿佛在宇宙中人类一定能获得救赎。总有这样的声音在鼓励着人类，等我们的科技高度发达了，就一定能找到适合人类生存的星球，我们就可以殖民太空了。可是如果在人类末日到来之时，我们并没有找到，或者说这浩瀚的宇宙之间就没有留给人类第二个地球呢？当然并不是说人类保护了大自然生态圈，人类就一定不会灭绝，太多的天灾人祸并不以我们的意志为转移。然而我们缺失的是人类作为共同体中的一员与地球和自然共生的行动，环保主义的呐喊在利益和权力的压迫下往往苍白无力。不要当人类作为“大虾”来到新的星球之时，才想起应该对自己的地球稍微好一点。

第二节　中外经典纪录片

《海豚湾》[1]

（简述）

日本和歌山县太地町是一个景色优美的小渔村，然而这里却常年上演着惨无人道的一幕。每年，数以万计的海豚经过这片海域，它们的旅程却在太地町戛然而止。渔民们将海豚驱赶到靠近岸边的一个地方，来自世界各地的海豚训练师挑选合适的对象，剩下的大批海豚则被渔民毫无理由地赶尽杀绝。这些屠杀和罪行因种种利益而被政府和相关组织所隐瞒。

入选理由：

人类的愉悦却是它泣血的悲鸣。

一般解读：

猎杀海豚在日本是一种传统，也是极为重要的经济来源。在影片中，日本人表达了他们尊敬海豚的方式。他们认为，真正的尊敬就是好好利用海豚身上的所有部分，一点都不要浪费。固然，我们可以尊重日本人的传统和饮食习惯。他们主要捕杀的宽吻海豚等小型鲸类的确不在濒危之列，并且合理有限度地无痛猎杀原本是可以接受的。但是日本人的捕杀方式着实令多数人深感震撼，至少我们从片中展现的他们愉快的杀戮中是无法感受到他们所说的对大自然的感恩和敬畏的。

生态解读：

尽管《海豚湾》在价值观上体现了美式文化的双重道德标准，但依然在一定程

[1] 导演：路易·西霍尤斯。上映日期：2009年（美国）。

度上揭发了日本虐杀大批海豚的真相。片中用真实的影像叙述了对海豚这一物种的深切关怀和对生态失衡前景的人文忧思，同时有效地唤起了一场解救海豚和生态危机的积极行动。人类为了食肉而宰杀动物有其残酷性的一面，而这正是人类中心主义的体现。善待海豚，并不仅仅在于停止滥杀的行为，也在于从根本上尊重海豚的生存权利。当海豚与其他生物被囚禁于海洋馆、动物园供人娱乐时，其本质与滥杀生物的行为别无二致，皆是人类中心主义的体现。人与自然的真正和谐在于关怀生物的生命权利，将伦理关怀由人类社会扩展至自然界，人类社会才能够可持续发展，才能拥有美好的明天。

另外，我们仍需要注意的是，影片中出现了极端环保主义行为。极端环保主义是对环保问题的极端扭曲，把人类或工业文明本身视为问题，希望从根本上减少地球人口，回到想象中的田园诗般的“自然状态”。当极端环保主义者硬闯环境保护国际性会议时，他们反对捕杀海豚的动机固然是好的，但是他们的手段过于激进，不仅打击了其他国家保护环境的积极性，而且极易被别有用心的新闻媒体所利用，被不明真相的人误解，从而曲解环保主义。极端环保主义表现出的偏激言论甚至是暴力行为，超出了人类社会所能承受的标准，势必对真正的环保行动造成阻碍。我们必须引以为戒，以更加合理的方式达到环保的目的。

●《生命》[1]

（简述）

《生命》（*Life*）是英国广播公司（BBC）制作的自然纪录片，节目制作历时4年，并以高清摄制。它首播于2009年10月12日，由英国广播员、自然史学者大卫·爱登堡（David Attenborough）主持。2009年是达尔文诞辰200周年，也是《物种起源》发表150周年。为了进行纪念，本片力图展现自然界缤纷物种的多样性，以及它们为适应环境而进化出的各种神奇的生存本领。《生

[1] 导演：玛莎·霍尔姆斯。上映日期：2009年10月12日。

命》一共10集，分别是《生命的挑战》（*Challenges of Life*）、《爬行动物与两栖动物》（*Reptiles and Amphbians*）、《哺乳动物》（*Mammals*）、《鱼》（*Fish*）、《鸟》（*Birds*）、《昆虫》（*Insects*）、《猎人与猎物》（*Hunters and Hunted*）、《海底生物》（*Creatures of the Deep*）、《植物》（*Plants*）、《灵长动物》（*Primates*）。由于该纪录片上乘的质量，它获得了极高的声誉：2010年7月，《生命》被提名六项黄金时段艾美奖（Primetime Emmy Awards），其中，《生命的挑战》一集更是获得了非虚构类节目杰出摄影奖（Outstanding Cinematography for Nonfiction Programming Award）；同年10月，《生命》又获得了英国"自然银幕电影节"（Wildscreen Festival）的评委会特别奖。《泰晤士报》称，该片共耗资1 000万英镑。

入选理由：

体现生命之珍贵、自然之丰富的佳作。

一般解读：

摄像机在丛林里缓缓平移，镜头前的景色从春天进入夏天，然后到秋天，花儿从盛开到枯萎，青苔从绿色到披上霜冻，蜘蛛在树杈之间一圈一圈快速地织着网……一条清幽的丛林小路上，半年的时光在这短短60秒中快速流过。这就是第九集里的一个片段。为了这个镜头，摄影师花了两年的时间！正是在这样细致严谨的工作态度下，《生命》才能展现一幕又一幕惊为天人的唯美画面：雄克拉克鹏鹛和雌克拉克鹏鹛求爱成功后的翩翩起舞，日本猕猴在温泉中躲避严寒，墨西哥森林的百万蝴蝶挥动翅膀……继《地球脉动》之后，《生命》又一次证明了BBC在自然类纪录片制作领域无可撼动的地位。

生态解读：

自然是不断运行演化的宇宙万物，包括了生物界、非生物界两个相辅相成的体系。英文的"自然"（nature）一词来自拉丁文"natura"，意味着"天地万物之道"。BBC拍摄的自然纪录片《生命》涉及自然中的动物、植物、鸟类、昆虫类、海洋生物等，它们是环境史研究中与人互动的具象物体。在《生命》里，你能看到生命就在身边，永恒就孕育在那一圈圈年轮里。无论何时、何地，都会让你发现生命最绚美的瞬间。

●《蓝色星球2》[1]

（简述）

在长达4年的拍摄过程中，制作团队共执行了125次探险任务，水下拍摄长达6 000多个小时。与2001年首播的《蓝色星球》相隔16年之后，制作团队利用新科技突破以往限制，将许多过去未知的地带、惊人的生物及其令人瞠目结舌的举动呈现在观众眼前。自《蓝色星球》开播以来，我们对大海之下生命的理解被彻底颠覆了。从北极熊出没的北冰洋到焕发着勃勃生机的蓝色珊瑚环礁，本系列纪录片与公众分享了一些令人吃惊的新发现：邂逅在南冰洋深处神出鬼没的奇怪章鱼，观赏巨大的鲹鱼跳出水面并飞跃到半空中捕鱼，骑在虎鲸的背上与它一起冲向鱼群。《蓝色星球2》带领我们体验了让人敬畏称奇的新地方，见识了魅力四射的新物种，了解了非比寻常的新行为。该纪录片介绍了海洋的自然历史，对海岸到海底、浅海地带到深海海域的生物和生存环境都做了深入的探索和报道。

入选理由：

海洋的叹息、怒放的生命。

一般解读：

《蓝色星球2》的故事在大卫·阿滕伯勒老爵士磁性的声音中娓娓道来。一片幽蓝的海洋中，所有人都能接触到我们海洋中的生物多样性。但是，我们也无法忽视海洋的健康受到了威胁，且比人类历史上任何时候都要迅速。而今，每年800万吨的垃圾流入海洋中，它们对海洋生物造成了巨大的影响。人类在历史上扮演着独

[1] 导演：詹姆斯·堆尼伯内。上映日期：2017年（英国）。

一无二的角色，并且拥有强大的力量在这个蓝色星球上为所欲为。在《蓝色星球》等一系列影视、文学作品的影响下，我们从未如此关心过自己对这个星球的所作所为。我们终于意识到自己有责任去关心这颗蓝色的星球，关心这个星球上的所有生命。我们期待更多宣传海洋美丽的纪录片，而不是浮皮潦草地告诉人们食用海洋生物的各类方式。

生态解读：

事实上，正如当年《寂静的春天》让人类关注环境问题一样，《蓝色星球》这一系列纪录片让更多的人开始重视海洋环境问题。人们可能无法忘记海鸟吐出大量塑料碎片的画面，特别是其中的大部分都是家庭垃圾。我们无法再将海洋环境问题推卸给远离自己生活的工厂。尽管《蓝色星球2》唤起了人类保护地球的决心，但环境问题远比我们自己想象得要更难解决。例如，在过去数十年，我们早已习惯了一次性塑料带来的种种便利，解决塑料污染的问题绝非简单的降低使用量，许多与塑料有关的环境问题都源于设计缺陷。当前，我们应呼吁各国自上而下地管理和重视固体废物处理问题。未来，我们更应思考该采取何种管理策略、如何实现循环利用、如何运用生物降解等方式解决垃圾污染问题。如果我们真的能够做到，届时这片蓝色的海域又将充满愉悦的鸣叫！

●《蔚蓝之境》[1]

（简述）

《蔚蓝之境》是中国纪录片团队第一次以自然纪录片的方式全面、系统地拍摄海洋的故事，也是迄今为止我国规模最大、范围最广、内容最为全面的海洋拍摄行动。全片共6集，以我国近海为舞台，带领观众纵览海面冰封的渤海湾，四季分明的黄海、东海，长夏无冬的南海，分别从季节、潮流、滨海湿地、海岛、海湾、生存挑战等多个角度讲述海洋生物的故事，呈现一片神秘、

[1] 导演：李勇、唐欣荣、姜蕾、谢宇斌、刘佳、陈红、张晗。上映日期：2020年1月。

壮阔、活力的蔚蓝之境。

入选理由：

水下生命，为何重要？

一般解读：

在蔚蓝无垠的深海里，成群结队的抹香鲸穿梭在海洋中，它们跃出海面喷出水雾柱，在阳光的折射下构成一道转瞬即逝的彩虹；在南海的热带海域，一枚雌性法螺刚刚完成交配，它产下500枚卵囊、200万颗卵，在4K超高清技术拍摄下每一颗卵都清晰可见；位于山东半岛黄海之滨的荣城，每年有2 000只大天鹅在这里过冬，它们再次群集，白色的羽毛如同雪一般……在摄制组的镜头下，这些画面几乎每一帧都美得令人屏住呼吸。该片不仅记录了海洋生物为生存而战的自然奇观，又用丰富的信息向观众科普了海洋知识，共寻人类与海洋的发展之道。从剧情、构图、画面、内容及表达形式来看，该片制作精良，是向《地球脉动》和《蓝色星球》系列的致敬。

生态解读：

除了唯美的画面，鱼翔瀚海、长鲸吞吐、万类汪洋竞自由的场景背后是人类保护海洋和有节制地利用海洋资源的意识与努力。海洋提供了重要的自然资源，包括食物、药物、生物燃料和其他产品，这些资源有助于分解和清除废物与污染。此外，沿海生态系统也起到了缓冲作用，能够减轻由风暴造成的破坏。维护健康的海洋支持了气候变化减缓和适应的努力，海洋保护区也通过增加渔获量和收入及改善健康为减贫做出了贡献。但是，世界海洋中的垃圾越来越多，产生了重大的环境和经济影响。海洋垃圾影响着生物多样性，因为生物会被缠住或摄入垃圾，这种影响能够将它们杀死，或者使其无法繁殖。此外，因海洋管理不当导致的过度捕捞也将减少海洋生物的多样性。因此，该纪录片不仅要引导大众欣赏美轮美奂的海洋世界，还要引发大众对水下世界重要性的思考。人类有责任保护这片蓝色海洋，保护这片地球面积最大的生态系统。如果我们不及时采取行动，海洋支撑气候变化的能力将受到致命的破坏。

第四章

中外环保科普作品中的生态思想

XINSHIDAI
SHENGTAI WENMING
CONGSHU

环境保护类科普读物一直是传播生态文化的主要阵地。在本章中，我们能看到中外环保科普界的诸多“大咖”：看看中国生态哲学的奠基人兼研究者余谋昌对生态中心主义的大声疾呼，听听世界现代环保运动的发起者蕾切尔·卡森讲述滴滴涕（DDT）危害人类生存环境的故事，了解50年前《增长的极限——罗马俱乐部关于人类困境的报告》的预言如何警示当下的现实，思索美国原副总统阿尔·戈尔如何在消费主义潮流下喊出不合时宜的唱词。敬畏与我们共同生活的生命，就是对人类和其他生命负责。他们的语言平实、铿锵有力。

第一节　中国环保科普作品

●余谋昌《走出人类生存的困境》[1]

（节选）

虽然不是狼的一声嗥叫令我们觉醒，但是，这声深沉的嗥叫，促使人们“像山那样地思考”，从而使我们辨别和理解这声嗥叫的背后，隐藏着的更加深刻的含义。

这是什么含义呢？

人对大自然所持的某些观念，关于人类主宰和统治自然的观念，关于自然资源是无限的、取之不尽、用之不竭的观念，关于自然资源没有价值、可以无偿使用的观念，关于自然资源无主、可以谁采谁有的观念，等等。这些观念是不正确的，甚至是荒谬的。

人对大自然的态度，即依据上述关于自然的观念，人对大自然采取了两个主要行动，一是拼命地向大自然索取，从大自然贪婪无度地掠夺越来越多的东西；二是向大自然排放大量废弃物，把自然界当作排污的垃圾场。人类肆无忌惮地向大自然进攻。这种态度和行为也是不正确的，或者是荒谬的。

但是，大自然并不是随意任人宰割的。正像恩格斯所说的：“对于（人对自然的）每一次这样的胜利，自然界都报复了我们。”

生态危机终于使人类觉醒：由于我们对大自然所依据的观念是荒谬的，同时由于我们对大自然的态度和行为是荒谬的，我们陷入由自己制造的生存困境之中了。

如何走出人类生存困境呢？

本章讨论这个问题时，阐述了如下6个方面的内容：

（1）自然界是有价值的：要确立关于自然价值的正确观点，如“狼的一声嗥叫”。

（2）人类保护环境的行动：有“从净化废物到减少废物”。这是人类环境保护的第一个重大行动，是人类走出困难的第一个重大行动。

（3）如何走出生存困境呢？向大自然学习，选择和创造人类新的谋生范式。“生命呼唤绿色，重建地球绿色斗篷”“绿色标志，绿色产品和绿色市场”讲述人类社会物质生产的工艺革命，以绿色为标志的生产方式的变革。它被称为人类走出生存困境的“绿色道路”。这是一条使我们走向希望彼岸的道路。

（4）确立人类的生态意识和新的道德原则：“人类要对自然讲道德吗？”“我们借用了子孙的地球”等讲述了人类的新生活，不仅是采用新的生产方式和生活方式，还需要有新的价值观念、健全的生态意识，制定和实施新的世界道德原则——环境伦理学的道德原则。它可以作为指导人类新生活的行为模式，指导我们走向新时代。

（5）世纪之交，走向人类新文化：我们正在走向21世纪。这是一个人类历史大变革的时代，或是世界历史大调整的时代。“共建绿色家园：‘地球村’工程”告诉大家世界政治、经济和文化的国际化，在新的“全球意识”，即“全球村”意识的带动下，人类将走出生存困境，迎来人类社会的新世界。

入选理由：

人类生存面临怎样的挑战和机遇？

一般解读：

现代科技的加速发展，一方面“使科学观念进步发展，人类文明取得了前所未有的成就。相对论、量子论、基因论、信息论等科技成就的取得，为人类正确认识大自然，为世界生产力的发展和人类社会的进步提供了新知识和强大的动力，打开了广阔的前景，也对人类的政治、经济、文化生活的深刻变革产生了重要的影响，极大地提高了人类控制自然和人自身的能力”，另一方面“科学技术在运用于社会时所遇到的问题也越来越突出。工业的发展带来水体和空气的污染，大规模的开垦和过度放牧造成森林与平原的生态破坏。信息科学和生命科学的发展，提出了涉及人自身尊严、健康、遗传以及生态安全和环境保护等伦理问题，引起了人们的高度关注”。该书以生动的事例描述了环境污染、生态破坏、地球变暖、臭氧层破坏、酸雨等环境问题，从生态学和人类未来的角度探讨了这些问题是怎样产生的，以及如何走出困境，介绍了生态学和生态平衡的基础知识。这些科学知识对于我们树立生态观点、生态意识和保护地球的意识，进而认识环境问题、寻求解决问题的途径并走向人类美好的未来是必要的。

生态解读：

余谋昌是公认的中国环境哲学的奠基人、中国当代生态文化的先行者。他的生态思想推动了中国环境哲学的发展，他的走出人类中心主义的观点引发了学术界的大讨论。他关于生态环境问题的研究始于20世纪70年代。当时，无论是公众还是决策者，都还没有系统的保护环境的意识。大家普遍认为，环境污染是资本主义工业化生产带来的，资本主义生产资料私有制的本质决定了环境污染是必然的；在社会主义社会中，不仅人与人的关系和谐，人与自然的关系也应当如此，因此社会主义中国不可能有环境污染和生态破坏的问题。在这样的背景下，余谋昌看到了污染在工业化过程中的普遍性，选择环境问题作为自己的研究方向。他坚信，环境问题会成为未来社会发展中的难题。余谋昌的《走出人类生存的困境》以环境问题是人类生存的中心问题为出发点，认为整个自然界原本处于美妙的平衡中，人类为了走出生存的困境应当向大自然学习，共建绿色家园，走向一种新的文化——生态文化。

正如余谋昌所强调的那样，生态问题是当代重要的全球问题。环境污染和生态破坏使人类的生存和发展面临严重的挑战，被称为“人类的困境”。有些环境问题在地球上普遍存在，不同国家和地区的环境问题在性质上具有普遍性和共同性，如全球气候变化、酸雨污染、臭氧层耗损、有毒有害化学品和废物越境转移和扩散、生物多样性的锐减、海洋污染等。另外，发展中国家普遍存在生态环境问题，如水污染和水资源短缺、土地退化、沙漠化、水土流失、森林减少等。虽然这些是某些国家和地区的环境问题，但其影响和危害却具有跨国、跨地区的特点。人们面临的环境问题已经对人类提出了十分严峻的挑战，这是涉及人类能否在地球上继续生存、继续发展的挑战，人类不能回避，更不能听之任之、贸然对待。余谋昌的研究深刻揭示了协调人与自然和谐发展的必要性。

●刘晓君《微小的暴行：生活消费的环境影响》[2]

（节选）

消费者社会不可持续的消费方式消耗了大量的自然资源。每个美国人每天要消耗120磅的自然资源，这与他们平均体重大致相当。这些资源分散地来自农场、森林、牧场和矿山，因为连锁生产遍布全球的缘故，消费者只能看到其中的一小部分，而这些生产及其造成的影响大部分是看不见的，它们分散地隐藏于穷乡僻壤、封闭的工业场所和遥远的国度。但恰恰是这些微小的、分散的，甚至不可见的生活消费却带来了环境影响的暴行。

……

2010年圣诞节前夕，一种叫作“节日碳足迹”的新事物在美国时尚起来。旧金山的一家环保公司向顾客出售“碳补偿”。价格为5.95美元的电子圣诞卡的碳补偿价值是454千克二氧化碳。购买这些电子贺卡的消费者，自动把资金注入该公司正在赞助的风力农场、垃圾填埋场和甲烷回收行动项目，这些项目有助于减少温室气体排放。这样的补偿可以给消费者们些许良心上的安慰，使他们对因自己狂欢而排放出的碳足迹少一点愧疚。

此种消费时尚表明，人们开始反思节日活动对环境造成的压力。……

“节日碳足迹”告诉我们一个常常被有意或无意忽略的事实：人人都是排放者！当我们在工作、生活甚至娱乐时，当我们在进行着各式各样的消费活动时，这些消费活动每日每时都在消耗资源并排放污染。……

入选理由：

绿色消费，从每个人日常微小的行为做起！

一般解读：

本书给人的第一印象是展示了一幅消费时代的全景图。走入丰裕社会的西方国家，人们的消费生活体现在装满商品的购物车，体现在餐桌上色香味俱全的美食，体现在不断升级的消费潮流及用过即扔的潇洒……此外，作者还用了较大的篇幅详细描述了消费品的典范——汽车的更新换代与销售方式的不断创新及消费水平的不断升级之间的互动关系。由此表明，消费观念的转换根植于人性中难以抑制的消费欲望，消费主义生活方式使人们的生活变得越来越复杂，并且还人为地制造出不同的消费等级，进一步满足了人们需求的差异性，满足了人们的“存在感”、“成就感”与“归属感”。在社会发展的全球化进程中，重视物质消费而非珍惜物质的消费主义文化像瘟疫一样蔓延，不但在物质资源丰富的西方国家普及，而且延伸至众多发展中国家。

生态解读：

自20世纪60年代以来，全球化的生态危机已迫使人们无法对生活消费继续忽视，对“消费主义代价”的反思成为检视环境问题的一个重要视角。本书作者以大量翔实的数据和例证分析了发达国家消费者社会中不可持续消费方式的种种表现，并进一步分析了这种不可持续的消费方式在思想文化层面上表现出来的消费主义价值观。农业社会向工业社会的转型缔造了大众消费的崛起。资本主义工业化大生产为消费者提供了生产大量物质产品的能力，使生产和消费在普通人群中得以分离，消费者必须依赖市场获取物品和服务，丧失了对生产过程的掌控，也暗含着人们独立照顾自己能力的丧失。这一转变在很大程度上不再适于保障生计和保护环境。以巨大的资源消耗和环境破坏为特征的消费主义生活方式是不可持续的。当然，作者并非极端俭朴生活的倡导者，而是将绿色消费看作人类未来的希望。绿色消费理念具有人类终极关怀的价值，但生活方式转向绿色化却并不轻松。既然“微小的暴行”与人人有关，人们普遍性的绿色消费行动才可能使绿色生活成“势”。为了人类的可持续发展，人们在改变生产方式的同时必须改变消费方式——从不可持续消费转向绿色消费。

●徐刚《伐木者，醒来！》[3]

（节选）

……人要不失时机地把伦理扩展到大地之上的万物，人的最可贵的道德应是对人之外的万类万物的怜爱及呵护。

……

阳光下和月光下的盗伐与破坏又何止于此？

清晨，在武夷山，一个挖掘树根的人在先于游人上山之前，已经满载而归了！

也是武夷山，仙游峰下的方竹上，用刀片刻上了各地的各种游客的大名——“到此一游”。笔者对此深恶痛绝之余还想到：假如我们有更多的留言簿满足游览者抒发一番感慨的心态，也许强行在方竹上、树上、古建筑上刻画留名的或许会少一些。

武夷山云窝，相传当年李商隐读书的山洞里，一枝新竹从石头上站立，又从洞口斜长着伸出去，它扭曲自己是为了最终能接近蓝天。陪同的朋友说不远处今春还有一根竹长得更加奇妙——先在一块岩石上绕了一圈，然后亭亭玉立，就在一个夜晚，这一根新生的奇竹被盗伐而去！

云窝下是一个山洞，相传是云雾的聚积之地，当年从来看不见洞的深浅，现在云开雾散，洞底的一切历历在目：除了废纸、酒瓶，还有大便。

泰山，早晨的进香者总是一批老太太，她们的头上插着泰山的松枝，有的手里还拿着一小把。待落日余晖下，她们下山时，头上插的已换成玉皇顶上并不众多的山花，喜气洋洋地踏上了归程。

泰山松本来就少得可怜，历历可数，经得起这番折腾吗？

我曾在雁荡山上见到过好几对恋人，从山下到山上一路摘花折草，恋情与花草总是分不开的，可是花草一旦离开土地又干死得很快，于是便丢弃再去摘新的。这样对待大自然中如此美又如此小的草木生命，岂不是太残酷了吗？

几年前，我见到的黄山迎客松已经左牵右绑岌岌乎可危哉了，最近听说迎客松的躯干上已包了保护物——铁皮之类的——大自然不得不以盔甲面对人类……

入选理由：

对中国森林破坏的呐喊！

一般解读：

《伐木者，醒来！》是生态文学家徐刚的长篇报告文学。1978年以来，徐刚致力于中国环境问题的写作，已成为我国当代环境文学领域的得力干将。作者先后到福建武夷山、浙江天目山、海南、辽宁、四川、河北等地参观、采访，并收集了大量资料。本书将很大的篇幅放在叙述武夷山的生态变化上。在古代文学家和旅游家的笔下，禅宗圣地武夷山古木参天、绿荫匝地、清泉奔涌。然而，当搞活经济、发展生产成为时代的主旋律时，“要致富，就砍树”的风气也吹进了武夷山区，在发展的名义下，为了快速脱贫，毁坏生态环境、乱砍滥伐的现象屡屡发生，武夷山的胜景逐步消失在人们的视野里。与武夷山的命运相反，位于浙江西部、同样以禅宗胜景驰名的天目山至今林木常绿、祥云缭绕，实在是有赖于当地官员的高瞻远瞩，有赖于当地护林人员的精心呵护。正是由于领导干部以身作则、严于律已，把国家的大法、人民的利益放在心中，因此在天目山保护区从未出现过毁林开荒的事件，珍惜天目山的一草一木成了这里不成文的乡规民约。

生态解读：

徐刚是当代著名的环保人物，他在报告文学中所揭示的事实及所进行的痛彻反思是目前许多无视生态环境后果、盲目追求眼前利益者的一剂良药。他站在恪守知识分子良知的本真立场上，以其对绿色生命的无比眷恋和无尽赞美、对家园损毁和生态危急的忧患意识完成了这部具有深刻生态伦理价值的著作。人与自然的和谐相处不仅是写在红头文件上，而且是具体体现在每时每刻的行为方式中。因此，由日益严重的绿色危机引起的慨叹是那般沉重，人类最后不再拥有绿色之日，便是人类走向毁灭之时。为了森林的再生，我们也要像作者一样振臂疾呼：伐木者，醒来！

第二节　国外环保科普作品

● [美] 蕾切尔·卡森《寂静的春天》[4]

第一章　明天的寓言

（节选）

从前，在美国中部有一个城镇，这里的一切生物看来与其周围环境生活得很和谐。这个城镇坐落在像棋盘般排列整齐的繁荣的农场中央，其周围是庄稼地，小山下果园成林。春天，繁花像白色的云朵点缀在绿色的原野上；秋天，透过松林的屏风，橡树、枫树和白桦闪射出火焰般的彩色光辉，狐狸在小山上叫着，小鹿静悄悄地穿过了笼罩着秋天晨雾的原野。

沿着小路生长的月桂树、荚蒾和赤杨树，以及巨大的羊齿植物和野花在一年的大部分时间里都使旅行者感到心旷神怡。即使在冬天，道路两旁也是美丽的地方，那儿有无数小鸟飞来，在出露于雪层之上的浆果和干草的穗头上啄食。郊外事实上正以其鸟类的丰富多彩而驰名，当迁徙的候鸟在整个春天和秋天蜂拥而至的时候，人们都长途跋涉地来这里观看它们。另外有些人来小溪边捕鱼，这些洁净又清凉的小溪从山中流出，形成了绿荫掩映的生活着鳟鱼的池塘。野外一直是这个样子，直到许多年前的有一天，第一批居民来到这儿建房舍、挖井筑仓，情况才发生了变化。

从那时起，一个奇怪的阴影遮盖了这个地区，一切都开始变化。一些不祥的预兆降临到村落里：神秘莫测的疾病袭击了成群的小鸡，牛羊病倒和死亡。到处是死神的幽灵，农夫们述说着他们家庭的多病，城里的医生也愈来愈为他们病人中出现的新病感到困惑莫解。不仅在成人中，而且在孩子中出现了一些突然的、不可解释的死亡现象，这些孩子在玩耍时突然倒下了，并在几小时内死去。

一种奇怪的寂静笼罩了这个地方。比如说，鸟儿都到哪儿去了呢？许多人谈论着它们，感到迷惑和不安。园后鸟儿寻食的地方冷落了。在一些地方仅能见到的几只鸟儿也气息奄奄，它们战栗得很厉害，飞不起来。这是一个没有声息的春天。这儿的清晨曾经荡漾着乌鸦、鸫鸟、鸽子、樫鸟、鹪鹩的合唱以及其他鸟鸣的音浪；而现在一切声音都没有了，只有一片寂静覆盖着田野、树林和沼泽。

农场里的母鸡在孵窝，但却没有小鸡破壳而出。农夫们抱怨着他们无法再养猪了——新生的猪仔很小，小猪病后也只能活几天。苹果树花要开了，但在花丛中没有蜜蜂嗡嗡飞来，所以苹果花没有得到授粉，也不会有果实。

曾经一度是多么吸引人的小路两旁，现在排列着仿佛火灾劫后的、焦黄的、枯萎的植物。被生命抛弃了的这些地方只有寂静一片，甚至小溪也失去了生命；钓鱼的人不再来访问它，因为所有的鱼已经死亡。

在屋檐下的雨水管中，在房顶的瓦片之间，一种白色的粉粒还在露出稍许斑痕。在几星期之前，这些白色粉粒像雪花一样降落到屋顶、草坪、田地和小河上。

不是魔法，也不是敌人的活动使这个受损害的世界的生命无法复生，而是人们自己使自己受害。

上述的这个城镇是虚设的，但在美国和世界其他地方都可以容易地找到上千个这种城镇的翻版。我知道并没有一个村庄经受过如我所描述的全部灾祸；但其中每一种灾难实际上已在某些地方发生，并且确实有许多村庄已经蒙受了大量的不幸。在人们的忽视中，一个狰狞的幽灵已向我们袭来，这个想象中的悲剧可能会很容易地变成一个我们大家都将知道的活生生的现实。

是什么东西使美国无以数计的城镇的春天之音沉寂下来了呢？这本书试探着给予解答。

入选理由：

世界环境运动的奠基之作。

一般解读：

《寂静的春天》这本书以寓言作为开头，向我们描绘了一个美丽村庄的突变，并从陆地到海洋、从海洋到天空全方位地揭示了化学农药的危害。这位科学家之所以能够将一本论述死亡的书变成了一阕生命的颂歌，是因为她有着诗人的洞察力和敏感。这本书的出版使她遭受了空前的诋毁和攻击，但卡森以自已非凡的勇气和执着捍卫着对真理的追求，并逐渐影响着人们的思想。

生态解读：

说到绿色、生态、环境、低碳，人们都会想起于1962年出版的美国生物学家蕾切尔·卡森的《寂静的春天》一书，这是一本被公认的开启了世界环境运动的奠基之作，在环境史上发挥了非凡的作用。作者一针见血地指出因过度使用化学药品和肥料而导致的环境污染、生态破坏，警醒人类不要饮鸩止渴。这本书随后带来的重要影响是肯尼迪总统授意科学顾问委员会对杀虫剂问题展开调查，并于1963年公布了政府的杀虫剂调查报告。该报告支持了卡森的观点，对化工界和农业部的大规模喷药计划持批判态度，并建议“联邦有关各部门和机构开始实行公众宣传计划，向大众说明杀虫剂的用途及其毒性”。卡森在书中指出实施喷药计划或者任何迅速产生抗药性的新产品都是无效的，现在这已被越来越多的病虫害所证实。她不仅提醒人们要注意化学农药及化肥的危害，更指出了改变发展模式的必要性。她说：“我们长期以来行驶的道路，容易被人误认为是一条可以高速前进的平坦、舒适的超级公路，但实际上，这条路的终点却潜伏着灾难，而另外的道路则为我们提供了保护地球的最后唯一的机会。”正是卡森的警告，引起了世界上很多人对环境问题的关注，也引发了非常激烈的争论，最后的结果是在1992年举行的联合国环境与发展大会上，世界各国一致同意要实施可持续发展战略。可以说，蕾切尔·卡森的这本书在很大程度上改变了公众对环境问题的认识，是世界环境保护史上极为重要的里程碑。

● [加] 劳伦斯·所罗门《全球变暖否定者》[5]

（节选）

今天，全球变暖已不再仅限于科学家们研究的课题，而是成为整个社会关注的焦点。人们不仅需要了解它带来的危害，更要了解种种应对措施，以及其中哪些行之有效，哪些凶险甚于疾病。不幸的是，这些问题的答案都隐藏在纷繁复杂的科学壁垒之后，作为外行的社会大众根本无从知晓。

我们应当怎么办？

对此，阿尔·戈尔自有答案，这个答案在某种程度上还显得格外合理。戈尔先生的核心论调是，我们应当信赖“权威论断”。我们应当听那些专家的话，他们把自己所知的告诉我们，所以我们也得以“了解”答案。去问科学家们吧，他们接受过专业的培训，他们能搞到最丰富的数据，他们了解一切负责的事物。

对于本文开头的问题，根据戈尔和联合国以及广大媒体的论点，科学家们的答复可以概括为“科学已论定”。全球变暖已经成为一个严峻的问题，而且正在日趋恶化，它是由人类活动造成的，如果不立即采取措施加以控制必将给人类带来灾难——这些似乎都不再有任何争议和疑问。

来自权威的论断当然是值得尊敬的，甚至是不可撼动的。我们每天的生活都依赖于我们所能获得的最佳信息，甚至在超出自身专业之外的领域也是如此。如果一位受人尊敬的医生告诉你，你的孩子身患重病，需要马上手术，你一定会格外重视，尤其在这一论断得到另一位医生支持以后。反之，如果另一位医生提出相反意见，称先前诊断为误诊，同时指出手术只会带来不必要的风险，此时的权威论断必然显得不再那么重要，至少不再迫在眉睫。接下来你必定会对这个问题作进一步了解，也许会咨询更多人士，或者还会对两方专家的权威程度进行比较。

然而对于戈尔和联合国以及大多数媒体而言，对于全球变暖问题，我们恰恰不需要这么做。在他们看来，这个问题根本毫无争议。所有专业权威，或者至少是这些权威的“共识”都赞同全球变暖末日论。在他们的对立面始终没有足够权威的反对者，促使我们认真思考反面意见。

入选理由：

全球变暖虽有争议，节能减排势在必行！

一般解读：

和其他诸多学科领域不同，全球气候变化研究领域存在成规模的“反对派”。从1990年联合国政府间气候变化专门委员会（Intergovernmental Panel on Climate Change，IPCC）发布《第一次评估报告》之日起，国际上就有人对其观点提出反对意见。这些反对意见针对IPCC总结的科学认知大厦的方方面面，而提出反对意见的专家来自各个不同的学科领域。

劳伦斯·所罗门是加拿大《国家邮报》的专栏作者，是著名的环保活动人士，曾致力于保护全球雨林及遏制核扩散。他于2006年11月在《国家邮报》开辟了“否定者”专栏，并于2008年出版《全球变暖否定者》一书，在书中集中讨论了威格曼等34位知名学者针对全球变暖问题的不同观点。“不知不觉我找到的科学家越来越多，而且当全世界的科学家发现有人在寻找他们时，更多的人主动找到了我。现在我手头已经攒下了100多位这样的否定者，并且这个数目每周都在增长。”

这些学者提出了很多与主流意见不同乃至截然相反的看法，对于普通公众全面认识科学界对气候变化问题的不同看法也有着很强的借鉴意义。劳伦斯认为，全球气候变化否定者“所具备的诚信度往往高于某些鼓吹气候变化末日论的所谓权威人士”“这些否定者无疑表明，气候变化末日论者不应有最终发言权，但与此同时，他们也表明了自己同样没有一锤定音的权力。毕竟在否定者内部同样存在着很大分歧”。

生态解读：

20世纪末全球气温急剧上升，与19世纪相比升高了0.4～0.6℃，这是过去1 000年都没有发生过的变化。全球气候变化问题近年来高居人类社会会议议程列表榜首。通过有关科学家、政治家的呼吁，以及媒体的广泛报道，这一判断越来越成为全球公众的共识：自工业文明兴起，人类在地球上的活动使大气中的温室气体浓度大幅提升，进而导致全球气温持续上升；如果这一变暖趋势得不到有效缓解，极可能导致全球降水量重新分配、冰川和冻土消融、海平面上升等，既危害自然生态系统的平衡，更威胁人类的食物供应和居住环境。以“阻止全球变暖趋势”为目标，20世纪80年代末以来各国进行了一系列关于气候变化的谈判，《联合国气候变化框架公约》《京都议定书》《巴黎协定》等相继签署生效。

对于全球变暖所带来的后果，人类当然最关心的是对自己有什么影响。全球变暖会直接导致很多地区夏天出现超高温，这显然会大大提升疾病（特别是传染病）的死亡率，如西尼罗病毒、疟疾、黄热病等热带传染病自 1987 年以来在美国的佛罗里达、密西西比、得克萨斯、亚利桑那、加利福尼亚和科罗拉多等地相继暴发。随着山峦顶峰的变暖，海拔较高处的环境也越来越有利于蚊子和它们所携带的疟原虫子这样的微生物生存，这就是疾病引发人类死亡率增加的根源。全球变暖还会使臭氧浓度增加，低空中的臭氧是非常危险的污染物，会破坏人的肺部组织，引发哮喘或其他肺病，更可怕的是，臭氧会增加癌症的发病率。解决一系列问题的前提是考虑它的根源，从源头根治。

所罗门还提出，一些科学家反对全球变暖，但他们并不是为污染主体辩护，而是为了找出地球环境趋于脆弱的真正原因，以便更有针对性地采取措施。这些否定者认为，环保事业不能依靠并不严谨的考证、夸张的表述和廉价的煽情，否则一旦公众发现事实的真相就会对环保更加不利。他们认为，即使全球没有变暖，减少碳排放、节能减排、制止过度消费也是人类应该采取的生活方式。

全球变暖和各种环境问题对生态环境的破坏是无法挽回的，我们都应该行动起来，人类有责任保护我们共同的家园！

●［美］奥尔多·利奥波德《沙乡年鉴》[6]

（节选）

一声深沉的、骄傲的嗥叫，从一个山崖回响到另一个山崖，荡漾在山谷中，渐渐地消失在漆黑的夜色里。这是一种不驯服的、对抗性的悲哀，和对世界上一切苦难的蔑视情感的迸发。

每一种活着的东西（大概还有很多死了的东西），都会留意这声呼唤。对鹿来说，它是死亡的警告；对松林来说，它是半夜里在雪地上混战和流血的预言；对郊狼来说，它是就要来临的拾遗的允诺；对牧牛人来说，它是银行里赤字的坏兆头；对猎人来说，它是狼牙抵制弹丸的挑战。然而，在这些明显的、直接的希望和恐惧之后，还隐藏着更加深刻的含义，这个含义只有这座山自己才知道。只有这座山长久地存在着，从而能够客观地去听取一只狼的嗥叫。

不过，那些不能辨别其隐藏的含义的人也都知道这声呼唤的存在，因为在所有有狼的地区都能感到它，而且正是它把有狼的地方与其他地方区别开来的。它使那些在夜里听到狼叫、白天去察看狼的足迹的人毛骨悚然。即使看不到狼的踪迹，也听不到它的声音，它也是暗含在许多小小的事件中的：深夜里一匹驮马的嘶鸣，滚动的岩石的嘎啦声，逃跑的鹿的砰砰声，云杉下道路的阴影。只有不堪教育的初学者才感觉不到狼是否存在，和认识不到山对狼有一种秘密的看法这一事实。

我自己对这一点的认识，是自我看见一只狼死去的那一天开始的。当时我们正在一个高高的峭壁上吃午饭。峭壁下面，一条湍急的河蜿蜒流过。我们看见一只雌鹿——当时我们是这样认为——正在涉过这条急流，它的胸部淹没在白色的水中。当它爬上岸朝向我们，并摇晃着它的尾巴时，我们才发觉我们错了：这是一只狼。另外还有六只显然是正在发育的小狼也从柳树丛中跑了出来，它们喜气洋洋地摇着尾巴，嬉戏着搅在一起。它们确确实实是一群就在我们的峭壁之下的空地上蠕动和互相碰撞着的狼。

在那些年代里，我们还从未听说过会放过打死一只狼的机会那种事。在一秒钟之内，我们就把枪弹上了膛，而且兴奋的程度高于准确：怎样往一个陡峭的山坡下瞄准，总是不大清楚的。当我们的来复枪膛空了时，那只狼已经倒了下来，一只小狼正拖着一条腿，进入到那无动于衷的静静的岩石中去。

当我们到达那只老狼的所在时，正好看见在它眼中闪烁着的、令人难受的、垂死时的绿光。这时，我察觉到，而且以后一直是这样想，在这双眼睛里，有某种对我来说是新的东西，是某种只有它和这座山才了解的东西。当时我很年轻，而且正是不动扳机就感到手痒的时期。那时，我总是认为，狼越少，鹿就越多，因此没有狼的地方就意味着是猎人的天堂。但是，在看到这垂死时的绿光时，我感到，无论是狼，或是山，都不会同意这种观点。

自那以后，我亲眼看见一个州接一个州地消灭了它们所有的狼。我看见过许多刚刚失去了狼的山的样子，看见南面的山坡由于新出现的弯弯曲曲的鹿径而变得皱皱巴巴。我看见所有可吃的灌木和树苗都被吃掉，先变成无用的东西，然后则死去。我看见每一棵可吃的、失去了叶子的树只有鞍角那么高。这样一座山看起来就好像什么人给了上帝一把大剪刀，并禁止了所有其他的活动。结果，那原来渴望着食物的鹿群的饿殍，和死去的艾蒿丛一起变成了白色，或者就在高出鹿头的部分还留有叶子的刺柏下腐烂掉。这些鹿是因其数目太多而死去的。

我现在想，正是因为鹿群在对狼的极度恐惧中生活着，那一座山就要在对它的鹿的极度恐惧中生活。而且，大概就比较充分的理由来说，当一只被狼拖去的公鹿在两年或三年就可得到补替时，一片被太多的鹿拖疲惫了的草原，可能在几十年里都得不到复原。

牛群也是如此，清除了牧场上的狼的牧牛人并未意识到，他取代了狼用以调整牛群的数目以适应其牧场的工作。他不知道像山那样来思考。正因为如此，我们才有了尘暴，河水把未来冲刷到了大海。

入选理由：

作者以优雅清晰的田园画卷展现深邃的土地哲思，书中提出的“土地伦理”思想赋予环境保护全新的意义。

一般解读：

20世纪，人类经历了一场巨大的变革，科学技术的巨大进步以及生产力的发展都在加速社会的运转。就是在这样一个各领域都在快速发展的时代，环境成为人们获取资源的重要途径，人们对环境资源无休止的攫取导致人类的生存环境达到了前所未有的恶劣境地。而今越来越多的人开始反思人与自然的关系，生态文学的兴起也表现出人们对环境问题的重视。利奥波德的《沙乡年鉴》便是生态文学史上非常重要的一部著作。在《沙乡年鉴》中，利奥波德对土地伦理思想的论述主要包括7个方面：土地共同体、土地金字塔、土地健康、生态学意识、伦理的演变次序、土地伦理的代用语和分歧。利奥波德被称为“美国的先知”，他的土地伦理思想成为美国历史上最激进的环保主义运动的思想火炬，作为扩展的伦理学的一个方面，这一思想“是现代生物中心论或整体主义伦理学最重要的思想源泉”。随着20世纪60年代末新环境保护运动的到来，“利奥波德的土地伦理恰似茫茫夜空中的北斗，真正显示了它的光彩。”《沙乡年鉴》在侯文蕙先生的翻译下更是锦上添花，整本书言辞优美，读起来朗朗上口，对提高大众文学素养和生态素养具有重要意义。

生态解读：

“像山那样思考”出自利奥波德的散文集《沙乡年鉴》，作者用散文诗般的语言，热情地描绘了自然美景以及由此产生的随想，让读者清晰地感受到生命的律动，对自然产生由衷的向往与热爱，从而融入自然、敬畏生命。利奥波德通过一则他与狼之间的故事告诉读者他的思想是如何转变的，他认识到任何企图消灭狼的行为都会使自然微妙的平衡受到破坏，大山与旷野原本的生生不息很容易毁于人类之手，进而他开始把以山和旷野为代表的生态系统看作一个宏大的整体，在这个整体里面汇集了鹿和狼等生命群体。这就是他提出的一种新的生态理念：生态整体主义。也就是说，人们应当“像山那样思考”。

利奥波德的土地伦理对环境伦理学有着划时代的贡献。如果说早期环境伦理学家大多只关注生物个体，特别是高等动物的权利，利奥波德则沿着这一思想继续前行，进而承认大地、环境、整个生态系统的价值。他明确了各种生物以及生态群落的内在价值，提出人类不仅要尊重生命共同体内的每个成员，而且要尊重生命共同体本身。土地伦理学把人类的角色从生命共同体的征服者彻底改造成生命共同体中普通的一员。此外，利奥波德的土地伦理还蕴含了可持续发展理念，但他侧重的不是经济与人类社会的可持续发展，而是生态的可持续发展。他要求避免从经济学角度出发采取环境保护措施，即使自然界的某些存在不会为人类创造经济价值，但它们至少是整个生态环境不可缺少的一部分，关系到整个人类的生存和发展问题。

● [德] 海德格尔《……人诗意地栖居……》[7]

（节选）

……说诗人偶尔诗意地栖居，似还勉强可听。但这里说的是“人”，即每个人都总是诗意地栖居，这是怎么回事呢？难道一切栖居不是与诗意格格不入的吗？我们的栖居为住房短缺所困挠。即便不是这样，我们今天的栖居也由于劳作而备受折磨，由于趋功逐利而不得安宁，由于娱乐和消遣活动而迷迷惑惑。而如果说在今天的栖居中，人们也还为诗意留下了空间，省下了一些时间的话，那么，顶多也就是从事某种文艺性的活动，或是书面文艺，或是音视文艺。诗歌或者被当作玩物丧志的矫情和不着边际的空想而遭到否弃，被当作遁世的梦幻而遭否定；或者，人们就把诗看作文学的一部分。……

……

对神来说疏异的东西，即天空的景象，却是人所熟悉的东西。这种东西是什么呢？就是天空间的一切，因而也就是在天空下、大地上的万物；这一切闪烁和开放、鸣响和喷香、上升和到来，但也消逝和没落、哀鸣和沉默、苍白和黯淡。那不可知者归于这一切为人所熟悉而为神所疏异的东西，才得以在其中作为不可知者而受到保护。但是，诗人召唤着天空景象的所有光辉及其运行轨道和气流的一切声响，把这一切召唤入歌唱词语之中，并使所召唤的东西在其中闪光和鸣响。不过，诗人之为诗人，并不是去描写天空和大地的单纯显现。诗人在天空景象中召唤那个东西，后者在自行揭露中恰恰让自行遮蔽着的东西显现出来，而且是让它作为自行遮蔽着的东西显现出来。在种种熟悉的现象中，诗人召唤那种疏异的东西——不可见者为了保持其不可知而归于这种疏异的东西。

入选理由：

有助于思考人与自然如何能够和谐相处。

一般解读：

“……人诗意地栖居……”出自19世纪初德国诗人荷尔德林，但是海德格尔曾对其进行引用、诠释、评点。海德格尔是存在主义之集大成者，于是“诗意地栖居”变成一个存在主义的命题。所谓“栖居”，可以理解为人在大地上的存在方式。海德格尔提出，栖居即带来和平，意味着始终处于自由之中，这种自由把一切保护在本质中。所以，栖居的基本特征就是保护，保护所有存在者的自由自在、和谐统一。他进一步从本体论角度提出天、地、人、神四位一体的思想，这四位整体构成栖居的基本样貌。“存在”是海德格尔哲学的核心概念，它是一切存在者得以成为自身的先决条件，是万物最原始的根基和本原。在海德格尔的后期思想中，“存在”主要指“自然”。不过，这里的“自然”并不是指自然物和自然界，而是指事物充分真实显现自身的涌现和无蔽状态。

生态解读：

海德格尔所表达的是人与自然共在的愿景，与我国道家思想中追求的“天人合一”似有相通之处。简单地说，就是在环境污染、道德贫乏、人被异化的时代，以“诗意地栖居”来反抗现代技术的威胁，使人和自然处在一种和谐的、适合人生存的关系中，在诗意中实现自我并回归到人类的本真。海德格尔的哲学思想以敏锐的目光审视现代文明，其生态伦理思想突破了传统的主客二分思维模式与人类中心主义主体性观念的禁锢，把自然看作人生存的本原和根基，倡导人与自然和谐统一、平等共生，表现出对人类前途命运的深切关怀，为我们今天反思现代文明、破解生态危机、建设生态文明提供了丰富的思想养分，具有重要的现实意义。

●罗马俱乐部《增长的极限》[8]

译　序

（节选）

《增长的极限》从1972年公开发表以来，四分之一个世纪过去了。在这新世纪即将来临的年代里，在我们这个人口数量最多、经济增长速度最快的发展大国，重新出版这本“旧书”，仍然有深远意义。这不仅因为这本书早已是名满全球的一块丰碑，而且因为这份研究报告所提出的全球性问题，如人口问题、粮食问题、资源问题和环境污染问题（生态平衡问题）等，早已成为世界各国学者、专家们热烈讨论和深入研究的重大问题。这些问题也早已成为世界各国政府和人民不容忽视、亟待解决的重大问题。对此，在思想上必须高度重视，在实际行动上必须高度负责、切实解决，否则，人类社会就难以避免在严重困境中越陷越深，为摆脱困境所必须付出的代价将越来越大。

书中的观念和论点，现在听来，不过是平凡的真理，但在当时，西方发达国家正陶醉于高增长、高消费的“黄金时代”，对这种惊世骇俗的警告，并不以为然，甚至根本听不进去。现在，经过全球有识之士广泛而又热烈的讨论，系统而又深入的研究，有越来越多的人们取得了共识。人们日益深刻地认识到：产业革命以来的经济增长模式所倡导的“人类征服自然”，其后果是使人与自然处于尖锐的矛盾之中，并不断地受到自然的报复，这条传统工业化的道路已经导致全球性的人口激增、资源短缺、环境污染和生态破坏，使人类社会面临严重困境，实际上引导人类走上了一条不能持续发展的道路。

人类社会要继续发展，该怎么办？

为了人类社会美好的未来，我们再也不能为所欲为地向自然界贪婪地索取，恣意地掠夺了。因为“我们不只是继承了父辈的地球，而是借用了儿孙的地球”——这句话寓意深刻，《联合国环境方案》曾用这句话来告诫世人。1981年，当代科学家、思想家莱斯特·布朗又在他的影响深远的著作《建设一个可持续发展的社会》的扉页上引用了这句话来呼唤人类猛醒，呼吁人类社会采取有效措施，努力稳定全球人口规模，保护自然资源，开发和利用可再生资源，自觉地改变价值观念，努力探索一条人与自然协调发展的新路，建设一个可持续发展的社会。

切实解决全球性问题，实现可持续发展，关系到人类的前途和命运，影响着世界上每一个国家、每一个民族，以致每一个人，要开展广泛和有效的国际合作。

1992年6月，联合国在巴西的里约热内卢召开环境与发展大会，期望在全球范围内采取协调一致的行动，有效地解决环境与发展问题，制定了实施既满足当代人的需求又不对后代人满足其需求构成危害的全球可持续发展战略。大会通过了《里约环境与发展宣言》、《21世纪议程》以及《关于森林问题的原则声明》等重要文件，并签署了《联合国气候变化框架公约》、联合国《生物多样性公约》，充分体现了人类社会可持续发展的新思想，尤其是《21世纪议程》已经成为指导世界各国制定和实施可持续发展战略的纲领性文件，为新世纪人和自然的发展，为人口、资源、环境以及经济和社会的协调发展指明了正确的新方向。

会后，我国政府即着手制定《中国21世纪议程——中国 21世纪人口、环境与发展白皮书》，作为各级人民政府制定国民经济和社会发展长期计划的指导性文件。1996年，又在我国《国民经济和社会发展“九五”计划和2010年远景目标纲要》中明确提出，可持续发展战略和科教兴国战略是国家今后发展的大战略，经济体制和经济增长方式要实现两个根本性转变。同年7月，我国政府又提出了《关于进一步推动实施〈中国21世纪议程〉的意见》。

但是，要实现可持续发展，单靠政府颁发文件显然是不够的，还要引导企业和全民广泛参与，不断提高认识，落实到行动。

……

事实上，全球性问题主要是发达国家在工业化过程中恣意掠夺自然资源和大量排放污染物、废弃物造成的，他们理应对全球资源短缺、环境恶化和生态破坏负主要责任。现在，发达国家已经发展成为富国，既有雄厚的经济实力，又有先进的科学技术，理应为切实解决全球的问题承担更多的责任，可是在这个问题上，至今还是文件写得好，实事干成的不多，雷声大，雨点小。我们期待着全球社会在21世纪沿着可持续发展的道路，团结协作，切实解决全球性的问题，努力把地球建设成为人类安居乐业的美好家园。

序　言

（节选）

我们的结论是：

1. 如果在世界人口、工业化、污染、粮食生产和资源消耗方面现在的趋势继续下去，这个行星上的极限有朝一日将在今后100年中发生。最可能的结果将是人口和工业生产力双方有相当突然的和不可控制的衰退。

2. 改变这种增长趋势和建立稳定的生态和经济的条件，以支撑遥远未来是可能的。全球均衡状态可以这样来设计，使地球上每个人的基本物质需要得到满足，而且每个人有实现他个人潜力的平等机会。

3. 如果世界人民决心追求第二种结果，而不是第一种结果，他们为达到这种结果而开始工作得愈快，他们成功的可能性就愈大。这些结论是如此深刻，而且为进一步研究提出了这么多问题，以至我们十分坦率地承认已被这些必须完成的巨大任务所压倒。我们希望，这本书将适合于许多研究领域和世界上的许多国家，引起其他人的兴趣，提高他们所关心的事情的空间和时间的水平，和我们一起理解和准备这个伟大的过渡时期，即从增长过渡到全球均衡。

入选理由：

首次提出人类发展存在极限，如今已成为一种常识。

一般解读：

《增长的极限——罗马俱乐部关于人类困境的报告》于1972年3月完成。20世纪60—70年代是现代环境思想、环保运动兴起并蓬勃发展的时代，急剧增长的人口、高速发展的生产力给全球环境带来了巨大压力。首先，郊区的无限蔓延导致树木被大量砍伐，许多动物的生存空间被压缩，公园、荒野成为房地产商的目标。其次，由于汽车的大量普及，公路不断扩张，化石能源被大量开采供汽车使用，空气污染也日益严重。再次，烈性农药的大量使用导致毒素通过昆虫进入整个生物圈，大量鸟类灭亡。最后，世界主要发达国家出现了几次前所未有的严重污染事件，如洛杉矶光化学烟雾事件和日本富山骨痛病事件等。

在这样的大背景下，《增长的极限》被译成30多种文字出版，并于20世纪80年代被介绍到中国。该书就地球未来能否承载人类社会经济不受节制的增长这一全球性的问题，运用“模型和指数增长”的方法进行了回答，并阐释了经济增长与诸多因素的关系。其结论是，如果人类继续以现在的方式发展，在今后100年内迟早会达到极限并发生衰退，只有尽快把增长过渡到全球均衡才能改变这一结局。

生态解读：

该书一经出版，就在国际上引起巨大反响和激烈争论。以环境学家为主的一方欣然接受书中的观点和主张，将该书誉为人类对环境思考的转折点、环境运动的里程碑。以经济学家为主的一方，否定书中的观点和结论，将该书看作未来悲观派的代表。然而今天的种种迹象表明，书中的预测是科学合理的。随着科技的发展，人类不断提升单位土地的承载力，然而依然无法解决频频发生的环境问题。关于污染，米都斯等人指出，尽管无法确切地知道地球吸收一种污染的能力的最大限度，也无法知道它吸收各种污染结合体的能力，可是这样一个最大限度肯定是存在的。在许多局部环境中这种最大限度已被超过。或许该报告无法准确地预测未来，但它仍然为人类敲响了警钟，也揭示了惊人的趋势。同时，该报告还将这一问题提升到全人类必须共同应对的高度，这是其不可替代的价值。

●［美］芭芭拉·沃德、勒内·杜博斯《只有一个地球》[9]

（节选）

联合国人类环境会议是在这个极其关键的时刻召开的。现在人类正在完成向全球移植的过程中，学会明智地管理地球已成为一项紧迫的任务。人类必须担负起地球管理员的责任。地球管理员当然意味着是为其他一些人服务。由于他们各自不同的科学、社会、哲学和宗教的态度，环境学家们对于自己应当成为一个怎样的集团的管理员，有着某些不同的看法。然而，实际上联合国对这次会议的要求，显然是要确定我们应当干些什么，才能保持地球不仅成为现在适合人类生活的场所，而且将来也适合子孙后代居住。

自然资源的日益减少，当然是使人类怀疑地球还有多大能力继续维持未来文明的一个主要原因。对自然资源未来供应的关心，是十分普遍和深切的。欧洲高度工业化富裕国家的一位顾问竟然提出这样过分担心的建议，他主张人类应当立刻放弃工业化，而集中精力去发展高效率的农业技术！可是这种从工业化中后退的思想，同为了使自己摆脱穷困而现在刚开始工业化的一些国家的顾问们的意见完全相反。他们知道工业化会带来一些危险，可是他们看到，只有工业化才是达到高生活标准的唯一道路。由于发展工业会给人们带来粮食丰产、减少失业、良好的公共卫生和相当好的舒适生活的希望，所以根据他们的看法，实际上，几乎任何发展工业的方法都优先于对未来环境损害的考虑。

因为工业增长有赖于大量电力和某些化学产品的供应，所以毫不奇怪，正在争取经济发展的许多国家的决策者和计划人员都不会改变工业化的主张。用一位亚洲政治家的话来说，就是“盼望着没有烟囱的美景”。诚然有一种普遍的看法，认为环境污染是工业发展不可避免的副产物，而且经验表明，只有工业化达到经济富裕的高水平后，社会上才会出现长远的生态后果。“富足之日就是恶果来临之时”已成为法则，至今仍无形地统治着许多人对待环境的态度。如果在这方面历史重演的话，看来在今后许多年内，大多数地方的环境质量势必服从经济发展的目标。

可是，经济富裕不过是影响人们对待环境态度的因素之一。在我们顾问之间关于对核能看法的巨大分歧就很能说明，由科学专家来权衡在工业发展中的技术和环境问题的相对重要性是困难的。

就在同一天，我们收到了两位诺贝尔奖金获得者关于核能问题的来信，措辞都很坚决。他们两位都是著名的人物，不但在自然科学上有很大的成就，而且作为国家机构的领导人和国际团体的顾问，他们的社会贡献也很重要；同时，两位又都是来自高度工业化讲英语的国家。他们中的一位认为，《只有一个地球》的正文对于核能的潜力没有作出很公正的判断，过于夸大了它对自然生态系统和人类健康的威胁。形成对照，另一位诺贝尔奖金获得者却认为核能完全不应当发展，用他的话来说，因为它“完全不适合生物圈”。许多其他的顾问对争论的双方，都各自表达了同样坚决的观点。

正如所预料，关于杀虫剂的问题，顾问之间也多次出现近乎相反的意见。一位顾问告诉我们，当他在圭亚那工作的时候，如果没有滴滴涕的话，他可能早就死了。许多顾问以同样的心情反复说明，倘若严格限制杀虫剂在公共卫生和农业方面的使用，就会有千百万人死于传染病和营养不良。另一方面，其他一些专家则坚信，自然生态系统已遭到杀虫剂的严重破坏，如按目前使用杀虫剂的趋势继续发展下去，地球将逐渐不适合人类生活。

入选理由：

人类只有一个地球！

一般解读：

《只有一个地球——对一个小小行星的关怀和维护》（以下简称《只有一个地球》）是沃德和杜博斯受时任联合国人类环境会议秘书长斯特朗的委托，为1972年在斯德哥尔摩召开的联合国人类环境会议提供的背景材料。这些材料由40个国家提供，并在152名专家组成的通信顾问委员会的协助下完成。它是一次国际合作的产物，实际上已成为大会的基调报告。书中概括了地球行星的生物圈概念，以及它的生态和社会经济的相互依赖性。其共分为“地球是一个整体”“科学的一致性”“发达国家的问题”“发展中国家的问题”“地球上的秩序”五个篇章，从地球的发展前景出发，以不同的角度讲述了资源与人口、经济发展和环境污染对不同国家所产生的影响，呼吁各国人民高度重视、努力维护人类赖以生存的地球，并且提出了“只有一个地球”“同舟共济”的理念。

书中不仅论及最明显的污染问题，而且将污染问题与人口问题、资源问题、工艺技术影响、发展不平衡和世界范围的城市化困境等联系起来，作为一个整体来探讨环境问题。书中始终将环境与发展结合在一起论述，在谈到发展中国家的问题时指出，“贫穷是一切污染中最坏的污染。”发展中国家面临发展资金不足的困难，在这种情况下，“发展中国家政府，还应该注意到发达国家对抗污染设计和技术上的发展，对那些效果好、花钱少的方法，通过法令或合同使所有国内外新投资者采用这些技术……经过仔细的计划工作，当前的一部分工业增长可以绕过工业化污染的原始阶段，而把新工艺设备纳入最初的整体设计之中。”《只有一个地球》对环境及相关问题的看法是在归纳、总结各方面专家意见的基础上形成的，因而具有广泛的代表性。

生态解读：

《只有一个地球》虽说是一份非正式报告，但起到了基调报告的作用。以此为蓝本，该报告中的许多观点被采纳，写入大会通过的《联合国人类环境宣言》及其行动计划中，并正式把6月5日定为“世界环境日”。因此，该报告是世界环境运动史上一份有着重大影响的文献，为人类环保意识的萌芽、成长做出了贡献。《联合国人类环境宣言》提出了7个共同观点和26项共同原则，规定了人类对环境的权利和义务，呼吁“为了这一代和将来的世世代代而保护和改善环境”。其行动计划则包括109条保护全球环境的行动建议，要求把环境保护落实到具体行动中，明确责任，树立保护环境的信心和决心，将环境保护一以贯之，表达了人类对美好环境的向往和追求。1987年2月，日本东京举行的第八次世界环境与发展委员会通过了《我们共同的未来》。该报告关注人口、粮食、资源、能源、物种等问题，提出了“可持续发展”概念，即“既能满足当代人的需要，又不对后代人满足其需要的能力构成危害的发展”。同年12月，世界环境与发展委员会正式成立，开始对世界环境问题和战略进行研究。1992年6月，巴西里约热内卢举行了联合国环境与发展大会，继续推广“可持续发展”观念，一时间各国纷纷将“可持续发展”作为本国的核心发展思想，“可持续发展”也成为学术界的新课题。里约热内卢会议通过了《里约环境与发展宣言》（又称《地球宪章》），并签署了一系列环境文件，被看作世界环境运动的“里程碑会议”。之后，中国政府编制了《中国21世纪议程——中国21世纪人口、环境与发展白皮书》，首次把可持续发展战略纳入中国经济和社会发展的长远规划。1997年，党的十五大把“可持续发展”确定为我国“现代化建设中必须实施”的战略。2002年，党的十六大把“可持续发展能力不断增强”作为全面建成小康社会的目标之一。

随着社会的发展、科技的兴盛、工业革命的兴起，掌握了强大生产力的人类开始从自然界开发资源，向大自然提出挑战。从栉风沐雨到安居乐业，从刀耕火种到机械化生产，人类的生活水平一天天提高。数千年来，人类创造了巨大的社会财富，积累了高度发达的科学文化与技能，建起了人类生活的家园。但是，工业革命以后，人类开始过度地消耗自然资源，同时也开始向大自然排放废气、倾倒污水及各种废弃物。由于不可持续发展的生产方式和消费方式，蓝色的大气层变成了灰色，臭氧层出现越来越多、越来越大的空洞；大地上的绿色被大片大片地抹去，南极冰原上却长出了点点不合时宜的绿洲；难民、灾民涌进日益拥挤的城镇和贫民窟，而城市却在卫星的千里眼中一个个“消失”；黄沙吞噬良田，流水带走肥土，裹挟着白色的泡沫渗进江河、涌向大海；热浪袭过千里赤地，蝉鸣聒噪，土裂地开，颗粒无收。人口的急剧增长、资源的匮乏、生态环境的恶化、环境污染和灾害的频发产生了人类生存的一系列危机，人类社会与自然界之间发生了严重的失衡，地球已不堪重负。

美国生物学家林顿·卡德威尔指出，很多人认为适应人类生存的星球不止地球一个，但是今天人类也没离开地球去别的星球生活。起码到今天为止，人类还没找到地球的复制品。20世纪50年代，人类开始了地外空间的探索。在1969年踏上月球之后的20年，又旧话重提“重返月球”，但是这个“重返”计划也只是提出一些开发月球资源的愿景设想，并未能把人类移居月球的愿望提到议事日程上。人类的生存和发展还是要立足地球。

其实人类从一开始就处在有限地球时代，只是我们很晚才知道这一点。地球的资源是有限的，地球净化、容忍污染的能力亦是有限的。

地球，人类共同的家园；保护，从未停止；行动，一直在路上。

●世界环境与发展委员会《我们共同的未来》[10]

从一个地球到一个世界：世界环境与发展委员会的总观点

20世纪中叶，我们从太空第一次看到了地球。历史学家最终可能会发现，这一事件对思想的影响可能比16世纪哥白尼革命还要巨大。哥白尼革命揭示了地球不是宇宙的中心，从而改变了人类自我的形象。从太空中，我们看到了一个小而脆弱的圆球，显眼的不是人类活动和高楼大厦，而是一幅由云彩、海洋、绿色和土壤组成的图案。人类不能使其活动与这幅图案相适应，这正从根本上改变着地球系统。许多这样的变化是伴随着威胁生命的公害而出现的，这是我们不可回避的新的现实，我们必须承认这个现实，而且将它管理好。

幸运的是，这一新的现实同本世纪新出现的更加积极的发展是同时出现的。我们可以比以往任何时候都更快地将信息和物资送到全球，我们可以用较少的财力和物力的投资生产出更多的粮食和商品，我们的科学技术至少向我们提供了更深刻和更好地认识自然系统的潜力。从宇宙中，我们可以将地球作为一个有机体加以认识和研究，它的健康取决于它的各组成部分的健康。我们有力量使人类事务同自然规律相协调，并在此过程中繁荣昌盛。我们的文化和精神遗产是加强我们的经济利益和生存的必要条件。

本委员会相信：人民有能力建设一个更加繁荣、更加正义和更加安全的未来。我们的报告——《我们共同的未来》不是对一个污染日益严重、资源日益减少的世界的环境恶化、贫困和艰难不断加剧状况的预测；相反，我们看到了出现一个经济发展的新时代的可能性，这一新时代必须立足于使环境资源库得以持续发展的政策。我们认为，这种发展对于摆脱发展中世界许多国家正在日益加深的巨大贫困是完全不可缺少的。

但是，委员会对未来的希望取决于现在就开始管理环境资源，以保证可持续的人类进步和人类生存的决定性的政治行动。我们不是在预测未来，我们是在发布警告——一个立足于最新和最好科学证据的紧急警告：现在是采取保证使今世和后代得以持续生存的决策的时候了。我们没有提出一些行动的详细蓝图，而是指出一条道路，根据这条道路，世界人民可以扩大他们合作的领域。

入选理由：

为全球环保事业勾画宏图。

一般解读：

1983年12月，受联合国第38届大会秘书长的委托，挪威首相布伦特兰夫人组织并领导了一个独立的临时性的“世界环境与发展委员会”，该委员会由来自21个国家的社会活动家和科学家组成。委员会成员用了近3年的时间，基于广泛的调查研究完成了一篇里程碑式的调查报告——《我们共同的未来》。这份报告呼吁世界各国政府和人民必须从现在起对经济发展和环境保护这两个重大问题负起自己的历史责任，制定正确的政策并付诸实施。错误的政策和漠不关心都会对人类的生存造成威胁。损害生态环境的非常恶劣的行为已经出现，我们必须立即行动起来对其加以纠正和改变。该报告分为“共同的问题”、“共同的挑战”和“共同的努力”三大部分。在这份报告中还正式提出了“可持续发展”的理念，将环境与发展这两个紧密相连的问题作为一个整体来思考。人类社会的可持续发展只能以生态环境和自然资源的持久、稳定的支撑能力为基础，而环境问题也只有在经济的可持续发展中才能够得到现实的解决。因此，必须处理好短期利益与长远利益、局部利益与整体利益的关系，协调好经济发展与环境保护的关系。

生态影响：

该报告出版至今已30余年，书中提到的很多问题还在进一步恶化。统计表明，目前每年有4 000～6 000种生物从地球上消失，更多的物种正受到威胁。1996年世界动物保护协会的报告指出："地球上四分之一的哺乳类动物正处于濒临灭绝的危险，每年还有1 000万公顷的热带森林被毁坏。"人类的生活和生产活动排放出大量的二氧化硫和氮氧化物，并通过降水溶解在水中，形成酸雨。酸雨具有腐蚀性，降落地面后会损害农作物的生长，导致林木枯萎、湖泊酸化、鱼类死亡、建筑物及名胜古迹遭受破坏。由于人类的过度采伐和不恰当的开垦，再加上气候变化引起的森林火灾，世界森林面积不断减少。据统计，近50年森林面积已减少了30%，而且其锐减的势头至今不见减弱。我国森林覆盖率仅为21.63%，约为世界平均森林覆盖面积的1/3，而森林锐减的势头却并未得到遏制。人口膨胀和工业发展所制造出来的越来越多的污水、废水最终超过了天然水体的承受极限，于是本来清澈的水体变黑发臭，细菌滋生、鱼类死亡、藻类疯长；更为严重的是，本来足以滋养人体的水常因含有有毒物质而使人染病，甚至致人死亡。工农业生产当然也因为水质的恶化而受到极大损害。水环境污染使原本就短缺的水资源更为紧张。水资源的短缺、水环境的污染加上洪涝灾害，构成了足以毁灭人类的水危机。城市垃圾和工业固体废物是随着人口增长和工业发展而日益增加的，至今已成为地球，特别是城市的一大灾害。垃圾中含有各种有害物质，任意堆放不仅占用土地，还会污染周围的空气、水体，甚至地下水。有的工业废弃物中含有易燃、易爆、致毒、致病、放射性等有毒有害物质，其危害更为严重。

现在，人类仍在借助不断强大的工业和科技实力超负荷地开采和利用自然资源，经济高速发展、GDP高速增长是以透支与浪费后几代乃至后几十代人类的资源为前提的。海平面在气候变暖的大背景下不断升高，濒危物种不断灭绝，无一不给我们提出了警告。在生态危机继续恶化的当下，重读这份报告可以唤醒公众的生态保护意识，仍然是亡羊补牢、犹未为晚。

●［美］阿尔·戈尔《濒临失衡的地球——生态与人类精神》[11]

导 论

早在25年之前，我就开始尝试真正理解全球生态危机，以及解救之方。写作这本书，是这漫长个人旅途的一部分。在这一旅途中，我曾到过这个星球上发生最严重生态灾害的地方，曾在世界各地结识过一批出类拔萃的男人和女人，他们正把自己的生活献给日益壮大的为拯救地球环境的奋斗。然而我也曾为此进行过更为深入的探索，说到底，那就是要追问我们人类文明的本性及其与全球环境的关系。

文明的大厦变得这样复杂，令人瞠目结舌。然而在它变得日趋精巧的同时，我们也感到愈来愈远离扎在土地里的根系。在某种意义上，文明自身从它自然世界的基地出发，行往一个我们自己设计的世界；我们的设计有时太过狂妄，而这样设计出来的世界也愈来愈充满计划、控制、制造。在我看来，我们为此付出了极高的代价。在中途上的某一点，我们失去了与自然的其余部分的联系感。我们现在倒是该问一问：我们真的这么独特、这么强大，乃至于我们从根本上可以和地球分离吗？

从我们之中很多人的做法或想法来看，答案似乎是可以。人们现在很容易把地球看作一堆“资源”，除了它们眼下的用处，别无内在的价值。部分由于科学上的革命，我们对自然世界的认识分离成越来越小的片断，以为这些分离成分之间的联系其实没什么要紧。我们对自然的各部分着迷，同时却忘记了看一看整体。

生态观点则从整体着眼，看到自然的各个部分是互相作用的，而这些互相作用的方式经久不衰，导向平衡。这种观点不可能把地球看作与人类文明分离的。我们自己也是这个整体的一部分，审视这个整体到头来也意味着审视我们自己。假如我们看不到自然的人类部分对自然整体的影响日益强大——我们自己其实也是一种自然力量，就像风和潮汐一样——那么我们就不可能看到我们正在陷入颠覆地球平衡的危险之中。

在另一方面我们的眼光也短视得可悲。我们往往不愿越过我们自己来看一看我们今日的所作所为会对我们的子孙产生什么样的后果。我认定很多人已经丧失了对未来的信心，因为在我们文明的几乎每一个方面，我们的做法都开始发生改变，就好像未来是不值得信任的，似乎只有一味关注当下的需求和短期问题才更为合情合理。无论事关财富、努力还是谨慎，长期投资的价值反正在日益贬值。这种倾向也许是从人们了解到核武器能够结束人类文明开始的。不管我们乐于不顾自己所作所为的后果这种倾向是怎么起源的，反正它和人与自然相分离的观念结合到一起，造成了我们和周围世界的联系的真实危机。我们对自己的危险处境似乎有所感觉。由于丧失了与世界与未来的联系，我们的精神似乎都焦躁不宁。但我们瘫软无力，过于纠缠在旧有的设想、旧有的思路里，看不到怎样摆脱自己的困境。

入选理由：

如何拯救濒临失衡的地球？发人深思。

一般解读：

《濒临失衡的地球——生态与人类精神》（以下简称《濒临失衡的地球》）初版于1992年。阿尔·戈尔在写这本书时是美国参议员，后任美国副总统。戈尔在进入美国众议院和参议院之前，曾当过7年的记者。在此期间，为了寻找造成环境危机的原因，他考察研究过很多环境恶化问题。多年之后，他成了一个具有大地意识和环保观念的政治家，从而保证了他在写作《濒临失衡的地球》时，既有环保学者治学的严谨，又有政治家的高瞻远瞩。本书旨在讨论环境危机与人类文明的整体关系。阿尔·戈尔认为环境危机从根本上来说就是现代文明和生态系统之间的冲突。这本书的副标题——“生态与人类精神”表明了这一基本见解。

本书的第一部分描述了环境危机的各个方面，如水土流失、水和空气污染、热带雨林毁坏、杀虫剂超量使用、物种灭绝、垃圾成山、全球变暖、臭氧层变薄等，勾勒了宏观惨烈的灾难图景。第二部分从工业化和现代化等人类文明发展的角度来探索环境危机的起因。第三部分提出解决环境危机的整体设想和一系列具体措施。戈尔认为，首先要改变我们思考自身与自然关系的方式，特别是要为子孙后代考虑。他认为，对人类环境危机的解决之道是要重建一种人与自然关系的新哲学观，并改革政治体制，实施全球意义上的新经济核算制度，尤其是提出了一个庞大的、以恢复生态平衡为目的的“全球环境马歇尔计划”，使全球文明能以最为迅速而高效的方式贯彻实施。

生态解读：

《濒临失衡的地球》是探讨工业社会里的环境污染、生态失衡与人类文明的整体关系的政论性著作。人类的环境危机从根本上说是现代文明体系和生态系统之间的冲突，而产生冲突的原因在于我们与地球的关系在三个方面发生了本质的改变：一是人口爆炸，二是科学技术革命，三是思考我们同环境的关系时的方式的改变（只顾眼前，不看未来）。这些冲突，有些是区域性的，如江河污染、水土流失、沙尘暴和酸雨等；有些则是全球性的，如臭氧层耗损、大气中氧化作用的减弱和全球变暖。前者可以依靠各国进行局部治理，而后者则要靠世界各国联合起来进行共同治理才行。联合的基础是“全世界都来到了一个分水岭之前”，人类比过去任何时候都多了共同的危机和共同的利益。要实现可持续发展战略，首要的是改变我们思考自身和自然关系的方式，以便在人类文明发展模式上寻求一种新的平衡。阿尔·戈尔将地球生态作为一个整体，从生态环境与环境文化及人类精神信仰的角度拨开笼罩于环境危机之上的迷雾，提出自己的政治性环保见解和解决思路，并在充分阐述现代文明和生态系统之间的矛盾冲突是产生环境危机这一结果的基础上，对因环境问题而引发的人类精神影响和信仰探索做出了深层次的表述。

戈尔的著作再一次引起世人对环境保护的重视。他相信这本书具有这样的意义：使人们认识到地球回归平衡的紧迫需要。地球濒临失衡，选择权在我们手中，生态的未来在很大程度上取决于人们的生态精神。正如戈尔在书中所言：“关键在于平衡——慎思与行动的平衡，个人关切与社会责任的平衡，对自然的热爱与对神奇的人类文明的热爱的平衡，这就是我们自己的生活中寻求的平衡。”面对日益退化的生态系统，这本书是一声震耳的警铃，要求人类重新思考自己在整个生态系统中的位置。当我们认真检查自己与环境的关系，不留余地地将自己置身于自我审视的境地，并使自己的精神生活和自然世界更紧密地联系起来时，便真正地体现了戈尔著作的初衷。

●［美］贾雷德·戴蒙德《崩溃：社会如何选择成败兴亡》[12]

（节选）

复活节岛孤立的处境清楚地提供了一个过分利用资源的社会如何自我毁灭的例子。让我们回顾前面讲过的五点造成环境崩溃的因素。受到敌国攻击和失去友邦的支持这两点因素在复活节岛的崩溃过程中没有起到任何作用；与此同时，也没有证据表明，复活节岛上的社会在其建立后与外界敌人或朋友有任何关系。即使有一些木筏后来到过岛上，这种为数不多的接触也不可能造成威胁或提供援助。至于第三点因素，我们仍无相关气候变化的证据，虽然不排除以后可能会出现。最后，我们不得不考虑仅存的两个导致复活节岛崩溃的因素。其一为人类活动对环境的影响，特别是滥伐森林和破坏鸟类的数量与种类；其二则是这种环境破坏背后的政治、社会和宗教原因，包括了复活节岛缺乏逃生手段因而无法对外移民的孤立处境，也包括由于部落酋长间的相互竞争引发建造更大的石像，从而需要更多的木材、绳索和食物。

复活节岛孤立的境地解释了为什么它的崩溃比起任何史前社会的消亡更让我的读者和学生们牵萦于心。复活节岛和现代文明社会惊人地相似，就像复活节岛上几个相互依存的部落一样，全球化、国际贸易、喷气式飞机和互联网使今日地球上的这些国家能共享资源并互为影响。地球存在于宇宙中，好比波利尼西亚的复活节岛孤立于太平洋一隅。当复活节岛民陷入困境之时，他们无处可去、无人救援。同样，当灾难来临，我们作为地球人也一样插翅难逃。这就是为什么人们会将复活节岛的崩溃当作世界末日的隐喻。

入选理由：

生态因素如何决定文明的兴衰。

一般解读：

贾雷德·戴蒙德是加利福尼亚大学洛杉矶分校医学院生理学教授，美国艺术与科学院、国家科学院院士，是当代少数几位探究人类社会与文明的思想家之一。本书研究的崩溃是指在相当大的地域范围内，历经一段时期的人口数量、政治经济、社会复杂性的衰败。知名的崩溃例子有玛雅、复活节岛、吴哥窟等。作者的核心观点是一个建立在脆弱生态之上的社会，环境恶化往往引发社会崩溃。毫无疑问，在戴蒙德看来，地球的生态平衡是非常敏感和脆弱的，因此他反复敲响警钟：既然我们暂时没有另一个星球可以过活，那么最好不要通过摧毁自己的生存基础来谋求发展，因为那样不仅愚蠢，而且危险。

生态解读：

地球的环境问题日益严峻，所以关注环境问题以及环境与人的关系的书也很多。但戴蒙德的特殊之处在于他的生态历史观，即以文明或社会为单位对过去历史的分析。他对复活节岛和格陵兰两个孤立文明的论断尤其带有死亡诊断书的味道，并用一种隐喻的方式暗示我们：如果仍然那么愚蠢，那么这也可能成为整个地球文明的命运。人类文明在地球摇篮里已经生存了5 000多年，如今在一种增长的绝望情绪之中才开始反省：我们到底要一个什么样的地球？这么说是因为地球的未来正日益取决于人类的喜好。享受了地球哺育的人类，有必要进入一个反哺的时代，而这也就意味着必须改变我们的文明。人类社会的应对、决策对环境和社会的命运都有着决定性的意义，而这种决定性在未来只能更强。说到底，地球和社会的命运掌握在我们手中，关键是要具备远见卓识和避免群体决策失误，而这需要全社会认识的深化以及意见的公开博弈。

参考文献

[1] 余谋昌 . 走出人类生存的困境 [M] . 北京：中国少年儿童出版社，1997.

[2] 刘晓君 . 微小的暴行：生活消费的环境影响 [M] . 北京：北京理工大学出版社，2015.

[3] 徐刚 . 伐木者，醒来！ [M] . 长春：吉林人民出版社，1997.

[4] [美] 蕾切尔 · 卡森 . 寂静的春天 [M] . 吕瑞兰，李长生，译 . 上海：上海译文出版社，2014.

[5] [加] 劳伦斯 · 所罗门 . 全球变暖否定者 [M] . 丁一，译 . 北京：中国环境科学出版社，2011.

[6] [美] 奥尔多 · 利奥波德 . 沙乡年鉴 [M] . 侯文蕙，译 . 北京：商务印书馆，2016.

[7] [德] 海德格尔 . 海德格尔选集 [M] // 孙周兴 . 二十世纪欧美思想家文库 . 上海：上海三联书店，1996.

[8] [美] 丹尼斯 · 米都斯，等 . 增长的极限——罗马俱乐部关于人类困境的报告 [M] . 李宝恒，译 . 长春：吉林人民出版社，1997.

[9] [美] 芭芭拉 · 沃德，[美] 勒内 · 杜博斯 . 只有一个地球——对一个小小行星的关怀和维护 [M] .《国外公害丛书》编委会，译校 . 长春：吉林人民出版社，1997.

[10] 世界环境与发展委员会 . 我们共同的未来 [M] . 王之佳，柯金良，等，译 . 长春：吉林人民出版社 .1997.

[11] [美] 阿尔 · 戈尔 . 濒临失衡的地球——生态与人类精神 [M] . 陈嘉映，等，译 . 北京：中央编译出版社，1997.

[12] [美] 贾雷德 · 戴蒙德 . 崩溃：社会如何选择成败兴亡 [M] . 江滢，叶臻，译 . 上海：上海译文出版社，2011.

第五章

世界环境史经典著作中的生态认知

“夫以铜为镜，可以正衣冠；以史为镜，可以知兴替；以人为镜，可以明得失。”从历史中寻求智慧，是中华文化的优良传统。习近平总书记曾在多个重要场合提到：“历史是最好的教科书”“历史是最好的老师”“历史是最好的清醒剂”。历史，就是现实生活的一面镜子，为现实生活提供深刻启示。

环境史关注历史上人与自然的互动，是在20世纪60—70年代现代环保主义运动的推动下产生的，具有强烈的生态危机现实关怀和鲜明的生态文化传播属性。本章中所选取的环境史作品，无一例外是世界环境史学界的优秀著作，而且与我国当下现实生活的联系非常紧密。读《尘暴：1930年代美国南部大平原》，会联系到我国的沙尘暴和雾霾治理；观《大象的退却：一部中国环境史》和《中国环境史：从史前到现代》，会带你从环境变迁的角度重读中国史；看《太阳底下的新鲜事：20世纪人与环境的全球互动》，会引发人类对未来命运的深刻思考。环境史学家的笔触常常锋芒毕露，去掉了文学家们优美的辞藻，露出赤裸裸、并不动人的历史真相。但是，他们和所有生态文化传播者一样，书写的是对世界生态和谐的炙热向往。

●［美］罗德里克·弗雷泽·纳什《荒野与美国思想》[1]

（节选）

新大陆的欧洲发现者和居民们在横越大西洋之前就已经熟悉荒野了。这种认识的某些部分是直观的，因为在中世纪后期，旧大陆仍存留着数量可观的荒野。然而，更为重要的则是作为西方思想的一种观念对于荒野的深沉反响。它被本能地理解为某种陌生的事物——一种文明对其进行着不懈斗争的、令人不安和不适的环境。欧洲人知道，无人烟的森林是他们的民间传说和神话的重要部分。它幽暗神秘的特点使其成为前科学时代人们想象中的那些成群结队的妖魔鬼怪的栖身之所。同时，作为存在和象征的荒野也弥漫在犹太-基督教的传统之中。任何人都可通过《圣经》得到一种关于荒野含义的丰富教育。后起的基督教史更往其中添砖加瓦。因此，第一批移民携带着一连串先入为主的荒野思想来到北美。旧大陆给新大陆的思想遗产，不仅决定了新移民最初的反应，而且还在美国人的思想上留下了长远的烙印。

入选理由：

对荒野的关注可看作是对某种固有的文化传统的追寻，甚至可谓美国人“荒野情结”的复苏，而这种需求也是当代建设中国特色社会主义所需要的。

作品介绍：

荒野在西方文学和生态学研究中是个极为重要的概念，是指原生自然和原野，是人类尚未探索开发的原始自然界。而对于美国而言，荒野的概念尤其重要。1964年美国颁布《荒野法》，正式从法律领域界定了荒野的范围。而提到荒野，绕不开的就是罗德里克·弗雷泽·纳什那本经久不衰的畅销书《荒野与美国思想》。该书从文明与荒野关系的角度，系统、客观、全面地考察了美国人对荒野的态度和认识上的变迁，探析了导致这些变化的历史文化原因。在作者看来，这无疑是一次思想革命：从荒野被视为黑暗和邪恶的象征到荒野成为崇高和文化的象征。在纳什看来，这场革命是由梭罗发动，并由缪尔、利奥波德等人不断弘扬光大的。对于书的成功，纳什多次强调“时机”的重要性，称它是一本“幸运”的书。纳什曾在序言中提及，当他完成博士论文时恰逢《荒野法》通过，当时美国人对荒野的兴趣正与日俱增。正是因为他拥有一名学者敏锐的嗅觉，所以才促成了这本书的成功，使这本书成为美国环境史的奠基之作。

生态解读：

自从哥伦布发现美洲新大陆，北美这片富饶的荒野吸引了一批又一批来自欧洲的探险者和开发者。面对这片充满活力和野性，也暗含着未知危险的土地，这些移民持不同的态度，他们或积极或消极，但都必须在荒野中求得生存和发展。他们在北美这片荒野中建立了自己的家园，也在开拓的过程中形成了美国人自己独有的思想与精神，“荒野”精神也成为美国思想的一部分。《荒野与美国思想》一书的封面上印着美国科罗拉多河的马蹄湾，在那片一望无际的红色土地上流淌着因藻类植物大量繁衍而呈现蓝绿色的河水，与美丽的蓝天在远处融为一体，这正是美国荒野的典型表现。作者在书中展现了理性的思辨、精深的人文知识与优美的文字，通过旁征博引，引用大量小说、诗歌、散文、随笔、游记、札记，甚至神话、绘画、《圣经》，具体、形象地展示了荒野与美国思想的演变历程。此外，侯文蕙先生的翻译实属精彩，为这本书增添了一抹色彩。总之，无论是对于专业读者还是对于非专业读者，这本书都能启发我们思考身边的荒野，也能让我们回忆起曾经拥有但已失去的那片属于自己的“荒野”。

● [美] 罗德里克·弗雷泽·纳什《大自然的权利》[2]

（节选）

正像美国人在其历史中经常看到的那样，对天赋的或“不可剥夺的”的权利的剥夺在观念上被视为一种道德暴行，这一意识能够把理论变成行动。当争论的问题被理解为道德问题，即涉及道德上的正确和错误时，要想对它采取无动于衷的态度就很难了。人们一般都不会有意识地放弃其伦理信念，而在美国自由主义的话语中，“压迫”是一种重要的罪恶。“自由”和“独立自主”是神圣的。一旦你确定，一个少数群体是一个被剥夺了权利的受压迫的群体，那么，你就立即获得了一个解放它的强有力的理由。经济问题，甚至选举，相对来说都不会激起人们的太多热情，但是，对基本权利的践踏却会激起人们的奋斗热情，这种热情能够把改良主义者推向激进主义者，甚至革命者的行列。在过去的25年中，妇女、印第安人、黑人和胎儿是这种热情的受益者，大自然也是如此。

驯养的或圈养的动物理所当然地是被纳入伦理扩展范围的第一批非人类存在物。改善它们的处境，甚至把它们从实验室中解放出来的努力，最近已成为传媒的热点。当人们开始争取野生动物的权利时，鲸鱼、海豹、海豚这类野生动物以及普通的濒危物种都成了新闻的“主角”。与人类中心论者相反，最激进的新环境主义者追随整体主义的道德哲学家，进而捍卫荒野、河流、岩石、生态系统，甚至大自然和一般意义上的地球的权利。这类“生态抵抗运动”把美国的自由主义推进到了如此激进的地步，以致美国自由主义的开创者都很难加以认同。但是，这些开创者知道，自由是一股不易控制的力量。唐纳德·沃斯特发现，在《独立宣言》发表87年后，美国才出现《解放（黑奴）宣言》；他考察了20世纪80年代具有强大伦理号召力的环境主义，并评论说，“现在该轮到大自然获得解放了。”

入选理由：

循着人类中心主义和环境中心主义生态观的这两条线索，对近现代西方生态思想史进行梳理，对我国生态文明建设具有借鉴意义。

作品介绍：

第二次世界大战以后，环境污染成为一个全球性话题，世界各地的人们都在寻找救世良方。美国著名学者罗德里克·弗雷泽·纳什就是其中一位。纳什在书中不仅对环境伦理学进行了深入研究，而且旗帜鲜明地表明了自己的立场，即坚定地把环境主义作为一种伦理并鼓励大家依据这一命令指导行动。保尔·波依尔在序言中也提到，“《大自然的权利》是由一位天才的思想史学者撰写的一部重要的学术著作”。梅雪芹教授也曾表示，这本书提出“在哲学和法律的特定意义上，大自然或其中的一部分具有人类应予以尊重的内在价值，这种思想在倡导人与自然和谐相处的今天具有超越民族和国界的重大意义”。《大自然的权利》是作者潜心多年研究的结晶，也是第一本较为全面和详细地介绍环境伦理学这一新学科发展史的开山之作。

生态解读：

罗德里克·弗雷泽·纳什是一位著名学者，1967年出版了《荒野与美国思想》，这本书再版4次，发行了几十万册，成为美国最具影响力的著作之一。同时，他也是一位实践环境保护理念的先行者。早在1969年，圣巴巴拉地区发生了石油泄漏，纳什为此大声疾呼，奋笔疾书写下《圣巴巴拉环境权利宣言》。这份宣言对20世纪60年代许多关于环境问题及其解决办法的认知做了很好的总结。从1970年开始，他在加利福尼亚大学圣巴巴拉分校领导开启了“环境”研究的新领域。《大自然的权利》是他多年从事教学和实践活动的沉淀，纳什的双重身份让他对环境问题有了更深刻的认识。作者在书中对西方环境理论思想进行了详细的梳理，将其与天赋权利紧密结合起来，介绍了17—19世纪的环境伦理思想。此后，作者又对20世纪初以及现代环境伦理思想进行了论述。此外，作者还单独分析了基督教的环境伦理思想。全书脉络清晰、文字流畅，翻译版本质量上乘，读起来朗朗上口。这本书对于我们了解西方环境理论的发展历史具有重要意义。与此同时，阅读这本书也有助于我们思考如何弘扬中国自己的“自然的权利”，进而稳步推进生态文明建设。

● [美]唐纳德·沃斯特《尘暴：1930年代美国南部大平原》[3]

（节选）

1930年的春季和夏季，美国东部的大部分地区几乎没有雨。在地图上的平行地带，从马里兰到弗吉尼亚，到密苏里，再到阿肯色，全都被标为庄稼枯萎、地下水供给降低、收入变化无常的重灾区。在整个夏季，在这个久旱地带，每100英亩农田的降水量短缺60 000吨，或每日短缺700吨。1 700万人受到了影响。在12个州里，干旱使降水记录降到了最低点；在东部的各州中，只有佛罗里达在正常水平以上。3年前，由于发生了美国历史上最具破坏力的一场水灾，密西西比河水曾经漫过了它的河岸和堤坝。而现在，船长们却在那儿猜疑，当河水水位降到其平均高度以下时，他们的驳船还能运行多久。

在1930年代，持续干旱威胁着这个国家的大片地区。自1931年起，持续干旱的中心开始从东部移向大平原，这时，蒙大拿和南北达科他已几乎变得和索诺兰沙漠（the Sonoran Desert）一样干。农场主们在那儿——别处也几乎一样，全都眼巴巴地望着晒焦的泥土干裂开来，耳听着脚下灰蒙蒙的草吱嘎作响，忧虑着要过多久他们才能支付欠款。在干涸的池塘周围，柳树和野莓的叶子几乎都落光了，甚至连野葛也枯萎了。当然，干旱（Drought）只是一个相对的术语，对它的理解取决于人们关于“正常”（Normal）的概念。遵照时下气候学家的意见，我们可以将降雨量比历史上的降雨平均值减少了至少15%

来对干旱定义。按照那个标准，从1930年到1936年，在全美国则只有缅因和佛蒙特两个州免受了一年干旱。20个州在其官方气候资料的整个记录中创下了或达到了最低点。从全国来看，用气象局的一位科学家的话说，1930年的干旱“是这个国家气候历史上最严重的”。

入选理由：

第一部将自然、文化、技术这几种本身不同但又共同构成社会进化和发展的因素结合起来的著作， 是一部集生态学、经济学、社会学、地质学、气象学和农学等多种学科于历史学之中的杰作。

作品介绍：

1979年，当时还只是青年史学家的唐纳德·沃斯特出版了《尘暴：1930年代美国南部太平原》（以下简称《尘暴》）一书。这是他继1978年出版《自然的经济体系》之后的另一部环境史专著。1980年，这部书获得了美国历史学的最高奖——班克罗夫特奖。该书自问世就在史坛引起了极大反响，被认为是“新近出现的环境历史领域里”的一部“开山之作”，是一本“令人激动的、动人心弦的和鼓舞人心的书”，是对20世纪美国历史学的重大贡献。作为这本书的翻译者，侯文蕙先生对这本书也赞不绝口。她认为这本书是真正意义上第一本体现环境史跨学科特点的书，并且是环境史个案研究的典范，最重要的是其字里行间都表达了环境史研究人文关怀的特点。

此外，高国荣研究员也曾对该书做过详细解读，认为从生态和文化批判的角度研究环境史是其鲜明特色。不仅如此，沃斯特的批判张弛有度，具有普遍性，适用于认识一般的环境问题。现代资本主义的发展依赖大规模吞噬的自然资源，这个过程沾满血腥，这些都可以归于资本主义的文化劣根性。尘暴问题之所以产生，与资本主义社会政治经济体系的价值观念息息相关。总体来说，《尘暴》可谓是美国环境史学中的一部扛鼎之作。

生态解读：

20世纪30年代，尘暴席卷了美国南部大平原地区，数以万计的难民逃离此地，农场、牧场被抛荒废弃，经济损失难以计数。这场尘暴影响持续之久几乎贯穿整个20世纪30年代，以致后来有“肮脏的三十年代”一说。《尘暴》正是以这一事件作为论证的主题，深度揭示了资本主义生产方式对环境造成的巨大破坏。从书的结构来看，沃斯特采用倒叙的方式，首先勾勒出尘暴袭击时的恐怖场景和随之而来的难民流徙，然后追索其发生原因，最后依时间顺序，从各种不同的视角展现灾后恢复中的多维面相。《尘暴》对美国发展模式的批判以及揭示的问题，对于今天的中国，还有世界其他地方可能都具有重要的参考意义。其中，尤为值得重视的是，沃斯特对资本主义精神教导的生态价值观的概括和反思。《尘暴》中的文化分析模式可以作为一种将“人”引入环境史研究的思路，是环境史专业的必读书目。对于大众读者而言，整本书故事性强，叙述娓娓道来，非常好看，也是一本醍醐灌顶之书。

●［美］威廉·克罗农《土地的变迁——新英格兰的印第安人、殖民者和生态》[4]

（节选）

仅仅浮光掠影地回顾一下欧洲人到达以前和到达以后的新英格兰，比较1600年的新英格兰生态系统和1800年的生态系统，其含义是明显的，欧洲人的侵入是这里发生环境变化的主要因素。在最一般的意义上说，这毫无疑问。如果没有欧洲人跨渡大西洋的迁移，以上所描述的大部分变迁就不会发生，我们关于生态变迁的分析就不可避免地会集中在大西洋两岸人类群落的差异上，如政治组织的差异、生产组织的差异以及人类与自然界关系的差异。然而，从印第安人对新英格兰的控制到英国人对新英格兰的控制的变化，就是以家庭生产单位种植农作物和饲养驯化牲畜的农业代替早期移动农业的村落制度和狩猎采集活动的变化，而这个家庭生产单位则是包含在固定的财产权边界之内的生产单位，并且连接着商业市场。从根本上说，英国人的财产权制度鼓励了殖民者把土地上的产品以及土地本身看作商品，并且引导着他们以根据市场上的商品规模获取巨大生产利润为目标。这样就要求新英格兰的乡村经济也有一个扩张的趋势。通过1600年和1800年新英格兰经济之间最明显的对比，就可以看到促使殖民者们积累财富和资本的各种动力因素。经济的变化与生态的变化是平行的，而且可以很容易地断言，一个方面的变化造成了另一个方面的变化：新英格兰这个区域的生态变化已融入了正在形成的北大西洋的资本主义经济之中。资本主义与环境退化携手而行。

入选理由：

16世纪早期至19世纪中叶，新英格兰地区印第安文化向欧洲文化转化的过程给当地的自然景观、人文生活、生物数量带来了生态剧变。

作品介绍：

本书详细描述了地理大发现之后，欧洲殖民者来到新英格兰地区之后，如何使该地区的地貌、人类生活，以及非人类的其他生物生活受到影响。本书史料翔实、旁征博引、结构紧凑、可读性强。沃斯特评价本书“全然不受传统的束缚”，深刻批判了资本主义文化和经济运作方式。《土地的变迁——新英格兰的印第安人、殖民者和生态》（以下简称《土地的变迁》）追念一种失落的印第安生活方式，这是一种与书中对市场经济和边疆毁灭的进步主义运动式的批评有着奇特反差的追念。这本书倡导资源保护，而不强调非人类世界对我们提出的各种道德需求，也不赞颂在那种不加雕琢的景观中的美，不提倡对一种非我们所创造的自然所应有的任何尊重——这些都不同于梭罗的思想。它的教导更在于，社会应当学会以一种延续它们自身的态度去应对其物质需求。对自然资源的浪费和无效率的使用，而非对荒野的破坏，才称得上是人类行为的阴暗面。美国环境史学者斯图尔特也认为：“过去，环境史学家认为可以依靠生态学理论及知识来运用于环境史学术研究，克罗农的《土地的变迁》就是突出代表。”

生态解读：

《土地的变迁》作为一部重要的历史学著作，作者否认它是一部“环境史”；他更愿意称之为“生态史”。克罗农对待科学十分严谨，一改前代学者们怠慢科学的态度。在经济学方面，克罗农打破了惯例：他敏锐地将以往的经济体系重新定义为一系列“在生活方式上……属于一个生态体系的诸种方式”的变迁。更为难得的是，克罗农对资本主义文化与印第安人文化基本能够给出相对公平的评价：一方面，他批判掠夺式的资本主义经济殖民，利益驱动下的经济殖民丝毫没有顾及当地的生态环境；另一方面，文化差异导致双方对彼此的认知完全不同，这也造成了双方沟通的失败，无法做到尊重彼此的文化。

书中第四章曾设计了一个案例：荒野中一只河狸的水坝垮了，印第安定居者却不以为意，不久此地资源耗竭，并进一步导致该地的粮食危机，直接促使印第安人大量死亡，甚至引发了部落战争。这无疑是“一颗马钉输掉一场战争”的另一种翻版。在蝴蝶效应潜在影响世界生态格局的今天，发掘“荒野”中的历史细节可以有助于人类更好地了解“荒野”。与此同时，这也是人类保护自己、保障可持续发展的重要一环。

● [美] 亚当·罗姆《乡村里的推土机——郊区住宅开发与美国环保主义的兴起》[5]

（节选）

然而在20世纪五六十年代，各种各样的人开始统计批量开发住宅的环境成本，但这些统计不够系统和一致。事实上，批评的进程充满着曲折和转变。同1950年相比，1965年建筑师对于节能设计的兴趣却降低了。评论家对各种问题的界定方式经常随着时间而改变。保留城市空地运动尤其变化多端。在1950年代末，基层民众对郊区蔓延的抗议是出于对审美和对社会问题的关注，然而城市空地问题却很快帮助促成了环境规划的第一轮努力。尽管只有少数人从整体上考虑新出现的郊区问题，但对批量开发的住宅的环境批评最终将各种各样的专业群体的想法综合起来。住宅批量建设的一些批评者关注的主要是公众的健康，而另外一些人只关心水土侵蚀或物种保护。

然而，在每一种情况下，住宅开发的评论员都不得不努力设法解决这样一个基本问题：怎么做才能补救他们所看到的问题？有时候评论员们认为，他们需要教育购房者，需要劝导公众去寻求一种不同的开发模式。例如，为了保留空地，威廉·怀特向购房者竭力宣传集群式居民区的好处。但是，民间环保人士和政策制定者一般认为问题的核心——改革的关键——在于建筑业。如何以及在何地建房这些最主要的决定都是由建筑商作出的。如何才能说服或迫使他们减少住宅开发的环境代价呢？

入选理由：

作者成功地将政治、经济、文化和环境等因素有机地融合起来，并将本书打造成城市环境史研究的一个成功范本。

作品介绍：

《乡村里的推土机——郊区住宅开发与美国环保主义的兴起》（以下简称《乡村里的推土机》）是美国环境史学者亚当·罗姆的成名作。该书出版以后，好评如潮，并于2002年荣获美国历史学家组织颁发的弗里德里克·杰克逊·特纳奖，2003年又被美国城市地区设计史学会授予年度最佳著作奖——刘易斯·芒福德奖。《乡村里的推土机》着重探讨了1945—1970年郊区蔓延与美国环保运动兴起之间的联系。作为译者，高国荣研究员认为这部书的成功之处在于“其价值主要体现在该书对美国环保运动的新解释，以及它对环境史研究领域的拓展”。这本书拓宽了环境史的研究范围，可谓城市环境史研究的一个典范。侯深教授也曾专门撰写书评，认为这本书所讲述的是一个美国人习以为常却难以进入史学家视野的故事。但这样一个普通的故事却构成了“二战”之后美国最为深刻的环境变化之一。作者在冷静地分析历史现象的同时，从未试图掩饰他的价值取向与批判态度。另外，作者宽广的视野与角度对环境史这门新兴学科的成熟有极大的推动作用。

生态解读：

作为亚当·罗姆的代表作，《乡村里的推土机》并不仅仅是一部环境史作品。作者在书中把建筑商、供应商、联邦政府、普通民众等各利益相关者相互制衡的博弈都展现出来。本书结构分明，采用编年与专题研究相结合的叙事方式，重点突出，层次清晰，章节之间逻辑感极强；每章以一个现象、问题或报道的形式导入正文，说明了在城市边缘的郊区地带环境保护主义是如何崛起的。另外，这本书采用了多幅很有代表性的图片，生动地展现了郊区住房开发的环境代价及由此引起的舆情变化。

最重要的是，《乡村里的推土机》提出的问题不仅是美国人没有深刻意识到的，也是我们整个现代社会，特别是昂首阔步走在城市化道路上的中国人所缺失的——一种以现代科学为基础的生态关怀。因此，这本书或许能为我国的城市建设提供一些启示。我国城市化进程的加快，以及城市人口要求改善住房条件的迫切愿望，将继续推动郊区与小城镇住房的开发。在此过程中，政府一定要合理规划，防止无序开发。同时，基于我国人多地少的现实国情，保护耕地免受城市化的侵蚀依然任重道远。

● [英] 伊懋可《大象的退却：一部中国环境史》[6]

（节选）

反过来看，大象的退却，既在时间上也在空间上反映了中国农业经济发展状况。更精确地说，在中国，大象占据的空间与人类占据的空间是互为消长的。它也象征着一种最初缓慢继而加速的转变，即从丰富多彩的环境向人类主导的定居生活的转变；前者存在着野生动物造成的持续的威胁，后者相应地免遭了这种威胁。不过，无论如何，若从一位在丛林中生活多年的澳大利亚人的角度来看，这也象征着感官生活的贫乏，以及从前人类赖以生存的诸多自然资源的匮乏或消失。

用另一种视角来分析也是必要的。在某些地区，人类与野生动物的搏斗是生死攸关的大事。公元第一个千年初期——尽管确切的时期模糊不清，在云南西部洱海周围白族人的土地上有巨大的蟒蛇出没，它们在汉语里以“蟒”著称。这种巨蟒每日不仅吞食家畜，而且吃人。尽管残存的描述不免过分夸大以至难以置信，但是很显然，要消灭它们，就需要一种英勇的、有时甚至绝望的搏斗。只有做到这一点，人们才能安全地耕种湖岸边肥沃的沼泽地。人类与野生动物之间争夺栖息地的例子不胜枚举，这只是其中的一例。那些巨蟒的后代今天仍幸存于洱海的东边，不过它们的尺寸大大变小，以至人们未经特别调查就可以说，它们灭绝的危险也大大减小。

人类像这样战胜食肉动物，失去了什么，又赢得了多少，权衡其利弊得失是很重要的。认识到我们与自然其余部分须臾不可分离，这一点使哲学家懊悔不已，而这种懊悔所反映的，不仅仅是愚蠢或浪漫的情怀。可是，在诸如这里所述的事例中，它们的分量却不到人与大象搏斗的整个故事的一半。

入选理由：

以"象"的分布变化为引子，宏观概括了我国4 000年的自然社会历史变化，展现了我国环境恶化的严峻形势，为我们认识今天的环境问题提供了一种视角。

作品介绍：

2004 年，西方汉学界一位权威学者伊懋可（Mark Elvin）出版了《大象的退却：一部中国环境史》。这一著作被誉为中国环境史的奠基之作。王利华教授在其中文版序言中曾提到，《大象的退却：一部中国环境史》一书涵盖的内容十分丰富，"并非像许多环境史著作那样仅仅讲述某个物种或环境要素的变迁过程，亦不满足于梳理中国生态环境古今变迁的自然过程"，而是要考察人类系统和自然系统是如何相互作用的。译者梅雪芹教授则认为，作者从大象的退却切入，"书写和诠释了几千年来中国经济、社会和文化的节节推进与野象的步步退却之间的关系，以此分析漫长历史时期在被称为'中国'的这片土地上人与自然互动的变化及其得失。"

在书中，作者聚焦森林砍伐、战争、水利系统、景观、物种、自然观念等中国历史上的众多主题，以"大象的退却"为切入点，讲述了中国大地上人与自然共同演绎的故事，并试图回答为什么中国人会以这样独特的方式与自然互动。对于这一著作，作者自己的定位是"一部中国环境史"，但人们不禁要问，为什么"大象的退却"是一部中国环境史，而不是一部中国物种史、森林史、水利史，也不是一部经济史、自然观念史呢？这涉及环境史研究的意蕴和宗旨。包茂红教授对这部著作也作了高度评价，认为其“是一部学术力作，在今后很长一段时间都会是经典著作”，是“一部谁也绕不开的著作”。

生态解读：

《大象的退却：一部中国环境史》作为中国环境史的奠基之作，为我们描绘了一幅迥然不同的历史画面。在这幅画中，生活在这片土地上的中国人与自然的命运密切相关、彼此缠绕，演绎出一幕幕动人心弦的悲喜剧。该书由点到面、步步推进，用大象南撤和森林消失来证实中国环境的退化性变迁，集中分析了战争、水利工程两个主要变量对环境变迁的影响。作者旁征博引，充分体现出他的学识广博且眼界开阔，尤其是对古人笔记杂谈和诗文的重新解读，如谢灵运的《山居赋》、谢肇淛的《五杂俎》以及张应昌编纂的《清诗铎》等，将这些中华古典文集用于论证作者的观点，着实展现出其深厚的文学素养和史学素养。总之，《大象的退却：一部中国环境史》是了解我国环境史的一本必读书。阅读这本书，会让我们对我国历史上的环境变迁有更加深刻的理解，也能促使我们更加关注当下，关注我们身边的环境变化。生态文明建设需要我们共同参与，而这部书正是给我们敲响的警钟。如果我们再不关爱身边的环境，或许花草树木也会从这片土地上消失。

● [美] 马立博《中国环境史：从史前到现代》[7]

（节选）

我们将会发现，在中国环境史中存在着一些看似矛盾之处。一方面，本书中叙述的主线是中国人怎样通过成功建立一种农业耕作与政府战略利益之间的特殊结合而改变了他们的环境（采伐森林、兴修河道、移山开路等）。我们将会看到，这种环境的变迁不仅范围广大，而且造成间断性和长期性的生态破坏，最终累积形成了环境危机。而另一条叙述线则描述了中国人的农业系统怎样展现出其非凡的长期可持续性：否则我们怎样理解一块三千年前就已开垦的土地直到今天仍然能够继续耕种？一千年前的稻田和灌溉系统至今仍在生产出大量的稻米？当然，部分原因是化肥的使用，但这只是近年来的情况；在漫长的历史岁月里，中国的农民在将养分回田循环利用方面取得了杰出的成就。

中国环境史并不仅仅是自然环境怎样为人类提供安居之所，以及人类怎样改变环境的故事。这个故事当然会包括自然环境，但它也包括日后成为“汉人”的人们是怎样与周围同样栖居于此的其他族裔互动的。我们会在接下来的章节里看到，这些非汉族裔可以被划分为至少数百个人群（peoples）、部落（tribes）或族群（ethinicities），他们也从这个环境中获取生存资源，只是方式往往与汉人截然不同。他们有的狩猎采集，有的务农，有的游牧……有的又兼而有之。正如我们将会看到的，这些人们也显著改变了他们生活的环境；中国的生态环境变化不仅仅是由汉人造成的。中国极富多样化的自然环境意味着这里拥有着总量庞大的小生境，激发这里的人们开拓出种类繁多的生存方式和相应的独特文化。

入选理由：

在思想理论、研究方法、问题视角等方面均对正处于发展阶段的中国环境史学产生了重要影响，可为当前中国的生态文明建设提供一些参考和经验。

作品介绍：

马立博是西方著名的中国史、全球史、环境史学者，对中国环境史有着深入的研究。早期作品《虎米丝泥》是对明清时期华南地区的经济、社会与环境的区域研究。近年他又推出了关于中国环境史的综合性研究，即《中国环境史：从史前到现代》。作者广泛吸纳西方世界对中国环境史的研究成果，以长时分段建章，对中国从原始社会到 21 世纪各领域的人与环境的互动关系进行了探究，并在某些专题方面提出了较为深入的看法，探讨了广泛而复杂的历史环境问题。王利华教授认为，作者在问题意识、叙事方法及思想观点上颇具新意。在面对持续时间长、地域范围广、涉及学科领域众多与相关文献史料短缺的情况下，作者能完成这样一部开创性的著作，对中国环境史的研究确实具有不少启迪性的作用。

生态解读：

此书是中国环境史研究的第一部通史性著作。作者马立博在广泛吸收西方史学界对于中国环境史研究成果的基础上，对中国从史前到现代的历史进行了详细的环境考察，有很多地方是值得我们借鉴与学习的，如作者在书中大量使用理论框架研究中国历史，这正是国内史学界所缺乏的。事实上，马立博的这部著作对中国环境史的研究有着非常大的贡献。应该看到，中国环境史的研究刚刚开始，有关中国环境的故事还亟待讲述，也需要被更多的人理解，因为中国环境史的深刻意义不仅关乎中国，更关乎整个世界。作者将更多的焦点放在环境变化的驱动因素——人类的经济行为之上，经济增长、发展和社会进步几乎总是不可避免地需要利用自然资源。该书就像一个警钟，让我们绝不能低估中国所面临的环境污染和生态退化状况。通过这本书我们应该更加关注中国的环境变化，努力为生态文明建设贡献一份力量。

●［美］约翰·R.麦克尼尔《太阳底下的新鲜事：20世纪人与环境的全球互动》[8]

（节选）

在环境史中，20世纪堪称环境史上相当奇特的100年，这是因为有许多足以造成生态变迁的现象以惊人的速度出现。这些现象大多并非首次出现：长久以来人类早已开始砍伐树木、开采矿石、制造废弃物、种植作物及猎捕动物。到了现代，我们从事这些活动的频率更甚以往，1945年后情况更是严重。尽管少数几种环境变迁直到20世纪才首次出现（例如人为造成臭氧层逐渐稀薄），20世纪的生态独特性主要仍在于规模与强度。

数量上的差异，有时可能成为质量上的差异。20世纪的环境变迁亦然。变迁的规模与强度之大，让许多在过去千年仅限于地方性的问题成了全球共同关注的焦点。空气污染就是一例。自50万年前人类知道使用火之后，就造成区域性的污染问题。罗马时期地中海人提炼铅，甚至造成北极地区污染。在这之后，空气污染问题扩大到足以影响全球大气化学的根基。因此，规模的改变足以导致条件的改变。

除此之外，不论是大自然体系或人类事务，都有临界点与所谓的非线性效应（nonlinear effects）。20世纪30年代，希特勒德国占领奥地利、苏台德地区（Sudetenland）及捷克斯洛伐克境内其他地区，当时并未激起太多反应。1939年9月希特勒试图将波兰纳入版图，却陷入一场长达6年的战争，让希特勒本人、他所发起的运动还有德国都因此（暂时地）毁灭。虽然他知道其中的风险，却不自觉地跨越了临界点并激起非线性效应。同样地，热带地区大西洋水温越来越高，可能尚未造成任何飓风。不过水温一旦超过26℃便会启动飓风：只要逐渐递增就会越过临界点，启动开关。20世纪环境史和过往的差异，不仅因为生态变迁来得更大更快，也因为强度大增，启动了某些开关。例如，捕鱼活动的递增会造成某些海洋渔业全面崩解。强度逐渐增加，便可能启动某些重要开关，让地球产生重大的基本变化。在事情开始爆发之前，没有人知道会发生什么事。

入选理由：

将全球空间作为一个整体，探索人类对整个生态系统的改造；将环境史与社会史、经济史、政治史等研究领域有机结合，勾勒出一幅20世纪环境变迁的宏大而生动的画卷。

作品介绍：

约翰·R.麦克尼尔专攻全球环境史，在这一领域可谓独树一帜。《太阳底下的新鲜事：20世纪人与环境的全球互动》便是他研究风格的代表之一。全书分为两篇，上篇围绕岩石圈与表土层、大气圈、水圈、生物圈四个圈层，追溯20世纪之前的环境状况，论述20世纪全球四大圈层出现的环境问题；下篇则对20世纪环境急剧变化的原因展开具体分析，人口的迅速增长、以化石燃料为基础的能源系统、政治和意识形态因素对经济发展和军事力量的影响三个因素的共同作用促成了20世纪前所未有的环境变化。整本书研究视野宏阔，紧扣生态与经济的主题，一经出版就获得多项大奖，成为一本畅销书。正如保罗·肯尼迪在序言中提到的，“值得引起公众与政治家的广泛注意。”麦克尼尔对20世纪的生态变迁及其原因分析进行了客观叙述和深入分析，是一种打破传统学科间的界限、克服狭隘的地域视野、跨学科、宏观的历史研究。纵观环境史的发展，将环境作为与政治、经济、文化、社会并列的基本维度已经越来越成为学术界共识。麦克尼尔的良史之忧催生出该书，堪称复合研究的杰出示范，他的史学成果及国际环境史的动向将继续启发诸多学者。

生态解读：

20世纪是一个震荡的世纪，在这个百年里人类遭受了两次世界大战的摧残。与此同时，人类也在经历环境的急剧恶化。麦克尼尔的著作《太阳底下的新鲜事：20世纪人与环境的全球互动》正好将20世纪发生的一系列重大事件与环境变化联系起来，并详细论述了它们之间的关系。麦克尼尔认为，20世纪是环境史上奇特的100年。在这个被他称作“挥霍世纪”的年代，人类向自然无度索取，仅在能源的使用上就超出前100个世纪的总和；而许多先前或已有的征兆也从量变到质变，造成更快、更猛的生态变迁。总体来说，《太阳底下的新鲜事：20世纪人与环境的全球互动》是一本过渡之作、忧时之作，在全球环境史方兴未艾之时，麦克尼尔适时推出厚重著作，教科书般的体裁，后学之津筏，让人耳目一新。同时，全书表达了对肆意破坏自然的鞭挞及对未来的忧心忡忡，体现环境史学家浓重的现实关怀。整本书叙述娓娓道来，阅读门槛较低，适合大众，旨在让读者了解20世纪的环境变化，从而推动大众环保意识的提升。

参考文献

[1] [美] 罗德里克·弗雷泽·纳什. 荒野与美国思想 [M]. 侯文蕙，侯钧，译. 北京：中国环境科学出版社，2012.

[2] [美] 纳什. 大自然的权利 [M]. 杨通进，译. 青岛：青岛出版社，1999.

[3] [美] 唐纳德·沃斯特. 尘暴：1930 年代美国南部大平原 [M]. 侯文蕙，译. 北京：生活·读

书 · 新知三联书店，2003.
[4] [美] 威廉 · 克罗农 . 土地的变迁——新英格兰的印第安人、殖民者和生态 [M] . 鲁奇，赵欣华，译 . 北京：中国环境科学出版社，2012.
[5] [美] 亚当 · 罗姆 . 乡村里的推土机——郊区住宅开发与美国环保主义的兴起 [M] . 高国荣，孙群朗，耿晓明，译 . 北京：中国环境科学出版社，2011.
[6] [英] 伊懋可 . 大象的退却：一部中国环境史 [M] . 梅雪芹，等，译 . 南京：江苏人民出版社，2014.
[7] [美] 马立博 . 中国环境史：从史前到现代 [M] . 关永强，高丽洁，译 . 北京：中国人民大学出版社，2015 .
[8] [美] 约翰 · R. 麦克尼尔 . 太阳底下的新鲜事：20 世纪人与环境的全球互动 [M] . 李芬芳，译 . 北京：中信出版社，2017.

第六章

世界重要环境公约中的生态思维

XINSHIDAI SHENGTAI WENMING CONGSHU

世界性的重要环境保护法律和环境公约承载了人们保护地球的雄心。可持续发展、生物多样性、气候变化、节能减排、消除贫困、预防灾害是所有人共同关注的目标。《南极条约》是为保护那片唯一没有确立主权的大洲的生态系统；《联合国海洋法公约》是为海洋环境保护做出的系统的制度设计；《变革我们的世界：2030年可持续发展议程》为未来的全球环境规范及治理框架奠定了实践基础。各国需要做的就是以履行国际环境公约为支点，团结所有国家坚持和维护“共同但有区别的责任”，加速构建全球和区域性的环境治理体系，这不仅是世界性环境公约的题中要义，更是全人类共同的愿望。

●1959年《南极条约》[1]

（简述）

（1959年12月1日订于华盛顿，1961年6月23日生效。1983年6月8日中华人民共和国政府向美国政府交存加入书，并自该日起对我国生效。）

阿根廷、澳大利亚、比利时、智利、法兰西共和国、日本、新西兰、挪威、南非联邦、苏维埃社会主义共和国联盟、大不列颠及北爱尔兰联合王国和美利坚合众国政府，承认为了全人类的利益，南极应永远专为和平目的而使用，不应成为国际纷争的场所和对象；认识到在国际合作下对南极的科学调查，为科学知识作出了重大贡献；确信建立坚实的基础，以便按照国际地球物理年期间的实践，在南极科学调查自由的基础上继续和发展国际合作，符合科学和全人类进步的利益；并确信保证南极只用于和平目的和继续保持在南极的国际和睦的条约将促进联合国宪章的宗旨和原则。协议如下：

第一条　南极应只用于和平目的，一切具有军事性质的措施均予禁止，但不禁止为了科学研究或任何其他和平目的而使用军事人员或军事设备。

第二条　在国际地球物理年内所实行的南极科学调查自由和为此目的而进行的合作，应按照本条约的规定予以继续。

第三条　缔约各方同意在一切实际可行的范围内交换南极科学规划的情

报，在南极各考察队和各考察站之间交换科学人员，以及自由交换科学考察报告和成果。

第四条 冻结一切对南极的领土要求，并禁止新的领土要求。

第五条 禁止在南极进行任何核爆炸和在该区域处置放射性尘埃。

第六条 规定适用该条约的范围为南纬60°以南的所有陆地和冰架。

第七条 缔约国观察员可自由视察南极一切地区，包括一切驻所、装置和设备及船舶、飞机等运输工具；各缔约国须对即将在南极开展的活动向其他各缔约方提前通知。

第八条 缔约国对各自派出的观察员和科学家行使管辖权。

第九条 在涉及南极的重要问题上，缔约方应通过会议形式协商一致。

第十条 缔约方保证作出符合联合国宪章的适当的努力，务必使任何人不得在南极从事违反本条约的原则和宗旨的任何活动。

第十一条 各缔约国对本条约产生的争议应通过和平手段解决，没有得到解决的任何这种性质的争端，在有关争端所有各方都同意时，应提交国际法院解决。

第十二、第十三、第十四条 有关修改条约、接纳新成员、翻译版本等杂项。

入选理由：

《南极条约》以"冻结"的方式搁置争议，保护地球上唯一没有确定主权的大陆，是人类社会解决国际争端的一个创举。

背景介绍：

南极洲是当今地球上唯一没有确定主权和未开发的大陆，自18世纪被人类发现以来，其土地辽阔、资源丰富以及极高的科研价值吸引了全球的目光，成为国际社会争论的焦点和许多国家争夺的对象。20世纪前半叶，南极洲利益相关各国一直对南极主权问题争论不休，甚至一度走到军事冲突边缘。1961年6月23日，各国共同签订的《南极条约》，冻结了南极的法律地位，南极主权之争才宣告中止。

人类对南极的早期发现和探险活动始于18世纪70年代，英国的詹姆斯·库克船长最早完成了环南极航行。40余年后，俄罗斯对南极海域的经纬度进行了较精确的补测，开通了探索南极大陆的通道。挪威极地探险家罗阿尔德·阿蒙森和英国极地探险家罗伯特·福尔肯·斯科特分别于1911年年底和1912年年初到达南极点，留下了我们所知的南极最早的人类足迹。这段故事也被记录在斯蒂芬·茨威格的传记名作《人类群星闪耀时》中。此外，参与早期发现和探险的国家还有法国、澳大利亚和新西兰等。

随着"二战"结束，在"冷战"的大背景下，南极不可避免地成为美苏争夺的焦点之一。为了不让其成为点燃核战争的"火药桶"，解决南极领土争端便提上了日程。仅1958年11—12月，南极争端相关12国就举行了24次会议。基于南极大陆遥远且无法生存、当时与各国也无直接经济利益等先决条件，经过一年多的充分协商，各国终于达成一致。1959年10—12月，12个原始缔约国召开正式会议，一致通过了《南极条约》，并于1961年6月23日生效。

生态解读：

《南极条约》以"冻结"的方式搁置争议，保护地球上唯一没有确定主权的大陆，是人类社会解决国际争端的一个创举。不仅如此，《南极条约》还确保了科学考察活动和国际合作的开展，有效地维护了南极长期的和平稳定，并得到了国际社会的广泛认同和支持。当前，其缔约国已从12个发展到47个，取得协商国地位的国家增加到28个。以《南极条约》为框架的国际共管体制在半个世纪以来不仅运行有效，且逐渐为国际社会所承认和接受，为国际合作、环境管理与国际法的创新性发展树立了成功的典范。《南极条约》证明世界各国人民可以求同存异，在人类和平的共同目标下，共同发展科学事业。在《南极条约》的约束下，南极在近几十年来没有遭受来自人类战争和政治斗争带来的无妄之灾，其生态系统得以保存。但近年来，南极正在面临着来自各方面的严峻挑战。全球气候变暖给南极带来了不可逆转的影响，南极冰盖的持续缩小对生活在南极的物种构成了巨大威胁，再加上南极周边国家对南极声索主权的呼声仍未停止，各大国在南极的政治博弈还在继续，这些都给南极区域的国际治理带来不稳定因素。

●1982年《联合国海洋法公约》[2]

序　言

本公约缔约各国，

本着以互相谅解和合作的精神解决与海洋法有关的一切问题的愿望，并且认识到本公约对于维护和平、正义和全世界人民的进步作出重要贡献的历史意义，

注意到自从一九五八年和一九六〇年在日内瓦举行了联合国海洋法会议以来的种种发展，着重指出了需要有一项新的可获一般接受的海洋法公约，

意识到各海洋区域的种种问题都是彼此密切相关的，有必要作为一个整体来加以考虑，

认识到有需要通过本公约，在妥为顾及所有国家主权的情形下，为海洋建立一种法律秩序，以便利国际交通和促进海洋的和平用途，海洋资源的公平而有效的利用，海洋生物资源的养护以及研究、保护和保全海洋环境，

考虑到达成这些目标将有助于实现公正公平的国际经济秩序，这种秩序将照顾到全人类的利益和需要，特别是发展中国家的特殊利益和需要，不论其为沿海国或内陆国，

希望以本公约发展一九七〇年十二月十七日第2749（XXV）号决议所载各项原则，联合国大会在该决议中庄严宣布，除其他外，国家管辖范围以外的海床和洋底区域及其底土以及该区域的资源为人类的共同继承财产，其勘探与开发应为全人类的利益而进行，不论各国的地理位置如何，

相信在本公约中所达成的海洋法的编纂和逐渐发展，将有助于按照《联合国宪章》所载的联合国的宗旨和原则巩固各国间符合正义和权利平等原则的和平、安全、合作和友好关系，并将促进全世界人民的经济和社会方面的进展。

入选理由：

对规范人与海洋互动关系的一种大格局、广视野的制度设计。

背景介绍：

《联合国海洋法公约》是人类历史上迄今为止最为全面、最为完整，也最有实践性的海洋法典。其涵盖的范围非常广泛，包括诸如领海、毗连区、专属经济区、大陆架、国际海底（区域）、公海、群岛制度、岛屿制度、海洋环境保护、海洋科学研究以及海洋争端解决的原则等一系列有关海洋的法律制度，对当前全球各处的领海主权争端、海上天然资源管理、污染处理等具有重要的指导和裁决作用。

海洋法会议与海洋法公约的出现是在西方强权扩张后，各大国为保护海上矿藏、渔场，并控制污染、划分责任归属，导致传统的“公海自由”原则已不再适用。该原则指的是，在自陆地起算3海里之外的公海水域，各国拥有航行、捕鱼、飞跃和铺设电缆的自由。1945年美国总统杜鲁门发布宣言，将美国领海的管辖延伸至其大陆架，打破了传统的“公海自由”原则认定的水域。紧接着，众多国家将领海延伸到12海里或200海里不等的宽度。在此情况下，联合国在1958年、1960年、1973年分别召开三次海洋法会议，最终协商一致在1982年签署《联合国海洋法公约》。

《联合国海洋法公约》虽然存在一些不尽如人意的地方，但是从总体上看，它在一定程度上反映了广大发展中国家的利益，也是当时各种力量相互妥协的产物。它在很大程度上改变了传统国际法的面貌，使其游戏规则基本反映了多数国家的利益，少数海洋强国控制海洋的现象得到了遏制。这部法律也为长期以来众多海上争端的解决提供了法律依据。

生态解读：

《联合国海洋法公约》对海洋环境保护也做了专门的制度设计。该公约第Ⅻ部分首先是对污染防治的规定，明确要求各国有环境保护的职责，并规定“各国应在适当的情形下个别或联合地采取一切符合公约的必要措施，防止、减少和控制任何来源的海洋环境污染”；其次是对区域合作的规定，要求各国应采取一切必要措施，确保在其管辖或控制下的活动不致污染其他国家的环境；最后是对污染的技术要求，提出对海洋污染的技术关注、技术服务的协作问题，要求各国“应在符合其他国家权利的情形下，在实际可行范围内，尽力直接或通过各主管国际组织，用公认的方法观察、测算、估计和分析海洋环境污染的危险和影响，以便确定这些活动是否有污染海洋环境的可能性”。除此之外，在附件Ⅰ中，还为15种高度洄游鱼类做出特别的管理制度设计。

如果说以上条款是海洋环境保护的目标，那么《联合国海洋法公约》中有关争端解决的条款和所创立的国际海洋法法庭及附件中的仲裁细则，则是保障公约实施的有效工具。它不仅在有关保护海洋环境条款的解释和使用中发挥着重要的作用，而且为国际海洋环境争端的审理建立了一种普遍的法律制度框架，确立了国家在各种海洋环境保护问题上的权利、义务与责任。《联合国海洋法公约》还试图将这种强制性争端解决机制统一适用于所有的海洋环境保护争端，以利于对国际海洋环境保护。

●1992年《生物多样性公约》[3]

序　言

缔约国，

意识到生物多样性的内在价值，和生物多样性及其组成部分的生态、遗传、社会、经济、科学、教育、文化、娱乐和美学价值，

还意识到生物多样性对进化和保持生物圈的生命维持系统的重要性，

确认生物多样性的保护是全人类的共同关切事项，

重申各国对它自己的生物资源拥有主权权利，

也重申各国有责任保护它自己的生物多样性并以可持久的方式使用它自己的生物资源，

关切一些人类活动正在导致生物多样性的严重减少，

意识到普遍缺乏关于生物多样性的资料和知识，亟须开发科学、技术和机构能力，从而提供基本理解，据以策划与执行适当措施，

注意到预测、预防和从根源上消除导致生物多样性严重减少或丧失的原因，至为重要，

并注意到生物多样性遭受严重减少或损失的威胁时，不应以缺乏充分的科学定论为理由，而推迟采取旨在避免或尽量减轻此种威胁的措施，

注意到保护生物多样性的基本要求，是就地保护生态系统和自然生境，维持恢复物种在其自然环境中有生存力的群体，

并注意到移地措施，最好在原产国内实行，也可发挥重要作用，

认识到许多体现传统生活方式的土著和地方社区同生物资源有着密切和传统的依存关系，应公平分享从利用与保护生物资源及持久使用其组成部分有关的传统知识、创新和做法而产生的惠益，

并认识到妇女在保护和持久使用生物多样性中发挥的极其重要作用，并确认妇女必须充分参与保护生物多样性的各级政策的制订和执行，

强调为了生物多样性的保护及其组成部分的持久使用，促进国家、政府间组织和非政府部门之间的国际、区域和全球性合作的重要性和必要性，

承认提供新的和额外的资金和适当取得有关的技术，可对全世界处理生物多样性丧失问题的能力产生重大影响，

进一步承认有必要订立特别规定，以满足发展中国家的需要，包括提供新的和额外的资金和适当取得有关的技术，

注意到最不发达国家和小岛屿国家这方面的特殊情况，

承认有必要大量投资以保护生物多样性，而且这些投资可望产生广泛的环境、经济和社会惠益，

认识到经济和社会发展以及根除贫困是发展中国家第一和压倒一切的优先事务，

意识到保护和持久使用生物多样性对满足世界日益增加的人口的粮食、健康和其他需求至为重要，而为此目的取得和分享遗传资源和遗传技术是必不可少的，

注意到保护和持久使用生物多样性终必增强国家间的友好关系，并有助于

实现人类和平；

期望加强和补充现有保护生物多样性和持久使用其组成部分的各项国际安排；并

决心为今世后代的利益，保护和持久使用生物多样性。

入选理由：

竭尽全力挽留地球丰富多彩的样貌。

背景介绍：

自20世纪80年代以来，生物多样性逐渐成为全球环境保护的热点问题之一，国际社会于1992 年制定了《生物多样性公约》。这是一项保护地球生物资源的国际性公约，于1992年6月1日由联合国环境规划署发起的政府间谈判委员会第七次会议在内罗毕通过，并于1992年6月5日由签约国在巴西里约热内卢举行的联合国环境与发展大会上签署。《生物多样性公约》于1993年12月29日正式生效。秘书处常设于加拿大的蒙特利尔。自生效以来，该公约强化了对全球生物多样性的保护和管理，提高了人们的生物多样性保护意识。

《生物多样性公约》第一次在国际法中承认，保护生物多样性是人类的共同目标，是发展进程的一个组成部分。它涵盖所有生态系统、物种和遗传资源，将传统的保护与可持续利用生物资源的经济目标联系起来，规定了公平和平等地分享、使用遗传资源，特别是用于商业用途的遗传资源所产生的利益的原则。重要的是，《生物多样性公约》具有法律约束力，加入的国家有义务执行其规定。

生态解读：

《生物多样性公约》至今已经召开了15次缔约方大会，各方围绕该公约提出的保护生物多样性、可持续利用生物多样性及公平合理地分享由利用遗传资源产生的惠益3大目标展开了一系列谈判。2002年，《生物多样性公约》制定了“2010年生物多样性目标”，即到2010年大幅降低生物多样性丧失的速度，该目标随后被纳入联合国千年发展目标。但是2010年目标在全球层面未能实现，全球生物多样性丧失的趋势并没有得到遏制，生境丧失、过度利用、污染、外来物种入侵和气候变化等威胁因素仍在继续影响着生物多样性。2010年10月，在日本名古屋召开的《生物多样性公约》缔约方大会第10次会议，制定了2010年后的战略计划和生物多样性保护目标，通过了关于遗传资源获取与惠益分享的《名古屋议定书》以及《卡塔赫纳生物安全议定书》，通过覆盖迅速扩大的生物技术领域，解决技术开发和转让、利益共享和生物安全问题。

●1992年《联合国气候变化框架公约》[4]

（节选）

本公约各缔约方，

承认地球气候的变化及其不利影响是人类共同关心的问题，

感到忧虑的是，人类活动已大幅增加大气中温室气体的浓度，这种增加增强了自然温室效应，平均而言将引起地球表面和大气进一步增温，并可能对自然生态系统和人类产生不利影响，

注意到历史上和目前全球温室气体排放的最大部分源自发达国家；发展中国家的人均排放仍相对较低；发展中国家在全球排放中所占的份额将会增加，以满足其社会和发展需要，

意识到陆地和海洋生态系统中温室气体混和库的作用和重要性，注意到在气候变化的预测中，特别是在其时间、幅度和区域格局方面，有许多不确定性，

承认气候变化的全球性要求所有国家根据其共同但有区别的责任和各自的能力及其社会和经济条件，尽可能开展最广泛的合作，并参与有效和适当的国际应对行动，

回顾1972年6月16日于斯德哥尔摩通过的《联合国人类环境会议宣言》的有关规定，

又回顾各国根据《联合国宪章》和国际法原则，拥有主权权利按自己的环境和发展政策开发自己的资源，也有责任确保在其管辖或控制范围内的活动不

对其他国家的环境或国家管辖范围以外地区的环境造成损害，

重申在应付气候变化的国际合作中的国家主权原则，

认识到各国应当制定有效的立法；各种环境方面的标准、管理目标和优先顺序应当反映其所适用的环境和发展方面情况；并且有些国家所实行的标准对其他国家特别是发展中国家可能是不恰当的，并可能会使之承担不应有的经济和社会代价，

回顾联合国大会关于联合国环境与发展会议的1989年12月22日第44/228号决议的规定，以及关于为人类当代和后代保护全球气候的1988年12月6日第43/53号、1989年12月22日第44/207号、1990年12月21日第45/212号和1991年12月19日第46/169号决议，

又回顾联合国大会关于海平面上升对岛屿和沿海地区特别是低洼沿海地区可能产生的不利影响的1989年12月22日第44/206号决议各项规定，以及联合国大会关于防治沙漠化行动计划实施情况的1989年12月19日第44/172号决议的有关规定，

并回顾1985年《保护臭氧层维也纳公约》和于1990年6月29日调整和修正的1987年《关于消耗臭氧层物质的蒙特利尔议定书》，

注意到1990年11月7日通过的第二次世界气候大会部长宣言，

意识到许多国家就气候变化所进行的有价值的分析工作，以及世界气象组织、联合国环境规划署和联合国系统的其他机关、组织和机构及其他国际和政府间机构对交换科学研究成果和协调研究工作所作的重要贡献，

认识到了解和应付气候变化所需的步骤只有基于有关的科学、技术和经济方面的考虑，并根据这些领域的新发现不断加以重新评价，才能在环境、社会和经济方面最为有效，

认识到应付气候变化的各种行动本身在经济上就能够是合理的，而且还能有助于解决其他环境问题，

又认识到发达国家有必要根据明确的优先顺序，立即灵活地采取行动，以作为形成考虑到所有温室气体并适当考虑它们对增强温室效应的相对作用的全

球、国家和可能议定的区域性综合应对战略的第一步，

并认识到地势低洼国家和其他小岛屿国家、拥有低洼沿海地区、干旱和半干旱地区或易受水灾、旱灾和沙漠化影响地区的国家以及具有脆弱的山区生态系统的发展中国家特别容易受到气候变化的不利影响，

认识到其经济特别依赖于矿物燃料的生产、使用和出口的国家特别是发展中国家由于为了限制温室气体排放而采取的行动所面临的特殊困难，

申明应当以统筹兼顾的方式把应付气候变化的行动与社会和经济发展协调起来，以免后者受到不利影响，同时充分考虑到发展中国家实现持续经济增长和消除贫困的正当的优先需要，

认识到所有国家特别是发展中国家需要得到实现可持续的社会和经济发展所需的资源；发展中国家为了迈向这一目标，其能源消耗将需要增加，虽然考虑到有可能包括通过在具有经济和社会效益的条件下应用新技术来提高能源效率和一般地控制温室气体排放，

决心为当代和后代保护气候系统，

兹协议如下：

……

第二条　目标

本公约以及缔约方会议可能通过的任何相关法律文书的最终目标是：根据本公约的各项有关规定，将大气中温室气体的浓度稳定在防止气候系统受到危险的人为干扰的水平上。这一水平应当在足以使生态系统能够自然地适应气候变化、确保粮食生产免受威胁并使经济发展能够可持续地进行的时间范围内实现。

……

入选理由：

防止气候变暖就是保护人类自身。

背景介绍：

《联合国气候变化框架公约》是联合国大会于1992年5月9日通过的世界上第一个为全面控制二氧化碳等温室气体排放，以及应对全球气候变暖给人类经济和社会带来不利影响的国际公约，也是国际社会在应对全球气候变化问题上进行国际合作的一个基本框架。该公约于1992年6月在巴西里约热内卢召开的由世界各国政府首脑参加的联合国环境与发展大会上由150多个国家以及欧洲经济共同体共同签署。1994年3月21日，该公约生效。该公约由序言及26条正文组成，具有法律约束力，终极目标是将大气温室气体浓度维持在一个稳定的水平，在该水平上人类活动对气候系统的危险干扰不会发生。

生态解读：

为实现上述目标，《联合国气候变化框架公约》确立了五项基本原则：一是“共同但有区别的责任”原则，要求发达国家应率先采取措施，应对气候变化；二是要考虑发展中国家的具体需要和国情；三是各缔约方应当采取必要措施，预测、防止和减少引起气候变化的因素；四是尊重各缔约方的可持续发展权；五是加强国际合作，应对气候变化的措施不能成为国际贸易的壁垒。《联合国气候变化框架公约》（UNFCCC）官网显示，截至2018年8月7日，加入该公约的缔约国家和组织共有198个。然而，控制全球气候变暖还没有取得初步成果，随着美国和加拿大在2001年和2011年先后宣布退出《京都议定书》，得来不易的共识遭到破坏。2017年，美国总统特朗普宣布美国退出《巴黎协定》，这一决定在2020年11月4日正式生效，应对全球气候变化的国际合作之路变得更加崎岖不平。但美国政局风云变幻，民主党候选人拜登于2021年的美国总统大选中击败特朗普，成功当选美国第46任总统并于1月20日就任。在就任当天，拜登签署行政命令宣布重回《巴黎协定》，一个月后美国正式返回《巴黎协定》。这对人类共同应对全球气候变暖是一个好消息，但美国的反复无常仍旧为未来蒙上了阴影。

2015年《变革我们的世界：2030年可持续发展议程》[5]

序　言

（节选）

本议程是为人类、地球与繁荣制订的行动计划。它还旨在加强世界和平与自由。我们认识到，消除一切形式和表现的贫困，包括消除极端贫困，是世界最大的挑战，也是实现可持续发展必不可少的要求。

所有国家和所有利益攸关方将携手合作，共同执行这一计划。我们决心让人类摆脱贫困和匮乏，让地球治愈创伤并得到保护。我们决心大胆采取迫切需要的变革步骤，让世界走上可持续且具有恢复力的道路。在踏上这一共同征途时，我们保证，绝不让任何一个人掉队。

我们今天宣布的17个可持续发展目标和169个具体目标展现了这个新全球议程的规模和雄心。这些目标寻求巩固发展千年发展目标，完成千年发展目标尚未完成的事业。它们要让所有人享有人权，实现性别平等，增强所有妇女和女童的权能。它们是整体的、不可分割的，并兼顾了可持续发展的三个方面：经济、社会和环境。

这些目标和具体目标将促使人们在今后15年内，在那些对人类和地球至关重要的领域中采取行动。

……

我们决心让所有人都过上繁荣和充实的生活，在与自然和谐相处的同时实现经济、社会和技术进步。

宣　言

（节选）

3. 我们决心在现在到2030年的这一段时间内……永久保护地球及其自然资源。

9. 我们要创建……一个以可持续的方式进行生产、消费和使用从空气到土地，从河流、湖泊和地下含水层到海洋的各种自然资源的世界；一个有可持续发展，包括持久的包容性经济增长、社会发展、环境保护和消除贫困与饥饿所需要的民主、良政和法治，并有有利的国内和国际环境的世界；一个技术研发和应用顾及对气候的影响、维护生物多样性和有复原力的世界；一个人类与大自然和谐共处、野生动植物和其他物种得到保护的世界。

14. 我们的会议是在可持续发展面临巨大挑战之际召开的……自然资源的枯竭和环境退化产生的不利影响，包括荒漠化、干旱、土地退化、淡水资源缺乏和生物多样性丧失，使人类面临的各种挑战不断增加和日益严重。气候变化是当今时代的最大挑战之一，它产生的不利影响削弱了各国实现可持续发展的能力。全球升温、海平面上升、海洋酸化和其他气候变化产生的影响，严重影响到沿岸地区和低洼沿岸国家，包括许多最不发达国家和小岛屿发展中国家。许多社会和各种维系地球的生物系统的生存受到威胁。

31. 我们确认《联合国气候变化框架公约》是谈判确定全球气候变化对策的首要国际政府间论坛。我们决心果断应对气候变化和环境退化带来的威胁。气候变化是全球性的，要开展最广泛的国际合作来加速解决全球温室气体减排和适应问题以应对气候变化的不利影响。

33. 我们确认，社会和经济发展离不开对地球自然资源的可持续管理。因此，我们决心保护和可持续利用海洋、淡水资源以及森林、山地和旱地，保护生物多样性、生态系统和野生动植物。我们还决心促进可持续旅游，解决缺水和水污染问题，加强在荒漠化、沙尘暴、土地退化和干旱问题上的合作，加强灾后恢复能力和减少灾害风险。在这方面，我们对预定2016年在墨西哥举行的生物多样性公约第十三次缔约方会议充满期待。

34. ……我们将减少由城市活动和危害人类健康和环境的化学品所产生的不利影响，包括以对环境无害的方式管理和安全使用化学品，减少废物，回收废物和提高水和能源的使用效率。我们将努力把城市对全球气候系统的影响降到最低限度。

59. 我们认识到，每一国家可根据本国国情和优先事项，采用不同的方式、愿景、模式和手段来实现可持续发展；我们重申，地球及其生态系统是我们共同的家园，“地球母亲”是许多国家和地区共同使用的表述。

可持续发展目标（节选）	
目标13	采取紧急行动应对气候变化及其影响
目标14	保护和可持续利用海洋和海洋资源以促进可持续发展
目标15	保护、恢复和促进可持续利用陆地生态系统，可持续管理森林，防治荒漠化，制止和扭转土地退化，遏制生物多样性的丧失

入选理由：

为地球母亲疗愈创伤。

背景介绍：

在2012年通过的《里约环境与发展宣言》发表之后，“可持续发展”这一概念正式被国际社会广泛接受，并纳入具体的实践议程。2015年9月25日，193个联合国成员国领导人在联合国第七十届大会上通过了第70/1号决议，即《变革我们的世界：2030年可持续发展议程》。新议程呼吁各国采取行动，在今后15年实现17项可持续发展目标，在那些对人类和地球至关重要的领域中采取行动，并在与自然和谐相处的同时实现经济、社会和技术进步。随着当代“反全球化”或“逆全球化”潮流的兴起，全球环境治理更加呈现多元化与碎片化倾向。环境问题无国界，如何求同存异、达成共识，对于治理全球环境问题尤为必要。将经济、社会与环境进行协同关联，实际上仍然是呼吁加强全球化，并试图解决全球化带来的种种负面影响，构建全面和谐的人类命运共同体，乃至人类与地球的命运共同体。

生态解读：

自20世纪60年代以来，一些环保著作，如美国科普作家蕾切尔·卡森的《寂静的春天》、罗马俱乐部的《增长的极限——罗马俱乐部关于人类困境的报告》、英国经济学家芭芭拉·沃德和美国微生物学家勒内·杜博斯合著的《只有一个地球——对一个小小行星的关怀与维护》等，都曾经引起世界性的轰动。特别是《增长的极限——罗马俱乐部关于人类困境的报告》，第一次提出了地球的极限和人类社会发展的极限观点，对人类社会不断追求增长的发展模式提出了质疑和警告。当时正是世界经济特别是西方社会经历了第二次世界大战以来经济增长的黄金时期而达到这一轮增长的顶峰，也正处于“石油危机”的前夜，整个世界特别是西方社会所弥漫的乐观情绪比我们在20世纪90年代时的乐观情绪更为强烈。《增长的极限——罗马俱乐部关于人类困境的报告》一书的问世不啻当头棒喝。

这些警告不再被当作危言耸听，因为当时的世界的确出现了一些令人担忧的危险征兆，如粮食短缺、气候变暖、臭氧层被破坏等。正是因为这些因素的影响，1987年2月，在日本东京举行的第八次世界环境与发展委员会通过了《我们共同的未来》报告。该报告关注人口、粮食、资源、能源、物种等问题，提出了“可持续发展”概念。1992年，联合国环境与发展大会召开，国际社会对资源与环境问题的忧患意识明显增强，努力实现可持续发展逐渐成为共识。该会议通过了关于环境与发展的《里约环境与发展宣言》和《21世纪议程》，在会上有154个国家签署了《联合国气候变化框架公约》，有148个国家签署了《生物多样性公约》。大会还通过了有关森林保护的非法律性文件《关于森林问题的政府声明》。2002年“联合国可持续发展世界首脑会议”在约翰内斯堡召开，这次首脑会议在多数项目上确定了行动时间表，如在2015年之前，将全球无法得到足够卫生设施的人口降低75%；到2010年避免生物多样性的消失；到2005年开始实施下一代人资源保护战略等。2015年9月，在联合国大会第七十届会议上193个会员国一致通过了《变革我们的世界：2030年可持续发展议程》（以下简称《2030年可持续发展议程》），新议程涉及可持续发展的三个层面——社会、经济和环境，以及与和平、正义和高效机构相关的重要方面。该议程还确认了调动执行手段，包括财政资源、技术开发和转让、能力建设、伙伴关系的作用至关重要。2016年，《2030年可持续发展议程》正式启动，新议程呼吁各国现在就采取行动，为今后15年实现17项可持续发展目标而努力。

作为承上启下的里程碑，《2030年可持续发展议程》尤其关注生态环境问题，明确提出要兼顾经济、社会和环境，其环境内容涵盖保护地球及其自然资源、维护生物多样性、应对气候变化、保护水源、保护和可持续利用海洋和海洋资源、可持续管理森林、防止生态退化、减少化学品生产与使用等，最终目的是“让地球治愈创伤并得到保护”。

该议程提出了许多前沿的生态环境保护理念，涉及世界各个国家的可持续发展目标及行动，为未来的全球环境规范及治理框架奠定了实践基础。该议程也注重生态环境层面的不平等问题。地球及其生态系统是我们共同的家园，但生态与环境问题对不同国家的影响是不同的，不同国家应对生态环境问题的能力也有所差异，因此必须携手合作，共同解决迫在眉睫的生态环境危机。

值得注意的是，我国也制定并发布了《中国落实2030年可持续发展议程国别方案》，该方案称“中国将坚持以人民为中心的发展思想，遵循创新、协调、绿色、开放、共享的发展理念……为推进落实《2030年可持续发展议程》，实现各国人民的美好梦想而不懈努力”。这对我国可持续发展与今后的生态环境保护的意义是非凡的。作为崛起中的发展中国家，我国应当积极履行职责，在全球生态环境保护事业中发挥表率作用，也应当与全球各个国家通力合作，共同为现在已伤痕累累的“地球母亲”愈疾疗伤。

生态环境问题并不局限于民族、国家的界限，必须坚持推动生态问题的全球化治理，在对话、磋商以及达成共识的基础上互帮互助，携手维护人类赖以生存的地球家园。

●2015年《巴黎协定》[6]

（节选）

本协定缔约方，

作为《联合国气候变化框架公约》（下称《公约》）缔约方，

按照《公约》缔约方会议第十七届会议第1/CP.17号决定建立的德班加强行

动平台，

根据《公约》目标，并遵循其原则，包括以公平为基础并体现共同但有区别的责任和各自能力的原则，同时要根据不同的国情，

认识到必须根据现有的最佳科学知识，对气候变化的紧迫威胁作出有效和逐渐的应对，

又认识到《公约》所述的发展中国家缔约方的具体需要和特殊情况，特别是那些对气候变化不利影响特别脆弱的发展中国家缔约方的具体需要和特殊情况，

充分考虑到最不发达国家在筹资和技术转让行动方面的具体需要和特殊情况，

认识到缔约方不仅可能受到气候变化的影响，而且还可能受到为应对气候变化而采取的措施的影响，

强调气候变化行动、应对和影响与平等获得可持续发展和消除贫困有着内在的关系，

认识到保障粮食安全和消除饥饿的根本性优先事项，以及粮食生产系统对气候变化不利影响的特殊脆弱性，

考虑到务必根据国家制定的发展优先事项，实现劳动力公正转型以及创造体面工作和高质量就业岗位，

承认气候变化是人类共同关注的问题，缔约方在采取行动处理气候变化时，应当尊重、促进和考虑它们各自对人权、健康权、土著人民权利、当地社区权利、移徙者权利、儿童权利、残疾人权利、弱势人权利、发展权，以及性别平等、妇女赋权和代际公平等的义务，

认识到必须酌情养护和加强《公约》所述的温室气体的汇和库，

注意到必须确保包括海洋在内的所有生态系统的完整性，保护被有些文化认作大地母亲的生物多样性，并注意到在采取行动处理气候变化时关于“气候公正”的某些概念的重要性，

申明必须就本协定处理的事项在各级开展教育、培训、宣传，公众参与和

公众获得信息和合作，认识到在本协定处理的事项方面让各级参与的重要性，

认识到按照缔约方各自的国内立法使各级政府和各行为方参与处理气候变化的重要性，

又认识到在发达国家缔约方带头下的可持续生活方式以及可持续的消费和生产模式，对处理气候变化所发挥的重要作用，

……

入选理由：

气候变化，关系你我他。

背景介绍：

2015年12月12日，《联合国气候变化框架公约》近200个缔约方在巴黎气候变化大会上一致同意通过《巴黎协定》，为2020年后全球应对气候变化行动作出安排。这一协定是继《京都议定书》之后，《联合国气候变化框架公约》下的第二份具有法律约束力的文件。《巴黎协定》共29条，包括目标、减缓、适应、损失损害、资金、技术、能力建设、透明度、全球盘点等内容。该协定指出，各方将加强对气候变化威胁的全球应对，把全球平均气温较工业化前水平升高控制在2℃之内，并为把升温控制在1.5℃之内而努力。全球将尽快实现温室气体排放达峰，21世纪下半叶实现温室气体净零排放。根据该协定，各方将以自主贡献的方式参与全球应对气候变化行动。发达国家将继续带头减排，并加强对发展中国家的资金、技术和能力建设的支持，帮助后者减缓和适应气候变化。该协定提出，从2023年开始，每五年将对全球行动总体进展进行一次盘点，以帮助各国提高力度，加强国际合作，实现长期目标。

生态解读：

《巴黎协定》将世界所有国家都纳入了呵护地球生态、确保人类发展的命运共同体当中，涉及的各项内容摒弃了“零和博弈”的狭隘思维，力争让每个不同发展程度的国家承担相应的责任，共同完成这一目标。从生产力转型来看，《巴黎协定》按照“共同但有区别的责任”原则、公平原则和各自能力原则，进一步加强

《联合国气候变化框架公约》的全面、有效和持续实施，积极向绿色可持续的增长方式转型，避免过去几十年严重依赖化石能源产品的增长模式继续对自然生态系统构成威胁。

长期以来，我国政府始终坚持发展中国家的国际定位，坚持国际责任、国际贡献与国家实力、国际身份相匹配，在全球气候治理体系中，也始终按照自己的发展战略、发展节奏承担应当承担的国际义务。我国应对全球气候变化的立场十分坚定，提高能源效率和减少碳排放已经被纳入国家发展规划中。“十三五”规划的目标是2020年碳排放强度比2015年下降18%，非化石能源比重达到总体能源结构的15%。同时，我国的气候变化减排承诺并非出于追求国际领导角色的考虑，而是转变发展方式的内在迫切需求。由于我国目前的能源结构对化石能源十分依赖，作出的国际碳减排承诺可以倒逼国内能源企业转型，从而减轻国内各城市严重的空气污染，对国内和国际社会均有助益。因此，在特朗普宣布退出《巴黎协议》后，中国坚定不移的立场，得到了国际社会的普遍认同与好评。

●2018年《世界环境公约》（草案）[7]

（节选）

第一条　享受健康生态环境的权利。所有人都有权生活在一个有利于其健康、幸福、尊严、文化和自我发展的健康生态环境中。

第二条　养护环境的义务。任何国家或国际机构、自然人或法人，无论公私，都有养护环境的义务。为此，每个人都要在各自层面为维持、保护和修复完整的地球生态系统作出贡献。

第三条　将可持续发展纳入政策。各缔约方应将保护环境的要求纳入国家、国际政策与活动的制定和实施当中，以推进气候失序应对、海洋保护和生物多样性保护等工作……

第四条　代际公平。对环境有可能造成影响的决策，应以代际公平原则为指引。当代人应该确保其决策和行为不损害后代人满足自身需求的能力。

……

第六条　谨慎原则。如果存在对环境造成严重或不可逆损害的风险，不能以尚无确凿科学证据为由推迟采取预防环境损害的有效、恰当措施。

……

第十条　公众参与。只要最终选择尚未作出，所有人皆有权在合适的阶段参与制订有可能对环境造成重大影响之政府部门的决策、措施、计划、方案、活动、政策和标准。

……

第十四条　非国家行为主体和国家内部机构扮演的角色。各缔约方，鉴于非国家行为主体和国内机构，包括民间社会、经济主体、城市和地区等在保护环境中发挥着至关重要的作用，采取必要措施鼓励其实施本公约。

……

第十七条　不倒退。各缔约方及各缔约国的国内机构不批准或不通过会降低现行法律保障之环境保护整体水平的活动和标准。

……

第二十条　国情多样性。发展中国家，特别是最不发达国家以及环境最脆弱国家，其特殊情况和需求应该受到特别关注。鉴于各国国情不同，共同但有区别的责任和各自能力应在有充分依据时得以遵守。

……

入选理由：

首次将“环境权”认定为基本人权。

背景介绍：

2016年，法国国际法学者法比尤斯提出要构建《世界环境公约》的设想。2017年9月19日，在《世界环境公约》主题峰会上，法国总统马克龙正式将《世界环境公约》（草案）提交联合国。2017年9月28日，中国外交部部长王毅在该峰会上发言，明确表示中方支持该公约的立场，并提出“四个坚持”，即坚持在可持续发展框架内讨论环境问题、坚持“共同但有区别的责任”原则、坚持环境资源国家主权原则和坚持发展中国家的充分参与。

2018 年5月10日，联合国大会通过决议，正式开启了《世界环境公约》的谈判进程。该决议获得了143票支持、6票反对（伊朗、菲律宾、俄罗斯联邦、叙利亚、土耳其、美国）、6票弃权（白俄罗斯、马来西亚、尼加拉瓜、尼日利亚、沙特阿拉伯、塔吉克斯坦）的压倒性优势，联合国确定建立《世界环境公约》框架，并在2019—2020年就该公约的具体条款做了进一步的磋商研究。

生态解读：

目前，全球各种环境公约共有500余项。但并没有一个国际性条约能够把各项原则统一整合，形成类似于《联合国海洋法公约》一样的综合性庞大的公约体系。《世界环境公约》就在朝这个方向努力。该公约与《联合国人类环境会议宣言》和《里约环境与发展宣言》一脉相承，重申《生物多样性公约》《巴黎协定》的基本目标，更好地坚持可持续发展目标，坚持气候变化和生物多样性问题的紧迫性，坚持生物多样性和濒危物种保护，明确强调各国承担“共同但有区别的责任”。

据此，该公约被誉为《巴黎协定》的“加强版”，比《巴黎协定》的内容更丰富，影响意义更深远。首先，明确提出了保证“享受健康生态环境的权利”的“环境权”。如果该公约最终通过，“环境权”就会成为继“经济、社会及文化权利”和“公民权利和政治权利”后的第三种基本人权。其次，在保障环境权利的同时，规定了保护环境的义务。该公约强调非国家行为体，特别是民间组织、经济主体、区域性组织和个人，在合适的阶段可参与环境政策制定、享受环境权利、承担保护环境义务。再次，该公约明确了“不后退”的原则，即各国自主承诺的目标必须在承诺期内完成，并且每次自主贡献的目标都要高于之前，以确保各方行动力度不断加强。最后，该公约试图克服“国家单方面退出”的问题，开创“经由人权”倒逼国家采取环境行动的新策略。一旦《世界环境公约》通过，即便个别国家并未加入或是加入后退出，该公约的某些重要原则和内容依然适用于该国，该国也必须采取相应的措施。

最重要的是，参与该公约体系构建有助于增强我国在全球环境治理体系中的领导力与话语权。长期占据国际政治格局顶端的美国、俄罗斯等受自身不稳定因素的影响，国家发展动力不足，对环境保护问题和该公约的兴趣不大，不足以适应全球环境治理的新形势。相反，中国在全球环境治理方面日益发挥着重要作用：积极推进生态文明建设，提出人类命运共同体倡议，不断为广大发展中国家发声，承担环境治理义务。中国积极加入该公约，有助于与世界各国特别是广大发展中国家达成更多共识，构建更加公平合理的国际环境治理新秩序。

参考文献

[1] 南极条约[EB/OL].[2020-12-20]http://www.npc.gov.cn/wxzl/gongbao/1983-05/09/content_1480990.htm.

[2] 联合国海洋法公约[EB/OL].[2020-11-15].https://www.un.org/zh/documents/treaty/files/UNCLOS-1982.shtml.

[3] 生物多样性公约[EB/OL].[2020-12-20].https://www.un.org/zh/documents/treaty/files/cbd.shtml.

[4] 联合国气候变化框架公约[EB/OL].[2020-11-15].https://www.un.org/zh/documents/treaty/files/A-AC.237-18(PARTII)-ADD.1.shtml.

[5] 变革我们的世界：2030年可持续发展议程[EB/OL].[2020-11-15].https://www.un.org/zh/documents/treaty/files/A-RES-70-1.shtml.

[6] 巴黎协定[EB/OL].[2020-11-15].https://www.un.org/zh/documents/treaty/files/FCCC-CP-2015-L.9-Rev.1.shtml.

[7] 世界环境公约(草案)全文 | 中英文对照[EB/OL].[2018-05-15].https://www.sohu.com/a/231718824_100001695.

结　语

XIN SHIDAI
SHENGTAI WENMING
CONGSHU

自人类诞生以来，人与自然的关系大体经历了原始文明时代的天人混沌关系—农业文明时代的天人合一关系—工业文明时代的天人对立关系。在原始社会，人类与自然的地位极不对等，人类无法抵抗自然外力的摧残，在洪水、雷电、火灾的交织下踽踽独行。在农业社会，人类的生产力有所提高，但仍顺从“天统治人，人崇拜天”的规则行事。工业化时代存在一种天人对立的“自然—文化”观念，人征服自然，向大自然索取并追求无限的增长。前工业化时代的发展方式有利于自然保护，却不利于人的主观能动性的发挥；工业化时代的发展有利于人的主观能动性的发挥，却不利于自然保护。

当前，我们身处生态危机日益严峻的时代，如何扭转生态危机的颓势，不只是全人类共同面对的问题，更关乎每个人的日常生活、衣食住行。人与自然的关系正处于历史性选择的临界点。人类不能回归“靠天吃饭”的自然生活方式，也无法回到天人合一、顺从自然的生活状态，更不能延续“征服自然”“天人对立”的观念而自我毁灭。人类可以在短时间内享受末日狂欢，但在获得极大的物质丰裕之后有可能毁灭地球。人类需要重新认识自古至今源远流长的生态智慧，以便更好地构建生态文明社会。

为此，我们试图挖掘古今中外大量作品中的生态认知、生态观念和生态思想，努力弘扬生态文化。经典之所以源远流长，是因为它富含可以穿越时空而存在的普世意义。正如意大利现代作家伊塔洛·卡尔维诺（Italo Calvino，1923—1985）所说，“经典作品是这样一些书：它们对读过并喜爱它们的人构成一种宝贵的经验；对那些保留这个机会，等到享受它们的最佳状态来临时才阅读它们的人，也仍然是一种丰富的经验。”[1]这种丰富的经验和超凡的享受是可以从不同维度加以理解的。显然，不同时空、不同人生经历、不同年龄的人，甚至不同的阅读次数都会从经典中得到不同的阅读体验和人生感悟。上至人类命运的终极关怀、治国理政，下至解决人际冲突、修身养性，都可以从经典中寻找答案。

我们所做的工作，就是立足于不同时空、不同身份、不同年龄对经典进行解读，在此基础上，从社会矛盾、文本分析等传统视角中走出来，以生态文化的视角重读经典。针对所选的近120篇经典文本，我们从那些本来就以生态环保为主题的作品中发掘了更深层次的含义。比如，《机器人总动员》除了对消费主义和资源浪费的无情鞭挞，我们从中还探寻到生态和谐的构想和力量。更重要的是，我们还从一大批原本并不以生态环保为主题的作品中挖掘出生态意义，如对我国古典四大名著中耳熟能详的篇章进行了全新解读。

拙作中收录并予以解读的绝大多数作品，并非编者在最初构架图书章节时指向性选择的，而是在对经典作品的解读之中触类旁通的。这一点让编者们感到非常兴奋，因为古今中外存在着大量的经典作品，它们蕴含着丰富的生态意义。但限于篇幅，大量的经典作品都未能收录书中。例如，从自然报复人类无限贪欲的角度来看，可以去解读格林兄弟的《渔夫和他的妻子》；从“生产者—消费者—分解者”循环的角度来看，可以去解读李汝珍《镜花缘》中无肠国的饮食习惯；等等。除此之外，浩如烟海的作品中还有很多等待我们进一步研究和咀嚼。

在对有限的作品进行解读过程中，我们注重对每部经典作品的生态特质的挖掘。每部作品不可能包含全部的生态智慧。我们力图让每个小故事讲述一个小道理。《尘暴：1930年代美国南部大平原》揭示了人为造成的沙尘暴所带来的环境破坏，《伐木者，醒来！》至今警示我们勿要为眼前利益而毁林开荒，《狼图腾》告诉我们草原生境食物链的单一性和脆弱性。我们将每个微小的代表作集中整合，就形成了一幅描绘生态兴衰的长卷。

我们还注重各经典文本之间的联系。陶渊明、杜甫、王维的诗歌在表达“寓情于景、借景抒情”主题的同时，都透露出对纯美自然的回归和向往。鲁迅的小说，大量取材于《山海经》《搜神记》等神话传说，是其对经典的二次创作。从《美丽新世界》《变形记》到《北京折叠》，是伟大的头脑在不同的时空下对相同的环境正义问题的思考。《全球变暖否定者》和《联合国气候变化框架公约》从一正一反两方面分析了全球变暖问题。《蓝色星球2》和《蔚蓝之境》都是海洋生态保护类纪录片，后者对前者有着明显的继承关系。从《寂静的春天》到《增长的极限——罗马俱乐部关于人类困境的报告》，到《我们共同的未来》，再到《变革我们的世界：2030年可持续发展议程》，我们试图理解可持续发展战略与生态文明理念之间的脉络延伸。我们试图厘清书中作品间的渊源，对比它们的异同，寻找它们关于自然认识的共同起点，叙述它们之间的发展演变，归纳它们跨越时代和地域的共同内核。

随着可持续发展战略的实施、构建全球生态文明进程的推进，生态文明必将获得越来越多国家的认同。我们在“生态解读”部分中尝试回答如何塑造绿色公民的点滴认识：热爱自然，善待一草一木。遵循自然规律，拒绝奢侈享乐，避免浪费，了解并积极参与全球生态治理体系的制度设计，为追逐生态中心主义的梦想而不懈努力……这不仅是经典文本透露的内涵，也是我们培养绿色公民的行动指南。

弘扬生态文化，培养绿色公民的努力才刚刚开始。虽然我们的工作量微乎其微，但此项工作的意义却是非同凡响的。我们将延续李大钊“铁肩担道义，妙手著文章”的遗志，心怀天下，弘扬生态文化。正如习近平总书记反复强调的“生态兴则文明兴，生态衰则文明衰”。增强生态意识，培养生态文明新时代的绿色公民，我们共努力。

参考文献

[1] [意] 伊塔洛 · 卡尔维诺 . 为什么读经典 [M] . 黄灿然，李桂蜜，译 . 南京：译林出版社，2006.

后　记

XINSHIDAI
SHENGTAI WENMING
CONGSHU

这是一本集众人之力且经深沉思索的书，它并不是以某种固定的写作套路牵强附会地给作品赋予生态意义，而是试图深入挖掘其中的生态内涵，以此为基础激发读者对所选作品的喜爱之情，以提升他们的环保意识，推动绿色公民的培养。我们选择的作品可分为两大类，一是经久流传的经典作品，二是具有强烈现实意义、有口皆碑的当代作品。我们不只收录了文本作品，还收录了影响力更强、受众更广的电影、纪录片和音乐作品。在文本作品中，我们不仅收录了大量耳熟能详的诗词歌赋、小说散文，还收录了颇具影响力的环境史学、生态普及作品，以及重要的纲领性环保文件。

在章节体例上，本书分为中国古代文学作品（诗词、散文、小说）、中外现代文学作品（诗歌、散文和小说）、世界经典影视作品、中外环保科普作品、世界环境史经典著作、世界重要环境公约6章，遴选了近120篇作品。我们按照文本选段、入选理由、一般解读（作品/背景介绍）和生态解读的顺序安排章节内容。具体如下：

文本选段：在卷帙浩繁的文本中，含英咀华，选择代表性的文本片段。

入选理由：用一句话概括推荐该文本的原因。

一般解读（作品/背景介绍）：越是经典文本前人的解读越丰富。我们尽可能概括权威大家或有影响力的评议，归纳精粹。

生态解读：在前人研究的基础上，我们努力挖掘文本的生态意义，或寻找前人的遗漏之处，或深入挖掘阐发前人言不尽意之处。

诚然，在一本约25万字的书中历涉古今、遍及中外，从家喻户晓的名家大作中汲取生态智慧，既不能蜻蜓点水、浅尝辄止，又不可过度解读、歪曲原义。而在此基础上，尚需别出心裁、重新诠释，不可谓不难。

即便如此，我们仍然坚持下来了。因为我们一致认为，在生态破坏日益严重、地球家园满目疮痍的今天，写一本解读生态文明、提倡生态智慧的书是有意义的。当洪水、旱灾、瘟疫、工业灾难、土地荒漠化、动植物灭绝以及其他各类污染肆虐时，人类的生态意识似乎已经极为淡薄，对于古今中外的生态智慧要么熟视无睹，要么选择性遗忘，而人类自身却已成为寄生在地球上的“怪物”，日益变得自大、盲目与冷漠。与此同时，2020年的新冠肺炎疫情、蝗灾以及洪水肆虐，却又无时无刻不在提醒着我们，人类的一意孤行势必要付出惨重的代价。我们在这本书中所做的努力，并不是想瞬间扭转现实或拯救地球，只是想促使大家重新发现蕴藏在人类头脑中的生态智慧，并将对自然的热爱内化于心、外化于行。因为对美的纯粹感受正是促使我们保护地球这颗宇宙间美丽行星的初衷。既然我们凡人无法似慧能一般“本来无一物”，便只有效仿神秀的“时时勤拂拭，勿使惹尘埃”，借用古今中外的哲人哲思对我们自己的思想做一些清扫工作，重新审视我们人类与周遭生态环境的关系。

在撰写过程中，我们写写停停。许多作品虽然极好，但尚无法解读出其深层次的生态文化价值，只能忍痛放弃；有些本可深入挖掘的作品，却因无法透彻领悟而不得不割舍。本书虽力求搜罗古今中外的名家大作，却也难免挂一漏万。因此，我们将更多的作品留给读者，希望读者能够通过阅读本书形成解读名著的新思路，用更为宽泛而深邃的生态智慧去发掘文本以及文本之外的生态文化意蕴。

拙作是集体智慧的结晶。写作大纲由梅雪芹、陈林博拟定，作者包括陈林博、仇振武、黄耘子、张瑞胜、王丽敏、吴羚靖、刘黛军、颜蕾、赵梦玉、张月瑶、郑伊楠等，最后由梅雪芹统稿，删减补充。我们还特邀钱易先生斧正，借此谨致谢忱。

诚愿本书能够如诗人杜甫所言，“随风潜入夜，润物细无声”，在潜移默化中，在对自然之美的朴素感知中，在对美好地球家园的深切关爱中，唤起公众对世间万物的无限热爱。由于我们的水平有限，错误、疏漏在所难免，恳请读者多提宝贵意见，哂正是幸。